新曲綫
New Curves

用心雕刻每一本……

http://site.douban.com/110283/
http://weibo.com/nccpub

用心字里行间　雕刻名著经典

TWELFTH EDITION

Ross Graham Walker Professor of Management Control,
Emeritus Graduate School of Business Administration
Harvard University

Earl C. Daum Professor of International Business Director,
William F. Achtmeyer Center for Global Leadership
The Tuck School of Business Dartmouth College

Translators

Beijing National Accouting Institute

Beijing National Accouting Institute

管理控制系统

第 12 版

［美］罗伯特·安东尼　维杰伊·戈文达拉扬　著

刘霄仑　朱晓辉　译

杜胜利　　　审校

人民邮电出版社

北　京

图书在版编目（CIP）数据

管理控制系统(第12版)/(美)安东尼(Anthony,R.N.),戈文达拉扬(Vijay Govindarajan,V.)著;
刘霄仑，朱晓辉 译. –北京：人民邮电出版社，2010.1（2018.8 重印）
ISBN 978 – 7 – 115 – 21860 – 5

Ⅰ. 管… Ⅱ.①安… ②戈… ③刘… ④朱 Ⅲ. 管理会计 Ⅳ. F234.3
中国版本图书馆 CIP 数据核字（2009）第 223218 号

Robert N. Anthony, Vijay Govindarajan

Management Control Systems, 12th Edition

ISBN 0 – 07 – 310089 – 7

All Rights reserved. No part of this publication may be reproduced or transmitted in any form or by any means, electronic or mechanical, including without limitation photocopying, recording, taping, or any database, information or retrieval system, without the prior written permission of the publisher.

This authorized Chinese translation edition is jointly published by McGraw-Hill Education (Asia) and Posts & Telecom Press. This edition is authorized for sale in the People's Republic of China only, excluding Hong Kong, Macao SAR and Taiwan.

Copyright © 2010 by McGraw-Hill Education (Asia), a division of the Singapore Branch of The McGraw-Hill Companies, Inc. and Posts & Telecom Press.

管理控制系统（第 12 版）

◆ 著 [美]罗伯特·安东尼 维杰伊·戈文达拉扬
译 刘霄仑 朱晓辉
策 划 刘 力 陆 瑜
责任编辑 刘 力 徐向娟
装帧设计 陶建胜

◆ 人民邮电出版社出版发行 北京市崇文区夕照寺街 14 号 A 座
邮编 100061 电子函件 315@ ptpress.com.cn
网址 http://www.ptpress.com.cn
电话 （编辑部）010 – 84937150 （市场部）010 – 84937152
（教师服务中心）010 – 84931276
三河市少明印务有限公司印刷
新华书店经销

◆ 开本：787×1092 1/16
印张：23.25
字数：760 千字 2010 年 1 月第 1 版 2018 年 8 月第 2 次印刷
著作权合同登记号 图字：01 – 2007 – 4970
ISBN 978 – 7 – 115 – 21860 – 5/F

定价：68.00 元

本书如有印装质量问题，请与本社联系 电话：（010）84937153

前　言

　　《管理控制系统》第 12 版涵盖了管理控制系统的概念、内容和案例，可供教学使用。本书旨在帮助读者获取有关公司管理者如何设计、实施及利用计划和控制系统以贯彻公司战略方面的知识、见解以及分析技巧。本书不会详细探讨诸如成本会计和预算程序之类的主题，这些是专门的会计课程所要讨论的对象。本书不仅强调了管理控制过程的技术（如转移定价、预算编制和管理层薪酬制定），而且强调了在运用这些技术中所涉及的行为因素（如动机、目标一致、上下级的相关职责），并且把二者摆在了同等重要的地位。

　　本书共分三个部分。第 1 章介绍本书的总体概念框架。第一编（第 2~7 章）介绍管理控制发生的环境，即所谓的责任中心。第二编（第 8~12 章）介绍一般管理控制过程的步骤：战略计划、预算编制、运营及运营分析。第三编（第 13~16 章）介绍管理控制系统的变形：差异化战略下的管理控制、服务型组织中的管理控制、跨国组织中的管理控制以及项目管理控制。

内容的变化

　　在吸取并保留了第 11 版的众多优点的基础上，我们对本书的内容和案例进行了大量改动，希望能增强它的实用性。在修订中，我们对第 11 版的读者及其他人士进行了广泛的调查。他们为本书的修订提出了具有建设性的意见和建议。

　　为了有助于学生学习，我们在修订中做了几项改进。其中包括充实了各章的介绍、增添了图表、列举实际案例、统一了术语、扩展了各章小结、更新了各章的参考文献。

　　我们相信，您一定会发现第 12 版的内容编排更系统，行文更简洁，案例更翔实，并且紧跟管理控制的最新理论和实践。

案例的变化

本书的一个鲜明特点就是汇集了大量强调实务的案例。案例来自哈佛商学院、达特茅斯塔克商学院以及其他一些院校，既有美国的，也有世界其他地方的。案例不仅要求学生分析具体形势，而且让学生体验公司真正发生了什么，而这种体验恰恰是理论讲述所无法充分传达的。就这个意义而言，案例可以被视作丰富的实践体验。

案例本身并不旨在说明管理问题的处理是否得当。正如大多数此类案例一样，它没有绝对正确的答案。案例的教学价值在于学生不仅可以在分析管理控制问题中，而且可以在课堂讨论和辩论时得到锻炼。

对于读者认为最有助于实现课程教学目标的案例，我们仍然予以保留。在本版的 66 个案例中，10 个是哈佛商学院的版权，26 个是达特茅斯塔克商学院的版权，其余 30 个来源于其他。第 12 版新增或修订了 11 个案例（20%）。

教师会发现本书的案例汇编对于满足课堂需要效果显著，其成功之处在于：

- 许多案例都基于大公司，例如通用电气、Champion International[1]、施乐、ITT[2]、3M[3]、德州仪器[4]、惠普、通用汽车、雀巢、摩托罗拉、林肯电气[5]、钮科（Nucor）、花旗、汉华银行、Nord-

---

1. 译者注：前美国林产品企业，从事建筑材料、纸制品、包装材料的制造业，于 2000 年，被竞争者国际纸业公司（International Paper Company）收购。

2. 译者注：ITT 公司总部设在美国纽约州白滩。是美国《财富》500 强企业。是包括水处理在内的流体及水管理，国防通信、光电子、信息技术与服务，电子互连和开关，以及其他专业产品市场的主要供应商。在全球 135 个国家设有 274 家生产厂家和研发机构，拥有员工 40 000 人。

3. 译者注：3M 公司创建于 1902 年，总部设在美国明苏达州的圣保罗市，是世界著名的多元化科技创新型跨国企业。

4. 译者注：德州仪器（Texas Instruments，TI）是一家全球性的半导体公司，也是世界一流的实时数字处理解决方案的设计商和提供商。TI 的业务分为两部分：半导体以及教育产品。TI 的总部位于美国德克萨斯州达拉斯市，公司在全球约有 30 300 名雇员，并在亚洲、欧洲和美洲的超过 25 个国家中拥有公司，开展销售和制造业务。德州仪器在纽约证券交易所上市（公司代码：TXN）。

5. 译者注：林肯电气（Lincoln Electric）创建于 1895 年，在设计、开发和制造弧焊产品、自动化弧焊系统、等离子和氧气乙炔切割设备等方面居世界领先地位。总部设在美国俄亥俄州克利夫兰，在世界 18 个国家拥有生产经营企业和合资企业。分销商和销售处遍布全球 160 多个国家。林肯电气在美国纳斯达克上市（公司代码：LECO）。

strom[6]、沃尔玛、西南航空、戴尔计算机、艾默生电气[7]。

- 案例涉猎广泛，内容新颖多样，涵盖了国内、国外和跨国经营的各类公司。

- 案例可以让学生接触各种各样的背景：小型企业组织、大型企业组织、制造业企业、服务型企业以及非营利组织。

- 汇编的案例耳熟能详且具有时代感，为学生提供了有趣的分析情境，并让学生受益良多。

- 我们格外关注案例的篇幅。尽力确保大多数案例都短小精悍。但也适当保留了一些中等和较长篇幅的案例——"两天"案例以及"两部分"案例。

- 就课程的讲授顺序而言，案例编排灵活，适于教学。

目标读者

本书旨在用于下列目的：

- 为已经学习了管理会计课程，并希望深入学习管理控制的研究生开设一学期或半学期的课程。

- 为已经学习了一门或两门管理会计课程的大三或大四的本科生开设一学期或半学期的课程。

- 成为经理人培训项目。

- 成为经理人、管理顾问、计算机系统设计师和财务总监，以及所有涉及管理控制过程或受其影响的人员的参考读物。

致　谢

本书第 12 版的出版有赖于众多人士的付出。学生、教材使用者、同事、审稿人都提供了不胜枚举的宝贵意见和建议，正是他们的无私贡献推动着本书的不断改进。

---

6. 译者注：美国领先的时尚产品零售商之一。经营时装、鞋、服饰。是一家精于服务的百年老店。

7. 译者注：艾默生电气（Emerson Electric）创建于 1890 年，总部设在美国密苏里州圣路易斯，是《财富》500 强企业，是一家多元化经营全球科技公司，为工业、商业市场和终端客户提供一系列产品和服务，包括复杂工艺控制和自动化系统、气候控制技术、稳定的电力技术、工业制造解决方案、耐用、节能电动机及一系列家用和办公用产品。公司拥有 128 000 名员工，在世界各地设有 270 多个制造基地。艾默生电气在纽约证券交易所上市（公司代码：EMR）。

本书的材料最初来源于已故的罗斯·沃克先生在哈佛商学院开设的一门课程。沃克提出了这些课程所基于的概念，并建立了教授这些概念的方法。我们希望在此对他所做的开创性工作致以深深的谢意！对于为本书的撰写做出了许多贡献的哈佛商学院的教职员工，我们也在此一并表示感谢：Francis J.Aguilar、Robert H.Caplan、Charles J.Christenson、Robin Cooper、Russell H.Hassler、Julie H.Hertenstein、Regina E.Herzlinger、Robert A.Howell、Gerard G.Johnson、Robert S.Kaplan、Warren F.McFarlan、Kenneth Merchant、Krishna G.Palepu、John K.Shank、Robert Simons、Richard F.Vancil 和 John R.Yeager。

此外，我们希望对 Robert H.Deming、James S.Hekiman、John Maureil、Chei-Min Paik 和 Jack L.Treynor 所提供的帮助表示感谢。我们还希望感谢那些回复我们调查的审稿人：Ida Robinson-Backmon（巴尔的摩大学）、Bernard Beatty（维克森林大学）、Ingemar Lyberg（瑞典乌普萨拉大学）、Otto B.Martinson（奥多明尼昂大学）、Henry C.Smith Ⅲ（奥特拜因学院）、Tim Redmer（瑞金大学）、Tom Madison（圣玛丽大学）、Mary Fleming（加州州立大学-富勒敦分校）、Surendra P.Agrawal（埃及孟斐斯大学）、Patricia Elliot Williams（友谊大学）、Ralph Dtrina（罗琳斯学院）、Seymour Kaplan（纽约理工大学）、Barbara McElroy（贝瑞学院）。特别感谢塔克商学院 2002 级的 Rajeev Parlikar 和 2006 级的 Suraj Prabhu，感谢他们为书中案例提供的研究帮助。

印第安那大学的 Joseph Fisher 提供了第 12 章中所涵盖的代理理论的相关资料。塔克商学院的 Anant K.Sundaram 提供了第 15 章中所涵盖的汇率和业绩评估的相关资料。我们对二人所做的贡献表示衷心的感谢。

案例的选择始终是管理控制系统课程成功的关键。因此，我们向案例编写的作者和负责人致以诚挚的谢意。每个人的名字都在案例的引用中予以注明，并向相关公司表示特别感谢，正是他们的合作才使这些案例应用到本书。

若需使用哈佛版权所有的案例，请征得许可，具体联系方式为：哈佛商学院出版社版权许可部经理（300 North Beacon Street，Watertown，MA 02472，USA）；若需翻印 Osceola 学院或塔克商学院版权所有的案例，请与维杰伊·戈文德拉贾教授联系。

要出版这本书，组织和编写浩繁的必要材料绝非一日之功。我们要特别感谢戈文达拉扬教授的学术助理 Marcia Diefendorf 女士，她以熟练的书写和电脑操作技能，专业地处理了初稿和修订稿上千页的文字，实在难能可贵。我们还希望感谢 McGraw–Hill/Irwin 出版社的 Steve DeLancey，以及 Carlisle 出版服务公司的 Robin Reed，感谢他们为本书的出版所提供的帮助及所付出的努力。

我们不仅热衷于管理控制这个内涵丰富的话题，而且热衷于我们所采用的学习方法。编写这本书，就是为了与您分享这份浓厚的兴趣。对于您的任何建议和想法，我们都一如既往地珍视。我们诚挚地欢迎您对本书的内容和范围发表评论。如有纰漏，也敬请指正。我们的联系方式是：Vijay Govindarajan, Earl C.Daum 1924 Professor of International Business, The Tuck School of Business, Hanover, NH 03755；电话：（603）646–2156；传真：（603）646–1308；电子邮箱：VG@dartmouth.edu 。

罗伯特·安东尼

维杰伊·戈文达拉扬

2005 年 11 月

美国新罕布什尔州汉诺威市

To our wives: Katherine and Kirthi

—Bob and VG

With special appreciation to my mother,
my most important supporter.

—VG

内 容 提 要

本书是罗伯特·安东尼教授的绝笔之作，书中涵盖了管理控制系统的概念、内容和案例。本书旨在帮助读者获取有关公司管理者如何设计、实施及利用计划和控制系统贯彻公司战略方面的知识、见解和分析技巧。本书不仅强调了管理控制过程的技术，而且强调了在运用这些技术中所涉及的行为因素。

《管理控制系统》第 12 版翻译版拆分为《管理控制系统》课文和《管理控制系统案例》。

课文共分为 3 个部分（包括课本及案例）。第 1 章介绍本书的总体概念框架。第一编（第 1 章~第 7 章）介绍管理控制发生的环境，即所谓的责任中心。第二编（第 8 章~第 12 章）介绍一般管理控制过程的步骤：战略计划、预算编制、运营及运营分析。第三编（第 13 章~第 16 章）介绍管理控制系统的变形：差异化战略下的管理控制、服务性组织中的管理控制、跨国性组织中的管理控制以及项目管理控制。

本书适合于会计或管理专业的高年级本科生及研究生阅读，也可作为经理人培训教材。对于经理人、管理顾问、计算机系统设计师和财务总监，以及所有涉及管理控制过程或受其影响的人员也有参考价值。

作 者 简 介

罗伯特·安东尼（1916.9~2006.12）是哈佛商学院管理控制学"罗斯·格雷厄姆·沃克"荣誉退休教授。除了在1940~1946年期间任职于海军供应部队，于1965~1968年间任国防部部长助理、财务总监外，哈佛一直是他的大本营。

安东尼教授撰写或合著了27部著作；它们先后被翻译成14种语言。自1956年以来，他一直是McGraw-Hill/Irwin出版社的作者，并担任该社出版的罗伯特·安东尼/威拉德·格雷厄姆会计系列图书的编辑顾问。他所编写的《会计精要》（*Essentials of Accounting*）一书（与Leslie Breitner）现已出版了第8版，在教学中广为应用。

安东尼教授曾在两家《财富》500强公司——Carborundum公司和Warnaco公司——任董事；在科贝大学担任了30年理事，其间曾任董事会主席5年。他担任过众多公司和政府机构的顾问，如通用汽车公司、AT&T、柯达、美国审计总署和成本会计准则委员会。他还曾在北美、南美、欧洲、澳大利亚和亚洲参与过短期教育项目。

安东尼教授曾获得过众多殊荣，其中包括科贝大学荣誉硕士和博士，入选会计名人录，美国会计学会的卓越会计教育家奖、美国会计学会管理会计分会终生贡献奖、Beta Alpha Psi协会的年度会计教育家奖、总统办事机构功勋奖、国防部公共服务奖章、美国审计总署总审计长奖、哈佛商学院卓越贡献奖等。

Robert N. Anthony

维杰伊·戈文达拉扬是达特茅斯塔克商学院Earl C.Daum（1924）国际商务教授，William F.Achtmeyer全球领导力中心创始人，还兼任塔克全球领导力2020培训项目主任。

25年来，戈文达拉扬教授一直在战略执行领域进行研究和探索，为各行各业的高级经理提供咨询，指导他们如何调整企业组织，以实现宏图大略。

Vijay Govindarajan

戈文达拉扬紧紧把握过去 30 多年的时代脉搏，帮助公司适应全球商业环境，转变公司看待战略的方式。在 20 世纪 80 年代，他曾对《财富》500 强公司的几百位经理人进行过调查，了解他们在企业内部贯彻执行战略的不同方式。在 20 世纪 90 年代，他还曾帮助那些力图全球扩张的公司实现各国子公司间的差异化战略和一体化战略的最佳平衡。自 2000 年以来，戈文达拉扬一直致力于指导公司在维持自身在核心业务中的领先地位的同时，开创突破性业务——这正是他的新书《战略创新者的十条法则》（哈佛商学院出版社）的主题。曾经向他咨询的公司包括 AT&T、波音、英国电信、康宁公司[1]、福特公司、Gap、惠普、家得宝、IBM、摩根大通、强生、柯达、纽约时报、普华永道、索尼和沃尔玛。

戈文达拉扬被誉为当今世界最卓越的企业战略家之一。他曾被许多颇有影响的出版物如《商业周刊》评为年度最佳商学院"杰出指导教师"；《福布斯》杂志的"五大最受尊敬的经理人战略教练"；《商业周刊》的"十大公司经理人教育教授"；《华尔街日报》（在线）的"八大卓越经理人顾问"。此外还有一些荣誉，如《董事会内外》对戈文达拉扬做了特别报道，称赞他为来自印度的四大管理思想家"超级明星"之一。

戈文达拉扬目前在为 FastCompany.com 撰写一个专栏。他的文章曾刊登在《哈佛商业评论》、《战略+经营》、《加利福尼亚管理评论》、《麻省理工斯隆管理评论》、《会计、组织和社会》、《决策科学》、《企业战略杂志》等期刊上。此外，他的一篇论文还是《管理学会杂志》发行 40 年以来引用最频繁的十篇文章之一。戈文达拉扬还出版过 6 本著作，其中包括《如何统领全球》（Jossey-Base，2001）。他也是一位倍受欢迎的主旨演讲嘉宾，曾受邀在《商业周刊》CEO 论坛和《经济学家》年会上发表演讲。

在到塔克商学院任教之前，戈文达拉扬曾在俄亥俄州立大学和印度管理学院（位于印度阿默达巴达[2]）任教。他还曾先后在哈佛商学院、INSEAD 商学院（法国枫丹白露）、日本国际大学（日本浦佐）、赫尔辛基经济学院（芬兰赫尔辛基）任客座教授。早年，戈文达拉扬曾以优异的成绩获得哈佛商学院的工商管理硕士和博士学位。

---

1. 译者注：康宁公司（Corning）是美国 500 强企业，在玻璃、陶瓷、光纤等高性能材料和化工领域处于世界领先地位。

2. 译者注：印度圣雄甘地的故乡。

译者及审校者简介

刘霄仑 北京国家会计学院审计与风险管理研究所所长、财政部内部控制标准委员会委员、中国政法大学法务会计研究中心研究员、副教授、清华大学硕士研究生导师、财政部财科所硕士研究生导师、中国注册会计师、美国注册舞弊审查师（CFE）、国际注册内部审计师（CIA）。

  曾在某四大会计师事务所从事审计及咨询服务，加入国家会计学院后为职业后续教育及 MPAcc 研究生讲授《审计理论及实务》、《企业风险管理及内部控制》、《职业会计师商务伦理》与《会计职业道德》等课程。主译及审校了二十余部国际经典教材，如《蒙哥马利审计学》、《布林克内部审计学》、《超越 COSO》等。率先在国内开展注册会计师职业能力框架研究，并将其运用到课程设计中，取得了非常好的效果。

  1994 年毕业于中央财经大学会计系，获经济学学士学位。2001 年毕业于北京大学光华管理学院，获工商管理硕士学位。2006 年至今南开大学公司治理中心在读博士。

朱晓辉 1972 年生于河北定州，1993 年毕业于河北财经学院财政系会计专业。1996 年赴美国留学，1998 年获得美国夏威夷大学会计学硕士学位。之后又研修了一年博士，1999 年回国。曾供职于中国总会计师协会，现为北京国家会计学院审计与风险管理研究所特邀研究员。翻译的著作有：《美国国际税收》、《公司治理：责任、企业和国际比较》、《财务分析技术》、《会计判断与会计决策》等。

杜胜利 清华大学会计研究所副所长。主要研究领域为：管理控制与业绩评价；资本管理与公司金融；控股公司与财务公司；CFO 制度与 CFO 管理。曾在国家国有资产管理局企业司和中国纺织工业部机械局从政；曾任中央大型集团公司总会计师和非银行金融机构财务公司总裁。

中译本推荐序

20世纪60年代，以哈佛大学安东尼教授为代表的学者将系统论引入管理控制并将管理控制系统作为一门学科加以建设。安东尼一生九十载，作为管理控制领域的巨人，对管理控制系统理论和学科做出了开创性和建设性贡献。从1965年的第1版到2007年的第12版（英文版），经历了40多年的不断发展和完善。《管理控制系统》作为一门独立学科已经成熟，作为一门系统课程得到了不断完善。

划分了企业控制的层次和主体　它将管理控制（management control）战略计划（strategic planning）与运营控制（operational control）这三个概念明确区分，认为他们是企业控制的三个相对界限分明的层次。战略计划是决定新战略的过程；管理控制是"管理者确保资源的获得和使用有效果和有效率以实现组织目标的过程"（1965），也就是决定如何落实战略的过程；运营控制则是保证特别任务有效完成的过程。管理控制是在既定的组织目标之下的控制，它不涉及反映行业特性的对作业的控制。安东尼将管理控制局限在组织的中层（mid-range），用它连接高层的战略计划和基层的运营作业控制。尽管安东尼过于强调运用会计的方法和手段实施管理控制，尽管早期的管理控制思想忽略管理控制对战略的影响，但这丝毫不影响安东尼管理控制理论的广泛应用并成为管理控制理论发展的主流，对形成今天的战略管理、管理控制、运营管理三大学科产生了极其深远的影响。

设定了管理控制的职能和边界　它指出管理控制在一些方面介于战略计划与运营控制之间——战略计划是最不系统的，运营控制则最具系统性；战略计划的重点在长期目标导向，运营控制的重点在短期工序运行，管理控制介于两者之间；战略计划中计划更为重要，运营控制中控制更为重要，而管理控制中计划和控制同等重要。管理控制和战略计划的区别在于：战略计划是决定新战略的过程，管理控制是决定如何落实战略的过程；管理控制和运营控制的区别在于：管理控制的重点在组织单元，运营控制的重点在组织单元的特定运营；管理控制和管理会计的区别在于：管理会计以财务行为为基础，管理控制包含财务和非财务行为。

定位了管理控制系统的功能和性质 它提出并将管理控制系统定位为战略的执行系统。认为管理者用于控制组织活动的系统称为管理控制系统。管理控制是一种过程，通过这种过程，管理者能够影响组织内其他成员并使之执行组织战略，即管理控制是管理者影响组织的其他成员以落实组织战略的过程。管理控制的目的是保证战略的实施以实现组织的目标。这种传统的观点至今仍被广泛接受，即认为战略形成是一个制定战略的过程，而管理控制是一个实施战略的过程。管理控制系统与战略是相对独立的，它仅仅是在战略形成之后来实施战略目标。

完善了管理控制系统与战略的关系 它指出，一种观点认为：管理控制必须与公司战略相互配套。公司首先需要通过一个正式、合理的程序开发自己的战略，而这个战略又制约着管理控制系统的设计。另一种观点认为：战略来源于实验，而实验则受到公司管理系统的影响，即管理控制系统影响着公司战略的开发。处于工业行业的公司，由于环境变化是可以预测的，因此，公司可以通过正式、合理的程序首先开发出自己的战略，然后设计出相应的管理控制系统，实施已经制定的公司战略。但是在瞬间即变的环境下，对于一个公司来说，战略也许只能来源于实验，而实验过程则受到公司管理系统的显著影响。

构建了基于会计手段的管理控制系统框架 框架由三部分构成：一是管理控制环境；二是管理控制过程；三是管理控制变化。管理控制环境包括：理解战略、组织行为、责任中心、利润中心、转移定价、资产评估；管理控制过程包括：战略计划、预算编制、财务分析、业绩评价、管理报酬；管理控制变化包括：差异化战略控制、服务型组织控制、跨国公司控制、项目管理控制。上述基于会计手段的管理控制系统框架，在理论和实践上提供了包括管理控制系统内在本质、外在环境和前后过程的一个完整的管理控制体系。

十年前，我在国内率先在清华大学开设《管理控制系统》课程时，安东尼和戈文达拉扬所著的《管理控制系统》便成为我们的教材(特别是案例) 的首选。这不仅仅是考虑安东尼的开创性和哈佛大学的权威性，更重要的是这部教材的 60 多个典型案例几乎覆盖了管理控制系统的各个组成部分和关键控制要点。而且每 3 到 4 年就有新版再版，理论及框架不断完善和创新，典型案例不断积累并在保持经典案例的同时不断注入鲜活案例。这一特色一直延续到今天读者所见到的第 12 版。

遗憾的是，安东尼老先生在走完了 90 年人生道路和半个多世纪的管理控制职业生涯后，留下以《管理控制系统》为代表的、被翻译成 15 种语言的 27 部著作和 100 多篇文章，于 2006 年 12 月 1 日离世。因此，《管理控制系统》第 12 版的中译本的出版是对安东尼教授的最好纪念。

管理控制系统理论和实践是随着市场经济逐渐发展、企业的逐渐壮大、管理者的逐渐成熟而逐渐有所需求和不断丰富完善的。中国的改革开放和市场经济刚刚 30 年，如果说过去 30 年中国企业主要是致力于基于改革开放的企业改组、改制和改造的"硬件"建设的话，那么未来 30 年则必然拓展到基于和谐发展的公司治理、管理和伦理的"软件"建设，管理控制系统必将在其中发挥重要作用。从世界范围来看，此次全球性经济和金融危机实际上是对全球化和信息化时代的管理控制提出了严峻挑战，管理控制系统应该也必将在这其后扮演重要角色。

杜胜利

2009 年 7 月 21 日于清华园

译 者 序

　　罗伯特·安东尼教授与维杰伊·戈文达拉扬教授合著的《管理控制系统》，是有关管理控制理论的经典之作，迄今已出版12版，其中第9版和第11版已被译成中文。能有机会翻译该书的最新版，对我们而言是一个难得的深化学习管理控制理论的机会。而就在我们着手第12版的翻译工作之际，却得到了安东尼老先生辞世的不幸消息。在对大师的故去表示深切哀悼的同时，我们也意识到他的离世给我们的翻译工作所带来的压力：一方面，全面反映安东尼先生思想的《管理控制系统》第12版已成绝笔，我们须以加倍的热情和严谨翻译此版，以表达我们对安东尼教授的哀悼和怀念；另一方面，我们在翻译学习过程中的一些体会和困惑，已无法得到大师的亲自指点和解答，这将成为我们永久的遗憾。

　　另一个令人感到遗憾的现实是，尽管从国际范围看《管理控制系统》以及相关的理论已经非常成熟，但相关理论在中国尚未得到应有的重视和推广。近几年来人们耳熟能详的概念是内部控制。内部控制与管理控制之间是什么关系？从现行的国内外有关"内部控制"的经典定义看，或明示或暗示，都认为内部控制包括管理控制。通过对本书的翻译学习和相关思考，我认为这种对内部控制的定义，既限制了管理控制理论的探讨和发展空间，反过来也制约了内部控制理论的推广与实施。

　　首先，现在的有关"内部控制"的概念，存在着控制目标与控制程序的着眼点不一致的重大缺陷。以COSO组织1992年发布的内部控制整体框架为例，内部控制的目标被界定为"合理保证经营的有效性、财务报告的可靠性、适用法律法规的遵从性"，而内部控制的过程则包括控制环境、风险评估、控制活动、沟通与信息、监控五要素，控制过程的落脚点是对风险的控制，并不能直接达成经营有效性的目标。

　　其次，在企业外包程度不断扩大以及企业边界日渐模糊化的今天，内部控制中的"内部"两字并不能真正体现控制的范围和边界。从这两个方面看，"风险控制"概念可能比"内部控制"概念更贴切——企业风险控制是一个受企业董事会监督、由企业管理层和员工共同参与、旨在将影响企业既定目标实现的风险控制在可接受水平的过程，是企业风险管理体系的组成部分。所谓企业的既定目标，是指企业已经建立起的使命、愿景以及战略目标。所谓影响企业既定目标实现的风险，具体说就是三类风险：影响企业运营有效性的风险、影响财务报告可靠性的风险以及合规性风险。

　　基于新的风险控制的定义，其与管理控制的关系也就昭然若揭。具体说，管理控制与风险控制有两个共同点：第一，都以既定战略目标为先决条件。管理控制是决定如何落实战略目标的过程，风险控制是对影响战略目标实现的风险的控制。第二，有共同的控制活动。某些控制活动既可以实现管理控制目标，也可实现风险控制目标。

　　但是，管理控制与风险控制之间也有很大的不同，具体表现在：

1. 目标不同。从管理学角度说，控制有三个环节：建立标准、测量偏差、采取措施纠正偏差。管理控制强调三个关系安排：基于资本契约关系的委托代理安排与目标确定、基于管理契约关系的企业业绩评价与管理业绩考核、基于利益相关关系的激励机制与管理报酬（杜胜利，2007）。管理控制与战略目标的设立有着直接的密不可分的关系，是决定如何落实战略的过程，是企业运营管理的明线。而风险控制的目标是将影响既定目标达成的风险控制在可接受水平，是企业运营管理的暗线。管理控制和风险控制从一明一暗这两个方面保证了企业目标的实现。

2. 达成目标的方式不同。管理控制是业绩目标导向的，业绩目标设定构成了管理契约的组成部分，它鼓励管理者和员工完成甚至超额完成目标。但企业风险控制的目标绝非是完成了多少个风险控制制度设计，而只在于是否有效减少控制薄弱环节、是否有效管理风险对目标达成的损害程度。换言之，风险控制绝非越严密越好。严密到保险柜一样密不透风的风险控制只会抑制企业活力。

3. 评价标准不同。达成管理控制目标程度与业绩评价标准成正相关关系。而对风险控制来说，正如混沌理论所认为的那样，灾害的发生总是不可避免的。在这种情况下，"勤勉尽责"和"应尽关注"成为评价标准。"无过便是功"，但责任追索期应延长。因此，有关风险控制的记录和保存成为重要的风险控制措施。管理控制评价标准与风险控制评价标准不能相互替代。

进而，曾经被奉为内部控制圭臬的"成本效益原则"在风险控制概念下受到质疑，原因在于：一方面，风险折现期限的无限延长使得风险控制的成本收益不再局限于当期损益；另一方面，相应的风险损害远非单纯的财务指标所能测度衡量。从这两个方面来看，成本效益原则更适用于管理控制而非风险控制。

以上心得，乃一家之言，只为抛砖引玉，激发读者更深入的思考，帮助广大读者在阅读本经典著作时更好地把握管理控制的边界与内涵。欢迎广大读者深入探讨并提出批评意见。

本书由我和朱晓辉合译，由杜胜利审校。限于译校者水平，如有错漏之处，敬请广大读者指正。我的电子邮箱是：Liuxl@mail.nai.edu.cn。借此机会，感谢新曲线出版咨询公司陆瑜女士以及徐向娟编辑的辛苦细致的工作。

本书翻译得到了教育部规划基金 07JA630073 项目（课题名称：高管治理评价与优化研究；主持人：南开大学张国萍副教授）的资金支持，特此致谢！

刘霄仑
2009 年 8 月于北京国家会计学院

目　录

第 14 章 服务型组织 277

第 15 章 跨国组织 297

第 *1* 章

管理控制系统的性质

　　本书的中心思想是战略实施。具体而言，本书所介绍的就是公司高层管理者如何设计和实施用于计划和控制公司业绩的管理系统方面的知识、见解和分析技巧。管理控制系统包括：战略计划；预算编制；资源配置；业绩计量、评价和奖酬；责任中心分配；以及转移定价。本书根据战略学、组织行为学、人力资源管理学、管理会计学建立了各种概念。

　　管理控制是任何实行分权制的组织所必备的。一种观点认为，管理控制必须符合公司战略。这意味着要首先通过正式的、理性的程序制定战略，然后，依据战略设计公司的管理系统。而另一种观点则认为，战略是在实验中形成的，受公司管理系统的影响。根据这些观点，管理控制系统会影响战略的制定。对于这两种观点及其对管理控制系统设计和运行的意义，我们都会予以考虑。

　　若在公司所经营的行业中环境变化是可预测的，则可以运用正式的、理性的程序首先制定战略，然后设计管理控制系统，以执行战略。但是，在一个变化莫测的环境中，公司很难首先建立战略，然后设计管理系统，执行所选择的战略。或许，在这种背景下，战略是在实验中通过非计划的过程逐渐形成的，且这一过程受到公司管理控制系统的显著影响。

本书所讨论的主题意义重大，它体现在一个普遍接受的真理上，即 90% 以上的企业（以及非营利组织）都在"战略实施"上栽跟头：要么是战略从未形成或遭到扭曲，要么是实施成本过高、耗时过多，远远超出了预期。无论战略意图多么值得称颂，如果无法实现，就只不过是一纸空文。相反，高效运行的公司都在战略执行上略胜一筹。本书旨在介绍一些概念、框架和工具，帮助读者赢得这种"执行优势"。

回顾一下 Tyco[1]、Global Crossing[2]、世通、安然等公司的破产，您会发现，这些公司覆灭的部分原因在于管理控制的失效。公司 CEO 和最高管理层们的薪酬与股票期权过于紧密地联系在一起，诱使管理层操纵财务数字，虚抬短期股价。

再看看艾默生电气、林肯电气、纽约时报、沃辛顿工业公司[3]、3M 公司、钮科、戴尔计算机、沃尔玛、西南航空、思科、康宁、孩之宝[4] 和美国模拟器件有限公司[5] 等世界级的知名公司，您也会发现，他们长期成功的秘诀不仅仅在于制定了卓越的战略，更重要的是他们设计了各种激励员工有效执行战略的系统和流程。本书编入了有关这些公司的案例，可以让您深刻地理解这些公司的战略实施能力具有何等的威力！

本章将首先定义书名中出现的三个术语：控制、管理和系统。在本章的第二编，我们将以管理控制职能为中心，区分管理控制职能与其他两种同样涉及计划和控制的职能：战略制定和任务控制。本章的第三编是一个路线图，提供了全书概览及各章内容简介。

---

1. 译者注：美国 Tyco 公司是世界最大的阀门公司之一，总部位于百慕大群岛。2002 年 9 月，公司前首席执行官科兹洛夫斯基（Dennis Kozlowski）和原首席财务官马克·斯沃茨（Mark H.Swartz）一起被起诉，指控多达 37 项，包括通过操纵股价、盗窃、伪造文件和公司腐败非法获利 6 亿美元。

2. 译者注：Global Crossing 公司是一家在全球范围内提供基于 IP 光纤网络的统一电信通讯方案的公司，总部位于百慕大群岛，在纽约证券交易所上市（公司代码：GX）。公司于 2002 年因资不抵债申请破产，创下电信产业最大破产事件，同时也是美国历史上第四大破产记录。

3. 译者注：沃辛顿工业公司（Worthington Industries）是一家全球性钢铁制造商，公司在纽约证券交易所上市（公司代码：WOR）。

4. 译者注：孩之宝（Hasbro）是世界第二大玩具生产商，仅次于玩具巨头 Mattel 公司。总部位于美国东部的罗得岛州。1983 年推出由汽车、飞机变形成机器人的玩具，即"变形金刚"，风靡全球。

5. 译者注：Analog Devices 是世界领先的信号处理解决方案提供商。在纽约证券交易所上市（公司代码：ADI）。

基 本 概 念

控 制

踩下油门，车就会加速；转动方向盘，车的方向就会改变；踩下刹车，车就会减速或停止。有了这些装置，您就可以控制速度和方向。如果其中任何一个失灵，车就不会听从您的驾驭。换句话说，车就会失控。

一个组织也必须予以控制，也就是说，必须安装各种装置，以确保战略意图得以实现。但是，控制一个组织远比控制一辆车复杂得多。所以，我们先从较简单的系统控制过程谈起。

控制系统的要素

每个控制系统都至少具备四个要素：

1. 探测器（detector）或传感器——测量控制过程中实际状态的装置。

2. 鉴定器（assessor）——通过与标准状态或预期状态对比确定实际状态的重要性的装置。

3. 效应器（effector）——根据鉴定器显示必要与否改变行为的装置（通常被称为"反馈"）。

4. 通讯网络（communications network）——在探测器和鉴定器之间、鉴定器和效应器之间传输信息的装置。

任何控制系统的四个基本要素如图表 1.1 所示。我们将举三个例子说明其运行机制：控制室内温度的恒温器，控制体温的生物过程；控制车辆方向和速度的汽车驾驶员。这三个例子，复杂程度逐步递增。

恒温器 恒温器的构成部分包括：（1）温度计（探测器），测量室内当前温度；（2）鉴定器，用当前温度与可接受的温度标准对比；（3）效应器，启动暖气炉加热（如果实际温度低于标准温度），或者启动空调散热（如果实际温度高于标准温度），或者在温度达到标准水平时关掉这些装置；（4）通讯网络，把信息从温度计传输到鉴定器，从鉴定器传输到加热或冷却装置。

图表 1.1　控制过程的要素

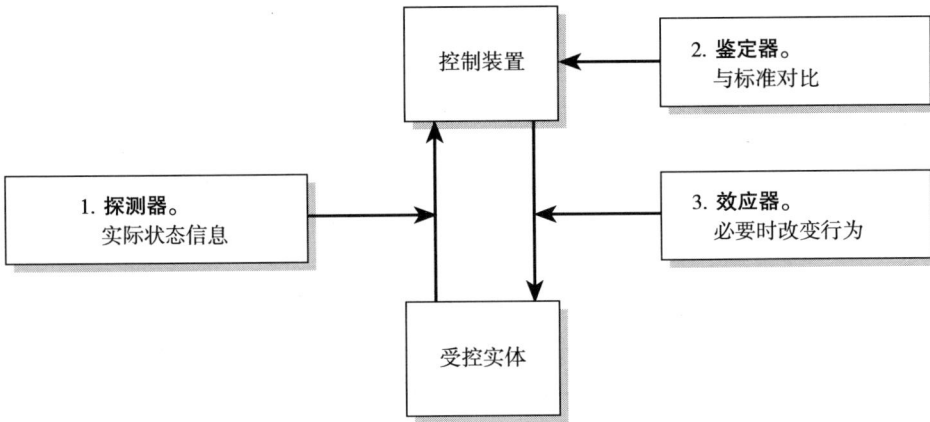

```
                    ┌──────────────┐          ┌──────────────────┐
                    │   控制装置    │ ◄─────── │  2. 鉴定器。      │
                    └──────────────┘          │     与标准对比     │
                        ▲      │               └──────────────────┘
                        │      │
┌──────────────────┐    │      │          ┌──────────────────┐
│  1. 探测器。      │ ───┘      │          │  3. 效应器。      │
│     实际状态信息   │ ──────►   │ ◄─────── │     必要时改变行为  │
└──────────────────┘           │          └──────────────────┘
                        ┌───────▼──────┐
                        │   受控实体    │
                        └──────────────┘
```

体　温　大多数哺乳动物都有一个与生俱来的内在体温标准；对于人类而言，标准体温是 37℃ 。身体为维持标准体温而运用的控制机制包括下列要素：（1）感觉神经（探测器），分布在身体的各个部位；（2）大脑的下丘脑中心（鉴定器），把从探测器收到的信息与标准体温 37℃进行对比；（3）肌肉和器官（效应器），超过标准体温时降低温度（通过喘气和出汗、打开皮肤毛孔），低于标准体温时提高温度（通过颤抖和关闭皮肤毛孔）；（4）整个神经系统作为通讯系统。

生物控制系统是一个自我平衡系统，即自我调节。如果系统运行正常，它就能自动纠正对标准体温的任何偏离，而无需有意识的行为。

体温控制系统比恒温器复杂，感觉神经遍布身体各个部位，下丘脑指挥各项行动，调动各种各样的肌肉和器官。体温控制系统也更神秘，科学家只知道下丘脑做什么，但却不知道它如何做。

汽车驾驶员　假设您正在公路上驾驶，而公路法定限速（即标准）为时速 65 英里。您的控制系统会做出如下反应：（1）您的眼睛（传感器）观察里程计，观测实际速度；（2）您的大脑（鉴定器）比较实际速度和规定速度；（3）在觉察到偏离标准时，指示您的脚（效应器）踩下油门或松开油门；（4）如同体温控制一样，您的神经构成了通讯系统，把信息从眼睛传输给大脑，从大脑传输给脚。

但是，恰如体温控制比恒温器复杂一样，汽车的控制也比体温控制复杂。因为在收到从探测器传输的信息并予以评估后，大脑会发出什么指令具有不确定性。例如，一旦确定汽车的实际时速超过了 65 英里，有些驾驶员如果想保持在法定限速之内，就会松开油门，而另一些驾驶员，出于种种原因则不会。在这个系统中，控制不是自动的；要想预测在这个过程结束时汽车的实际速度，人们就必须或多或少地了解一下驾驶员的性格和所处的环境。

管　理

一个组织是由一群为了实现某个共同目标而一起工作的人组成的（在一个企业组织中，主要目标就是赚取令人满意的利润）。组织由不同等级的管理者领导，最高层是首席执行官（CEO），然后是业务单元、部门、职能以及组织机构图中更低一级的经理。组织的复杂程度决定了等级体系中的层数。除 CEO 外，所有管理者都既是上级又是下级；他们监督本部门的人员，同时又被其上级监督。

CEO（或者，在有些组织中的高级管理团队）决定总体战略，确保组织实现目标。而各个业务单元的经理则构建细分战略，并征得 CEO 的批准，确保各自的业务单元能推动目标的实现。管理控制过程（management control process）就是各级管理者确保其所监管的人员实施其目标战略的过程。

对比以上简单的控制过程

管理者运用的控制过程所包含的要素，与前面所介绍的较简单的控制系统相同，即探测器、鉴定器、效应器和通讯系统。探测器报告组织上上下下在发生什么；鉴定器把这项信息与预期状态对比；一旦发现实际状态和预期状态存在重大差异，效应器就采取矫正行动；通讯系统则告诉管理者正在发生什么及与预期状态对比如何。

但是，管理控制过程和前面所介绍的较简单的过程之间存在显著差异：

1. 与恒温器和体温系统不同，标准不是事先设定的。相反，它是有意识的计划过程的结果。在这个过程中，管理者决定组织应该做什么，而部分控制过程就是比较实际与计划。因此，组织的控制过程涉及计划。在许多情况下，计划和控制可以被视作两项独立的活动。但是，管理控制既涉及计划又涉及控制。

2. 如同控制汽车一样（但与控制室温和体温不同），管理控制不是自动的。组织中有些探测器可能是机械的，但是管理者经常要用自己的眼、耳及其他感官探查重要信息。尽管他可能有惯常的方法，比较关于正在发生的报告和应该发生的标准，但是，管理者必须亲自执行鉴定器的职能，自己决定实际业绩和标准业绩之间的差异是否显著到足以要采取行动；如果的确如此，应该采取什么行动。那么，管理者必须至少与另外一个人配合实现转变，因为旨在转变组织行为的行动都牵涉到人。

3. 控制汽车仅仅是单个人执行的职能，与此不同，管理控制要求人与人之间的协调。一个组织是由许多独立的部分组成的，管理控制必须确保每个部分都彼此和谐相处，而这种需要只最低限度地存在于控制体温的各种器官之间，对于恒温器则根本不存在。

4. 觉察到采取行动的需要与确定取得预期结果所要求的行动之间的联系可能不明确。发挥鉴定器职能的管理者可能认为"成本太高"，但是又找不到便捷、自动的行动能够确保把成本降低到标准所要求的水平。"暗箱"这个术语所描述的就是其确切的性质无法观测的操作。与恒温器或汽车驾驶员不同，管理控制系统是一个"暗箱"。在实际业绩和预期业绩之间存在显著差异时，我们无法知道某个管理者采取什么行动，也不知道其他人会对管理者的信号做出什么反应，采取什么行动。而相比之下，我们则确切地知道恒温器什么时候指示需要采取行动，以及采取什么行动；在汽车驾驶员的例子中，鉴定器阶段涉及判断，但是一旦做出行动决定，行动本身就是机械的。

5. 许多管理控制都是自控的。也就是说，控制不是由外部控制装置维持的（如恒温器），而是由运用自己的判断，不是机械遵从上级指示的管理者维持的。驾驶员遵守时速 65 英里的限速，不是因为一个信号命令他们这样做，而是因为他们意识到，遵守法律符合其最大利益。

系　　统

系统（system）是指完成一项活动或一系列活动的规定方法，通常是重复性的方法。系统的特点是一系列旨在实现特定目的或多或少具有规律性、协调性、重复性的步骤。前面所介绍的恒温器和体温控制过程就是系统的例子。正如我们所看到的那样，管理控制系统远比他们复杂，也更多地依赖于主观判断。

许多管理行为都不是系统性的。管理者经常遇到一些情况，没有明确的适用规则，因此，必须运用自己的判断决定采取什么行动最佳。管理行为的效果则是由人际关系处理技巧所决定的，而不是由系统的特定规则决定的（尽管系统也能表明适当反应的一般性质）。如果所有系统都能确保在所有情况下采取正确行动，那么就根本不需要人来管理了。

本书主要围绕管理控制职能的系统性（即正式系统）展开讨论。人们可以无限深入地描述正式系统中的各种步骤，每个步骤收集和使用的信息，以及系统整体运行的原理。但是却很难描述管理者在遇到正式系统未曾考虑的情况时，所应采取的正确行动，除非只是泛泛地讲。这些都取决于人的能力、性格和彼此之间的关系，以及问题产生的环境等因素。但是，这些非正式的过程都受组织正式控制系统设计和运行方式的强烈影响，认识这一点至关重要。

管理控制的边界

在这一节中，我们将定义管理控制，并区分它与另外两种同样需要计划和控制的系统（或者称活动）：战略制定和任务控制。如果把适用于一种系统的原理和一般原则应用在另一种系统中，就会犯严重错误。

正如您所看到的，无论从哪方面而言，管理控制都介于战略制定和任务控制之间。战略制定是三者中最不具有系统性的，任务控制是最具有系统性的，而管理控制则介于二者之间；战略制定侧重长期，任务控制侧重短期活动，而管理控制则介于二者之间；战略制定利用未来的粗略估计，任务控制利用现在的准确数据，而管理控制则介于二者之间；尽管每种活动都既涉及计划又涉及控制，但是活动类型不同，侧重点也各异。计划过程在战略制定中更重要，控制过程在任务控制中更重要，而计划和控制则在管理控制中大致同等重要。

活　动	最终产物的性质
战略制定 →	目标、战略和政策
↓	
管理控制 →	战略的实施
↓	
任务控制 →	重效率、重效益地执行各项任务

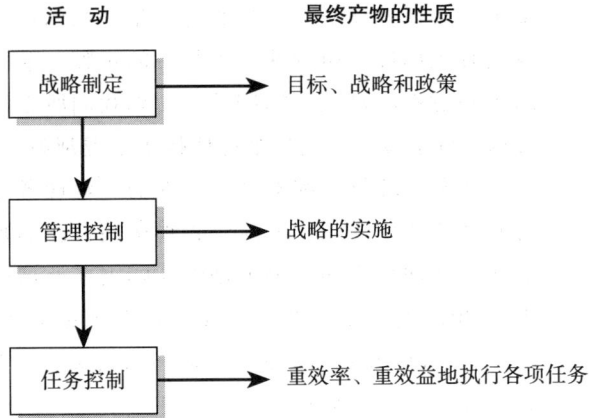

　　这些活动系统彼此之间的关系如图表 1.2 所示。我们将在下面一节中详细定义管理控制、战略制定和任务控制，并进一步说明他们之间的区别。

管理控制

　　管理控制（management control）是指管理者通过影响组织的其他成员来实施组织战略的过程。下面我们就详细论述管理控制过程的几个方面。

管理控制活动

管理控制涉及各种各样的活动，包括：

- 计划组织应该做什么。
- 协调组织各个部分的活动。
- 交流信息。
- 评估信息。
- 决定应该采取的必要行动。
- 影响人们改变行为。

　　管理控制未必要求所有行为都符合先前确定的计划，比如预算。因为这些计划基于制定计划时认为存在的情况。如果在实施时情况发生了变化，计划规定的行为就可能不再适宜。恒温器要感应室内的实际温度，而管理控制则要预测未来的状况，以确保实现组织的目标。如果管理者发现了更好的方法——比原定计划更可能实现组织目标的方法，那么管理控制系统就不应该阻止其实施。换句话说，符合预算未必是好事，而偏离预算也未必是坏事。

目标一致

尽管管理控制过程是系统性的，但是它绝不是机械的；相反，它涉及人与人之间的相互作用，而这又是无法以机械的方式描述的。管理者不仅拥有组织目标，也拥有个人目标。控制问题的核心就在于引导管理者在追求个人目标的同时，采取也有助于实现组织目标的方式。目标一致意味着组织的各个成员的目标应尽可能地与组织自身的目标保持一致。无论是设计，还是运行管理控制系统，都应该牢记目标一致原则。

实施战略的工具

管理控制系统有助于管理者引领组织实现战略目标。因此，管理控制关注的核心是战略执行。

实例 沃尔玛是世界最大的零售商，2005 年销售收入超过了 2 880 亿美元，其成功的秘诀在于低成本销售品牌产品的战略。公司的管理控制系统专注于商店的高效管理，从而打造了公司范围的成本优势。公司利用电子手段实时收集、分析和传输关于 5 300 多个商店的销售收入、成本、利润和损失等数据，迅速揭示一个区域、一个地区、一个商店、商店的一个部门或者部门的一个商品销售状况如何。这些信息可以使公司降低缺货的可能性、避免滞销商品降价，从而最大化存货周转率。在 5 300 多家商店中"出类拔萃"的商店的数据就被用来改善"问题"商店的经营。而且，公司还制定了一项政策，若一个商店的行窃行为较之行业标准下降了，则由此形成的节约，商店的员工可以分享 50%，从而降低了行窃行为造成的损失。[6]

管理控制只是管理者用来实施预期战略的工具之一。如图表 1.3 所示，战略还可以通过组织结构、人力资源管理和特定企业文化来实施。

组织结构是对那些会影响组织内部决策的职能、报告关系及职

---

6. 沃尔玛，2004 年年度报告。

图表 1.3 **战略实施框架**

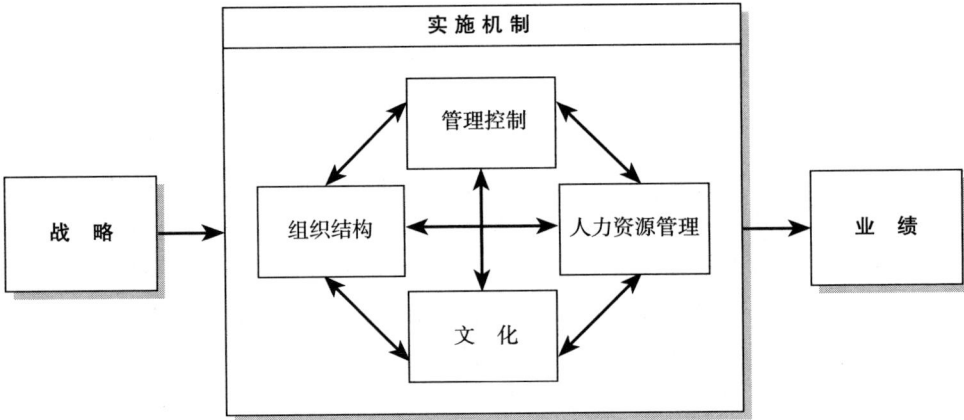

图表 1.3 战略实施框架中各要素关系图

责划分的明确。人力资源管理是指员工的选聘、培训、考评、晋升和解聘,进而发展执行组织战略所需要的知识和技能。企业文化是指显性或隐性地指导管理行为的那些共同信仰、态度和规范。

财务和非财务并重

管理控制系统既包含财务业绩指标,也包含非财务业绩指标。财务方面关注货币"底线",即净收益、股东权益收益率等。但是,实际上组织的所有子单元都有非财务目标——产品质量、市场份额、客户满意度、准时送货及员工士气。

帮助制定新战略

图表 1.4
交互控制

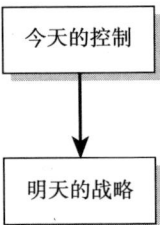

今天的控制

↓

明天的战略

正如我们前面所讨论的,管理控制的基本职能是确保选定战略的执行。但是,在环境变化莫测的行业中,管理控制信息,尤其是非财务性质的管理控制信息,同样可以作为制定新战略的基础。这项功能称为交互控制[7],如图表 1.4 所示。交互控制提醒管理者注意那些表明需要制定新战略的发展变化——既有消极的(如:丧失市场份额、客户投诉),又有积极的(如:由于政府取消某项管制而开放的新市场)。交互控制是管理控制系统不可分割的组成部分。

---

7. Robert Simons, "Control in an Age of Empowerment," *Harvard Business Review*, March–April 1995, pp.80–88.

战略制定

战略制定（strategy formulation）是指确立组织目标及实现目标的战略的过程。在本书中，我们使用战略目标（goals）一词来描述广义上的组织总体目标。而使用战术目标（objectives）一词描述在一定期间实现战略目标的具体步骤。

战略目标是永恒的；只要不改变，就永远存在，而改变又是极其罕见的。对于许多企业来说，实现令人满意的投资报酬率都是一个重要的战略目标；而对于其他企业来说，获得巨大的市场份额也同等重要。非营利组织也有战略目标，一般而言，他们追求利用有限的资金提供最大限度的服务。在战略制定过程中，组织的战略目标通常被认为是既定的，尽管有时战略思考会集中于战略目标本身。

战略是宏大的计划、重要的计划。他们概括地表述高级管理者希望组织发展的方向。汽车制造商制定的生产和销售电动汽车的决策就是战略决策。

只有在洞察到威胁（如：竞争者抢占市场、客户转变偏好或政府颁布新法规）或者机会（如：技术创新、客户行为新观念或开发现有产品的新应用）后，通常才需要制定战略。一位新上任的 CEO，尤其是从外部引进的 CEO，对威胁和机会的认识，通常都有别于前任。因此，在新的 CEO 接管企业后，战略经常发生转变。

实例　路易斯·格斯特纳在 1993 年接任 IBM 的 CEO。在随后的 6 年间，他把公司从一个计算机主机生产商转型成了网络系统、计算机服务和电子商务解决方案方面的领军者。

2003 年 12 月爱德华·赞德接任摩托罗拉 CEO，他的第一项举措就是让这个具有传奇色彩的公司以客户为中心，而不是专注于技术。为了实现这个战略，他主动征求公司一些大客户的反馈。随后，他改变了激励体系，根据公司的整体业绩而不是分部的业绩向员工发放奖金，从而有效地结束了"六个军阀"之间的战争（"六个军阀"是在其前任管理时对摩托罗拉的六类业务的谑称）。尽管大多数基础是在他上任之前早已奠定的，但是战略中心的转变使 2004 年第一季度的销售收入较之 2003 年第一季度增长了 42%，净利润翻了 3 倍，经营收益增长了 6 倍。摩托罗拉的股价在同一期间上涨了 40%。[8]

2000 年，由于经营业绩差，3M 公司有史以来第一次从外部引进了一位 CEO——吉姆·麦克纳尼。在 2000~2003 年间，麦克纳尼不负众望，扭转了局面。在这一期间，无论利润还是股价，都增长了 35%。麦克纳尼大刀阔斧地采取了几项有魄力的行动：

1. 他重视快速成长的市场，如医疗、商业展览与图片市场。
2. 他大规模地实施了 6σ 质量管理计划。
3. 他建立了新产品引入标准。
4. 他根据各分部的潜在增长机会，对各分部的研发投入区别对待，而不是等量增长。[9]

针对威胁或机会而制定的战略可以在任何时间、由组织的任何部门产生。创意不只源于研发团队或总部职员。实际上，任何人都可能想出一个"妙点子"，经过分析和讨论，就构成了新战略的基础。战略制定的全部职责决不能指派给一个人或一个组织单位。成功的关键在于建立一种方式，促使有价值的创意能直接引起高级管理层的注意，而不至于被阻挡在较低的层级。

战略制定和管理控制之间的区别

战略制定是确定新战略的过程；管理控制是实施战略的过程。从系统设计的立场来看，战略制定和管理控制之间最重要的区别在于，战略制定本质上是非系统性的。威胁、机会和创意不会按部就班地发生。因此，战略决策可以在任何时间制定。

而且，战略的性质不同，战略分析也各异。战略分析涉及许多主观判断，而分析过程中所使用的数字通常只是粗略的估计。相比之下，管理控制过程涉及一系列步骤，而这些步骤是根据大体固定的时间表和可靠的估计，按可预见的顺序发生的。

对提出的战略进行分析，通常仅涉及为数不多的几个人——创意的发起人、总部职员，还有高级管理层。相比之下，管理控制过程则要涉及组织各个层级的管理者及其员工。

---

8. www.motorola.com/content.

9. *BusinessWeek*, April 12, 2004.

任务控制

任务控制是指既保证效率又保证效益地完成规定任务的过程。

任务控制是业务导向型的，即任务控制（task control）是指根据管理控制过程确立的规则执行各项任务。任务控制往往包含监督这些规则的执行，在有些情况下，这项职能甚至无需人来执行。数控机床、工艺控制计算机、机器人等都是机械任务控制装置。只有证明人工控制的成本更低、性能更稳定时，它们的职能才由人执行；而只有意外事件经常发生，不值得根据处理意外事件的规则专门为计算机编程时，才可能发生这种情况。

许多任务控制活动都是科学性的。也就是说，在可接受的限度内，将失控状态调整回预期状态的最优决策或适当行动是可预见的。例如，经济的订货批量规则决定采购数量和采购时间。任务控制是许多管理科学和运营研究技术的核心。

组织内的大多数信息都是任务控制信息：客户订购的件数、制造产品耗用的材料重量和部件个数、员工工作的小时数、支付的现金金额。组织的许多中心活动，包括采购、调度、订货记录、物流、质量控制、现金管理等都是任务控制系统。其中有些尽管是机械的，但也可能极其复杂。

> **实例**　整个钢厂都可以由电子设备控制，每个设备都执行计算机的指令，完成规定任务。计算机能感触环境（如：钢锭的温度）。如果它的结果显示偏离了预期状态，它可以启动矫正行为；如果它本身无法做到，它也可以把矫正要求传输给车间的一台总控计算机。然后，这台计算机把问题提交整个钢厂的协调计算机。在许多公司中，用来控制制造流程的制造资源计划（Manufacturing Resource Planning/ MRP Ⅱ）系统要求几百万条计算机指令。用于连接电话通话双方的转换机构要花费几十亿美元。金融市场中的电子交易系统，以及交易方的其他类型的决策系统，涉及复杂的决策规则和关于几百种金融工具价格的随时更新信息。

正如这些例子所表明的，有些活动曾经由管理者执行，但现在已经自动化了，因而就变成了任务控制活动。这种从管理控制向任务控制的转化为管理者腾出了一些时间，可以从事其他管理活动（除非公司取消了管理者的岗位）。

任务控制和管理控制之间的区别

任务控制和管理控制之间最重要的区别在于许多任务控制系统都是科学性的，而管理控制决不会降格为科学。根据定义，管理控制涉及管理者的行为，这是无法用公式表述的。若把管理科学家为任务控制环境创立的原理应用于管理控制环境，则会犯严重错误。在管理控制中，管理者要与其他管理者相互影响、相互配合；而在任务控制中，要么根本不涉及人（如一些自动化生产流程），要么是管理者与非管理者之间相互影响、相互配合。

在管理控制中，关注的焦点是组织的各个单位；而在任务控制中，关注的焦点则是这些组织单位执行的具体任务（如：生产批号为 59268 的产品，或者订购 100 个编号为 3642 的部件）。

管理控制关注在战略的总体约束下，决定要做什么的管理者的一般性活动。而任务控制则涉及具体任务，且大多数任务的执行很少需要或者根本不需要运用判断。

图表 1.5 举例说明了管理控制、任务控制和战略制定之间的差别。

互联网对管理控制的影响

信息革命始于 19 世纪末贝尔的电话发明。对于消费者而言，电话带来了极大的好处——便利。人们不必光顾商店去找关于产品的信息，就可确定是否有货或选购商品。信息革命的步伐因计算机的发明而大大加快，在 20 世纪 90 年代，又因互联网的来临而获得了巨大的推动力。

互联网带来了电话所无法企及的更大便利：

图表 1.5
计划和控制职能
的决策举例

战 略 制 定	管 理 控 制	任 务 控 制
收购非关联企业	引入新产品或新品牌	协调订货记录
进入新行业	扩建工厂	安排生产
增添直接邮寄销售	决定广告预算	预定电视广告
改变财务杠杆比率	发行新债	管理现金流
采用反歧视政策	实施少数族群招聘计划	保存人事档案
规划存货监测政策	决定存货水平	再订购一件物品
决定研究的规模和方向	控制研发组织	从事单个研究项目

- 即时接入。在互联网上，海量信息可以在瞬间发送给世界任何地方的任何个人。

- 多目标通信（Multi-targeted communication）。互联网大大扩展了一对多通信范围；一个网站门户就可以联系几百万人。

- 廉价的通信。若企业利用电话接线员与客户联系，则必须支付电话接线员工资、免费电话（"800"）租用费以及其他支持客户服务职能的费用。而通过互联网与客户沟通就可以避免所有这些成本。

- 能够显示图像。与电话不同，互联网能让客户看到所销售的产品。

- 权利和控制转交给个人。或许互联网最激动人心的好处在于个人成了"真正的上帝"。消费者处于主导地位，可以一天 24 小时随心所欲地使用互联网，而不会受到销售代表或电话推销员的打扰或不当影响。

由于具备这些优势，互联网已经改变了 B2C（商家对消费者）商务领域的游戏规则。

> **实例**　在 1995 年之前，大多数图书都是从书店或者通过印刷商品目录购买。在 1995 年，亚马逊网站开始在线销售图书。截至 2005 年，亚马逊网站已经发展了来自多个国家、人数达 4 900 万的活跃的客户群，产品拓展至 31 类，从图书到园艺工具，无所不包。2004 财年的销售收入超过了 69.2 亿美元。亚马逊的虚拟商店模式较之传统的"钢筋水泥式"的商店，具有更便捷、更多选择和更低的价格等特点。自 2000 年以来，各大离线零售商都与亚马逊建立了合作关系，发展他们的在线零售业务。亚马逊与玩具反斗城 [10]、Nordstrom 公司、Macy's[11]、Target[12]，甚至离线竞争者 Borders[13] 集团都建立了战略联盟，从而确立

---

10. 译者注：玩具反斗城（Toys "R" Us）是美国玩具和婴儿用品零售商。

11. 译者注：美国零售商，经营百货店，在纽约证券交易所上市（公司代码：M）。

12. 译者注：Target 公司创立于 1902 年，总部设在美国明尼苏达州，是美国第五大零售商，仅次于沃尔玛、家得宝（Home Depot）、Kroger 和 Costco，经营百货折扣店。公司战略定位是品牌设计者的连锁店。公司在纽约证券交易所上市（公司代码：TGT）。

13. 译者注：Borders 集团是一家国际图书经销商，《财富》500 强公司，总部设在美国密歇根州。Borders 是美国第二大连锁书店，仅次于 Barnes & Noble。

了它制定在线零售领域的游戏规则的地位。甚至已经在在线零售领域拥有一席之地的公司，如 OD 办公 [14] 和 Wine.com[15]，也与亚马逊建立了战略联盟。为了吸引小企业，亚马逊制定计划招募第三方销售商在其网站销售产品，获得了巨大成功（截至 2003 年年底接近 100 万商户），这些销售商被称为"加盟商"。对于许多加盟商来说，亚马逊已经成了他们的生存之源。[16]

互联网也改变了 B2B（商家对商家）商务。

实例 公司利用互联网重新塑造与客户的关系。以思科为例，思科是一家硅谷公司，供应通信网络的核心硬件——路由器、服务器、交换机等。在 2005 年，思科的全部销售收入实际上都来自网站的独立交易。引用布鲁斯·贾德森的话来说：思科的网站可以让客户自行配置具有复杂性能的产品，它的"智能配置器"软件会自动拒绝各部件之间不兼容的订单。在自动系统应用之前，互联网处理的订单的失误率为 25% 以上，而现在则降至了不到 10%。思科网站产生的年节约估计超过了 2.5 亿美元，从中不仅反映了消除订单失误的效率，而且反映了其他行政管理效率。由于没有失误，思科才得以把送货时间缩短在三天之内。对于思科而言，互联网意味着更快捷的服务、更短的生产周期以及更大的节约。[17]

毋庸置疑，互联网对商务领域产生了巨大影响。那么，互联网对组织内部的管理控制又产生了怎样的影响呢？管理控制系统涉及信息，而且组织需要一个基础设施处理这些信息。互联网恰恰提供了这样一个基础设施，使信息处理更加便捷、准确。在互联网上，管理者可以收集大量数据，予以存储，并按不同形式加以分析，然后传送给组织的任何一个人。管理者还可以利用这些信息编写专门的个性化报告。

尽管互联网通过高效信息处理为协调和控制提供了便利，但是，互联网无法替代管理控制的基本过程。因为通过管理控制实施战略，

---

14. 译者注：OD 办公（Office Depot）是全球办公用品连锁巨头，《财富》500 强公司。成立于 1986 年，总部设在美国佛罗里达州。公司在纽约证券交易所上市（公司代码：ODP）。

15. 译者注：Wine.com 成立于 1998 年，最大的在线酒类经销店。

16. 亚马逊（Amazon.com），年度报告和网站。

17. Bruce Judson, *Hyper Wars*, (New York：Scribner, 1999), p.93.

实质上是一个社会学和行为学过程，因而无法完全自动化。数据库的电子接入对于设计和运行最优控制系统所要求的主观判断也无济于事。这类主观判断包括：

1. 理解驱动个人行为的各种目标（有时是彼此竞争的目标）的相对重要性（如：个人成就与集体成就、为客户和股东创造价值与为自身创造价值）。
2. 协调各种个人目标和组织目标。
3. 制定评价业务单元、职能区和各个部门的目标。
4. 在组织上下贯彻战略和具体执行目标。
5. 确定评估个人对战略目标的贡献时所应评价的关键变量。
6. 根据业绩标准评估实际业绩，并评价管理者的管理效率。
7. 召开具有建设性的绩效评价会议。
8. 设计正确的奖酬体系。
9. 对个人施加影响来改变其行为。

总之，尽管互联网大大改进了信息处理方式，但是，管理控制的基本要素——收集什么信息和如何使用信息，本质上仍是行为科学，不适用公式方法。

阅 读 指 南

本书共分三编，下面对每编做一简要介绍。

管理控制环境（第一编）

管理控制主要涉及战略实施。因此，作为背景，我们在第 2 章介绍了组织战略的基本类型。

在第 3 章中，我们介绍了一些影响管理控制过程的组织特征，这些特征主要集中在组织内部的个人行为上。

在第 4~7 章中，我们定义了不同类型的责任中心，并逐一做了介绍。此外还讨论了在向各种组织子单元分派财务职责时应考虑的因素。（把非财务指标纳入管理控制系统将在本书第二部分讨论，主要是在第 11 章。）

第 4 章介绍责任中心的基本概念。责任中心（responsibility center）是指由一个管理者领导并负责其活动的组织单元。每个责任中心都有投入和产出。投入是指责任中心从事活动所耗费的资源，产出是指责任中心的工作成果。从技术上讲，产出都是产品，但未必是对外销售的产品。一个责任中心向另一个责任中心提供的服务也是产品。根据投入和产出以货币标准评价的程序，责任中心可以划分为不同类型。

第 4 章介绍费用中心（expense center）和收入中心（revenue center）。在费用中心，投入按货币成本评价，但是产出要么根本不评价，要么按非货币数量标准评价。在费用中心，管理者主要负责费用控制。费用中心有两种类型。在技术性费用中心 （engineered expense center），要比较实际成本和标准成本，以确定中心的运行效率。在酌量性费用中心（discretionary expense center），无法确定可靠的标准成本，费用由管理者及其上级自由裁量而定。酌量性费用中心的效率无法评价。

在收入中心，收入按货币标准评价，但是费用并不与收入匹配。销售分支机构常常是收入中心。对比预算收入和实际收入，就可以说明收入中心的效率。

第 5 章介绍利润中心（profit center）。在利润中心，既评价收入，又评价与创造收入相关的费用；二者之间的差额就是利润。对比实际利润与预算利润，就可以评价管理者的效率。

如果一个利润中心向另一个责任中心提供产出，或者如果一个利润中心接受另一个责任中心的投入，就必须为这些产出和投入确定价格。我们称之为转让价格，它区别于市场价格，即对外销售的价格。第 6 章讨论如何确定转让价格，协调管理控制。

在第 7 章，我们讨论投资中心（investment center），在投资中心，既评价利润，又评价履行中心的责任所用的投资（即资产）。投资报酬率是衡量管理者的效率和效益的最广义的指标。

管理控制过程（第二编）

许多管理控制过程都涉及管理者之间，或管理者及其下属之间的非正式交互影响。非正式沟通可以通过备忘录、会议、谈话甚至是面部表情方式进行。近来，出现了一个名词，称为"巡视管理"（management by walking around，也译作"走动式管理"），从中不难看出这种信息的重要性。非正式交互影响发生在正式的计划和控制系统中。这种系统包括下列活动：（1）战略计划；（2）预算编制；（3）执行；（4）业绩评价。每一项活动都导致下一项活动，如此循环，并共同构成了一个封闭循环。

在第 8 章，我们讨论了战略计划，它是指决定组织为实施战略而采用的重大计划，以及为各项计划投入的资源数量的过程。这个过程的产物是一份文件，称为"战略计划"（有些公司称为"长期计划"）。战略计划一般跨期几年（一般为 3 年或 5 年）。在营利性公司，每个主要产品或生产线都是一项计划（program）。在非营利组织，组织所提供的主要服务就是其计划。

战略计划是管理控制循环的第一步。在使用日历年度的公司，一般在预算年度前一年的春季或夏季进行战略计划。届时将制定决策，并考虑自制定上一个战略计划以来战略所发生的任何变化。

第 9 章讨论预算编制。经营预算是指组织一定期间的计划，通常为 1 年。预算代表对战略计划的微调，它融汇了最新的信息。在预算中，收入和费用从各项计划再分配给各责任中心。因此，预算表明了每位管理者预期发生的费用。编制预算的过程实质上就是各责任中心的管理者与其上级协商的过程。协商的最终产物是关于下一年度的预期费用的协议文件（如果责任中心是一个费用中心），或者是计划利润或预期投资报酬率（如果责任中心是利润中心或投资中心）。

在第 10~12 章，我们讨论业绩计量、业绩评价和管理者薪酬。

在一年中，管理者要执行他们所负责的计划或部分计划，并报告在履行职责中发生了什么。在理想状态下，编制报告应该既能提供关于计划的信息，又能提供关于责任中心的信息。关于责任中心的报告可以反映预算和实际信息、财务和非财务指标、内部和外部信息。这些报告可以让更高层的管理者了解其掌管的各项计划的状态，还有助于确保各责任中心之间的相互协调。

管理者的报告还可以用作控制的基础。评估的过程就是对比实际费用和应该发生的费用。如果预算过程中假设的情况保持未变，就对比预算和实际金额。如果情况发生了变化，就要考虑这些变化。最终，分析的结果就是表扬责任中心的管理者或者提出建设性的批评。

第 10 章讨论财务业绩指标的分析和评估。

第 11 章拓展了业绩评价的关注点，吸纳了非财务指标，并考虑平衡计分卡的设计。平衡计分卡的设计既包含了财务指标，又包含了非财务指标。本章还讨论了交互控制（interactive control）——利用管理控制信息（尤其是非财务多样性）制定新战略。

第 12 章介绍设计管理激励薪酬计划以促进目标一致时应考虑的因素。

管理控制的变形（第三编）

第二编的各章介绍了一般管理控制过程。在第三部分，我们将介绍几种管理控制的变形：差异化战略下的差异化控制（第 13 章）、服务性组织（第 14 章），以及跨国组织（第 15 章）。

最后一章（第 16 章）介绍项目的管理控制。这与持续经营的管理控制略有不同，而本书至此之前所讨论的核心都是持续经营的管理控制。

小　结

系统是指完成一项活动或一系列活动的规定方法。管理者用来控制组织的各项活动的系统称为管理控制系统。管理控制是指管理者影响组织的其他成员以实现组织战略的过程。管理控制可以由包含一系列循环发生的活动的正式系统协调。

管理控制是几乎任何一个组织中都存在的三项计划和控制职能之一。其他两项是战略制定和任务控制。战略制定是明确威胁和机会，确定应对的新战略的过程，它大体是非系统性的。任务控制是既保证效率又保证效益地完成具体任务的过程。

本书分为三编。第一编讨论组织的控制环境。控制是由监管责任中心的管理者执行的。第二编介绍管理控制过程，它由一系列有规律地重复发生的活动（战略计划、预算编制、执行和业绩评价）组成。第三编介绍几种偏离一般模式的控制系统。

推 荐 读 物

Besanko, David, David Dranove, Mark Shanley, and Scott Schaefer. *Economics of Strategy*, 3rd ed. New York: John Wiley & Sons, 2004.

Bossidy, Larry, and Ram Charan. *Execution: The Discipline of Getting Things Done*. New York: Crown Books, 2002.

Collins, Jim. *Good to Great*. New York: HarperCollins, 2001.

Dell, Michael, and Kevin Rollins. "Execution Without Excuses." *Harvard Business Review*, March 2005, pp. 1–9.

Dent, Jeremy F. "Global Competition: Challenges for Management Accounting and Control." *Management Accounting Research* 7, no. 2 (June 1996) , pp. 247–69.

Drake, A. R., S. Haka, and S. P. Ravenscroff. "Cost System and Incentive Structure Effects on Innovation, Efficiency, and Profitability in Teams." *The Accounting Review* 74, no. 3 (July 1999) , pp. 323–45.

Evans, P., and T. S. Wurster. *Blown to Bits: How the New Economics of Information Transforms Strategy*. Boston: Harvard Business School Press, 1999.

Govindarajan, Vijay, and Joseph Fisher. "Impact of Output versus Behavior Controls and Resource Sharing on Performance: Strategy as a Mediating Variable." *Academy of Management Journal*, June 1990, pp. 259–85.

Govindarajan, Vijay, and Christopher Trimble. *Ten Rules for Strategic Innovators: From Idea to Execution*. Boston: Harvard Business School Press, 2005.

Hrebiniak, Lawrence G. *Making Strategy Work: Leading Effective Execution and Change*. Upper Saddle River, NJ: Wharton School Publishing, 2005.

Kaplan, S. Robert, and David P. Norton. *Strategy Maps: Converting Intangible Assets into Tangible Outcomes*. Boston: Harvard Business School Press, 2004.

Kim, Chan W., and Reneé Manborgne. *Blue Ocean Strategy*. Boston: Harvard Business School Press, 2005.

Maciariello, J. A., and C. J. Kirby. *Management Control Systems*. Englewood Cliffs, NJ: Prentice-Hall, 1994.

Marginson, D. E. W. "Management Control Systems and Their Effects on Strategy Formation at Middle Management Levels: Evidence from a U.K.Organization." *Strategic Management Journal* 23, no. 11 (November 2002), pp. 1019–30.

Shank, John K., and Vijay Govindarajan. *Strategic Cost Management*. New York: Free Press, 1993.

Simons, Robert. *Levers of Control*. Boston: Harvard Business School Press, 1995.

第 *1* 编

管理控制环境

在第 1 章，我们把管理控制定义为管理者影响组织其他成员实施组织战略的过程。管理控制过程涉及两种不同类型的活动——持续经营和独立项目。在第一编和第二编，我们将讨论持续经营的管理控制。独立项目的管理控制（如研发项目、建设项目、动画制作）将在第 16 章介绍。

第 2 章介绍了组织一般采用的典型战略。公司选择的战略是影响管理控制系统设计的环境的组成部分。

在第 3 章，我们将讨论组织行为的广泛领域：目标一致、多重利益相关者方法、正式和非正式管理系统、组织结构以及财务总监职能。

在接下来的第 4 章，我们将讨论责任中心，它是处于管理控制过程核心的组织单元。责任中心是由一个管理者负责各项活动的组织单元。

在第 4 章，我们还将讨论责任中心的特征。所有责任中心都有产出（即都从事一项活动），也都有投入（即他们耗用资源）。根据报告运营的投入和产出所使用的评价指标，责任中心分为四类：（1）收入中心；（2）费用中心；（3）利润中心；（4）投资中心。

在收入中心（一般可以在公司的营销部门找到），管理控制系统按货币标准评价产出。收入中心将在第 4 章讨论。

在费用中心，则恰恰相反。管理控制系统按货币标准评价投入（即成本）。费用中心也将在第 4 章讨论。

在利润中心，管理控制系统按货币标准既追踪投入，又追踪产出。投入由费用构成，产出则由收入构成。利润就是二者之间的差额。利润中心将在第 5 章讨论。

许多利润中心都向公司内的其他利润中心转让产品（既有物品，又有服务）。这些转让产品的价值称为转让价格。第 6 章将介绍如何确定转让价值，以及转移定价的其他方面。

在投资中心，管理控制系统既把货币指标适用于责任中心的投入和产出，又适用于投资。我们将在第 7 章讨论投资中心，并介绍在决定一个责任中心是否应该被视作投资中心时需考虑的组织因素。

第 4~7 章介绍了向责任中心分配财务责任时需考虑的因素。财务标准的选择取决于希望下属在组织战略实施中表现出的行为。成本中心的管理者强调成本控制，收入中心的管理者关注创造收入，利润中心的管理者的指导方针是提高利润，而投资中心的管理者则以提高资产收益率为中心。在第 11 章，我们将介绍平衡计分卡，作为战略执行的工具，它综合了财务指标和非财务指标。

第 2 章

理 解 战 略

管理控制系统是实施战略的工具。不同的组织战略也各异，管理控制应该符合具体战略的要求。战略不同，则要求不同的任务优先顺序、不同的关键成功因素以及不同的技能、观点和行为。因此，管理控制系统设计应持续关注系统所激发的行为是否符合战略要求。

战略是实现组织目标的计划。因此，在本章，我们将首先介绍几个组织的一般目标。然后，我们将讨论组织内两个层面的战略：公司层面和经营单元层面。战略为评估我们在第 4~12 章中所讨论的管理控制系统各项要素的最优性提供了一个广泛的背景。在第 13 章中，我们将讨论如何根据公司和经营单元战略的变化，变化管理控制系统的形式和结构。

组 织 目 标

尽管我们经常提到公司目标，但是公司并没有目标。公司是一个假想的人，即我们所说的法人，它本身没有思想，也没有决策的能力。公司目标是由公司的 CEO 参考其他高级管理层的意见而决定的，通常还要经董事会的批准。在许多公司中，创始人最初确立的目标会坚持几代。例如，福特汽车公司的亨利·福特、通用汽车公司的阿尔福莱德·斯隆、迪斯尼公司的沃尔特·迪斯尼、柯达公司的乔治·伊斯曼以及沃尔玛的山姆·沃尔顿等各自所确立的目标。

盈利能力

在企业，盈利能力通常是最重要的目标。从最广义及概念上最合理的意义上来说，盈利能力可以用一个等式来表达，它是两个比率的乘积：

$$\frac{收入 - 费用}{收入} \times \frac{收入}{投资} = 投资报酬率$$

例如：

$$\frac{\$10\ 000 - \$9\ 500}{\$10\ 000} \times \frac{\$10\ 000}{\$4\ 000} = 12.5\%$$

这个等式中的第一个比率是利润边际（百分比）：

$$(\$10\ 000 - \$9\ 500)\ /\ \$10\ 000 = 5\%$$

第二个比率是投资周转率（investment turnover）：

$$\$10\ 000\ /\ \$4\ 000 = 2.5\ 次$$

这两个比率的乘积就是投资报酬率：5%×2.5=12.5%。投资报酬率也可以用利润（即：收入减去费用）除以投资直接得到。但是，采用这种方法，人们不会注意到两个主要构成要素：利润边际和投资周转率。

在这个等式的基本形式中，"投资"指股东的投资，由股票发行收入和留存收益构成。管理者的职责之一就是实现两种主要融资来源的适当平衡：债务性融资和权益性融资。股东的投资（即股权）指不是通过发行债务获得的融资额，也就是说，不是借来的。在许多情况下，融资来源并不相关。因此，"投资"就指债务资本和权益资本的总和。

"盈利能力"指长期利润，而不是当季或当年的利润。许多当期支出（如：广告费或研发支出）虽会减少当期利润，却增加长期利润。

有些 CEO 只强调盈利能力等式的一部分。如通用电气公司的前

CEO 杰克·韦尔奇，就明确聚焦在收入上。他说，如果通用电气在某项业务的销售收入不能数一数二，那么就不应该从事这项业务。这并不意味着韦尔奇忽视等式的其他构成要素，相反，表明在他的思想中，市场份额与投资报酬率密切相关。

但是，其他 CEO 强调收入，则是出于不同原因：对于他们而言，公司规模就是目标。这样的目标会引发问题。如果费用太高，利润边际就不会为股东提供很好的投资报酬率。即使利润边际令人满意，如果投资太大，企业仍然不会获得很好的回报。

有些 CEO 聚焦在利润上，或者是货币金额，或者是相对于销售收入的百分比。这种关注没有认识到这样一项简单的事实，即：如果新增利润是因投资不成比例的增加而获得的，那么单位投资的盈利能力实际上就是下降的。

股东价值最大化

在 20 世纪 80 年代和 90 年代，股东价值（shareholder value）这个词经常出现在经济文献中。股东价值概念是指营利性组织的目标应为股东价值最大化。尽管这个词的含义并非总是那么明确，但是它很可能是指公司股票的市场价格。然而，我们认为，实现令人满意的利润能更好地表述公司的目标，原因有二：[1]

首先，"最大化"意味着存在找到公司能获得最大利润的方式。但事实并非如此。在两项行为之间做决定时，管理层通常会选择它认为能最大限度地增加盈利能力的那个。但是，即便有的话，管理层也很少能明确所有可能选择，及其各自对盈利能力的影响。而且，利润最大化要求计算边际成本和需求曲线，而管理者通常都不知道他们是什么。如果把最大化作为目标，管理者就会把分分秒秒都花在思考增加盈利能力的无穷无尽的备选方案中去。一般而言，人生太短暂了，无法保证能如此孜孜不倦。

其次，尽管股东价值最大化可以作为主要目标，但是，对于大多数组织而言，它绝非是惟一目标。当然，如果企业获得的利润都不能弥补资本成本，那么它绝对没有尽到义务。只有做到这一点，

---

1. 1957 年，赫伯特·西蒙杜撰了 "Satisficing" 这个词，描述恰当的公司目标，这个概念为他荣获诺贝尔经济学奖奠定了重要基础。在这个问题的原始论文之后，关于他的分析的一个便捷的来源是：Herbert A.Simon, *The New Science of Management Decision*（Englewood Cliffs, NJ：Prentice Hall, 1977）。

它才能履行任何其他职责。但是，经济业绩不是企业的惟一职责，股东价值也不是惟一职责。大多数管理者都希望秉持商业道德，觉得除了对股东负有义务之外，对组织的其他利益相关者也负有义务。

> **实例** 亨利·福特的经营哲学就是令人满意的利润，而不是利润最大化。他曾写道："我想在这里说，我不认为我们应该在汽车上赚取如此惊人的利润。合理的利润就行，不用太多。因此，我的政策就是在生产允许的情况下，尽可能地降低汽车的价格，把利益让给用户和劳动者——同时也为我们自己带来巨大的好处。"[2]

虽然我们驳斥了最大化概念，但并不意味着我们质疑一些显而易见的原则的有效性。若一项行为降低费用，但不影响另一要素，如市场份额，则此行为是合理的。同样，若一项行为增加费用，但收入增加的比例更大，则此行为也是合理的，如广告预算的增加。依此类推，若一项行为增加利润，且股东投资增加的比例较小或者是根本不增加，则行为也是合理的，如购置成本节约型设备。在任何一种情况下，这些原则都假设行为是合乎道德的，并且与公司其他目标保持一致。

风　险

一个组织对盈利能力的追求受管理层承担风险意愿的影响。管理者的性格不同，风险承受程度也各异。但是，总是有一个上限。有些组织明确表示管理者的主要职责就是资产保值，而把盈利能力视作次要目标。1996~1998 年爆发的亚洲金融危机，追根溯源，在很大程度上是由于亚洲新兴市场的银行发放看似高回报的贷款，却没有对风险水平引起足够重视。

各方利益相关者方法

一个组织要参与三个市场：资本市场、产品市场和要素市场。公司从资本市场募集资金，因此公众股东就是一个重要的利益相关者。公司在产品市场销售产品和服务，客户就构成了一个主要利益相关者。公司又在要素市场竞争资源，如人力资本和原材料，因而

---

2. Henry Ford, *My Life and Work* (Garden City, NY: Doubleday, Page & Co., 1922)，p. 162.

基本利益相关者就是公司的员工、供应商以及资源和公司经营所在地的各种社区。

公司对各方利益相关者（multiple stakeholder）——股东、客户、员工、供应商及社区——全都负有职责。从理论上讲，公司的管理控制系统应该明确每个群体的目标，建立平衡计分卡，追踪业绩。

> **实例**　在 2005 年，总部位于中国台湾的宏基集团是世界最大的计算机公司之一，年销售收入近 70 亿美元，占全球 PC 市场份额的 4%。公司采用了各方利益相关者方法，为满足多个利益群体的需要而管理内部经营。引用公司创始人施振荣的话来说："客户是第一位的，员工是第二位的，股东是第三位的。在这一点上，我和我的同事始终是一致的。我甚至认为公司的银行、供应商及生意伙伴都是我们的利益相关者。甚至社会也是利益相关者。我尽最大的努力按这种方式管理公司。"[3]

林肯电气公司因其经营哲学而闻名，即：员工满意度胜于股东价值。詹姆斯·林肯写道："最后要考虑的群体才是持股的股东，因为他们认为这种方式比任何其他投资方式回报都高。缺席股东（absentee stockholder）对于客户或工人而言根本不重要，因为除了股利增加和股价上涨之外，他对公司一无所知，也根本不感兴趣。"[4]董事长兼首席执行官唐纳德·哈斯汀强调指出，在 1996 年，这仍是公司的经营哲学。[5]

战 略 概 念

尽管定义五花八门，但是人们一致认为，战略描绘组织实现目标的总体行动方向。尽管组织未必明确地表述出来，但任何一个有效管理的组织都具有一项或多项战略。在前面一节中，我们介绍了组织的一般目标。本章余下的篇幅将介绍有助于组织实现目标的基本战略。

---

3. "The 'Fast Food' Computer Company: An Interview with Stan Shih," *Strategy & Business,* Fourth Quarter 1996, pp. 52–56.

4. James Lincoln, *A New Approach to Industrial Economics* (New York: Devin-Adair Company, 1961), pp. 38–39.

5. Quoted in J. A. Maciariello, *Lasting Value* (New York: Wiley, 1999), pp. 121–26.

图表 2.1
战略制定

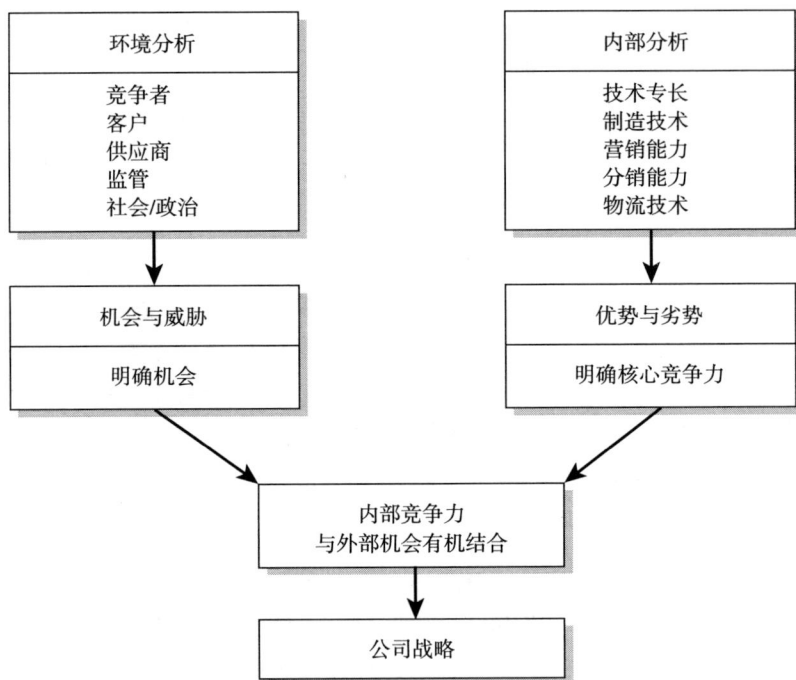

环境分析
竞争者 客户 供应商 监管 社会/政治

内部分析
技术专长 制造技术 营销能力 分销能力 物流技术

机会与威胁
明确机会

优势与劣势
明确核心竞争力

内部竞争力
与外部机会有机结合

公司战略

公司把核心竞争力与行业机会有机结合，制定战略。图表 2.1 是公司战略制定的示意图。肯尼斯·安德鲁提出了这个基本概念。依照安德鲁的理论，战略制定是公司高层管理者根据外部环境呈现的机会和威胁，来评估公司优势和劣势，继而决定适合于外部环境机会的公司核心竞争力战略的过程。[6] 在过去 30 年间，大量注意力都集中在建立环境分析（明确机会和威胁）[7] 和内部分析（明确核心竞争力）[8] 的更严格的框架上。

战略分为两个层面：（1）整个组织的战略；（2）组织内部各经营单元的战略。大约 85% 的美国《财富》500 强工业企业都具有不止一个经营单元，因此，都制定两个层面的战略。

尽管在不同的层面战略选择各异，但是各经营单元的战略与公

---

6. Kenneth R. Andrews, *The Concept of Corporate Strategy* (Homewood, IL: Dow Jones-Irwin, 1971)．

7. Michael E. Porter, *Competitive Strategy: Techniques for Analyzing Industries and Competitors* (New York:The Free Press, 1980)．

8. C. K. Prahalad and G. Hamel, "The Core Competence of the Corporation," *Harvard Business Review,* May–June 1990, pp. 79–91.

图表 2.2

两个层面的战略

战略层面	主要战略问题	基本战略选择	涉及的主要组织层面
公司层面	所跨行业正确吗？	单一经营	公司总部
	应介入哪些行业或行业分支？	相关多元化	
		非相关多元化	
经营单元层面	经营单元的经营宗旨应该是什么？	拓展	公司总部和经营单元总经理
		维持	
		收获	
		剥离	经营单元总经理
	经营单元如何竞争以实现其经营宗旨？	低成本	
		差异化	

司层面的战略必须保持一致。图表 2.2 总结了这两个组织层面的战略关注和基本战略选择。本章的其余部分将阐释图表 2.2 所总结的思想。因为本书的主旨是管理控制系统，所以我们不会详尽地分析战略内容。我们仅让读者适当了解战略制定过程，以便在评估公司管理控制系统时，能够明辨组织各个层面的战略。

公司层面的战略

　　公司战略与进入正确的行业有关。因此，公司战略更多地关注在哪个行业竞争，而不是怎样在一个行业内竞争。后者是经营单元的战略。在公司层面，主要问题是：（1）界定公司将参与的业务；（2）在这些业务间配置资源。公司范围的战略分析就是决定要增加的业务、要保留的业务、要加强的业务、要削弱的业务以及要剥离的业务。

　　根据公司层面的战略，公司可以划分为三类。单一经营公司只在一个行业经营。埃克森美孚公司就是一个例子，它只经营石油；相关多元化公司在彼此相关联的多个行业经营，并从核心竞争力中受益。宝洁公司（P&G）就是一个相关多元化经营的例子，它的经营单元跨纸尿裤（帮宝适）、洗涤剂（汰渍）、香皂、牙膏（佳洁士）、洗发香波（海飞丝）以及其他品牌消费品。宝洁公司具有两项核心竞争力，使所有经营单元受益，即：（1）在多项化工技术领域的核心技术；（2）在低价品牌消费品推向超市方面的营销和分销专长；非相关多元化公司在彼此无关联的行业经营。经营单元之间的联系纯粹是财务上的。德事隆公司（textron）就是一个例子。德事隆

图表 2.3

公司层面战略：

基本公司战略示意图

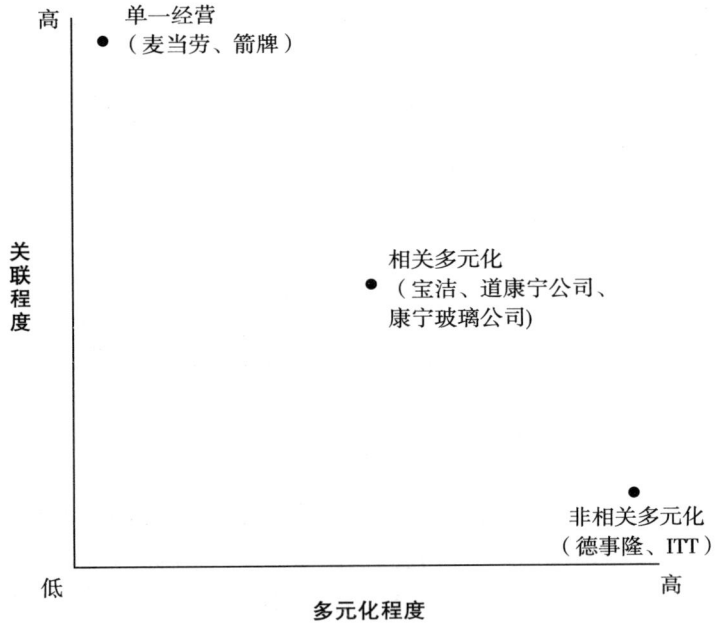

公司经营跨多个行业，包括书写用具、直升机、链锯、飞机发动机部件、铲车、机床、专用紧固件以及燃气涡轮发动机。

在公司层面上，各种战略之间最显著的差异在于不同公司所采用的多元化程度和类型。如图表 2.3 所示。

单一经营公司

在图表 2.3 中，横轴——多元化程度——指公司经营所跨的行业。极端情况下，公司完全致力于一个行业。追求单一经营战略的公司包括美泰（大型家用电气）、箭牌（口香糖）、裴顿农场（家禽类）以及钮科（钢铁）。单一经营公司利用核心竞争力追求在本行业内的增长。

实例 钮科公司一直专注于钢铁业，实现了在 38 年间（1966~2004）年增长率达 20% 的目标。在实现这样的骄人业绩的过程中，公司充分利用了三个核心竞争力（制造工艺技术、新技术采用及实施专长、建厂经验）。[9]

---

9. *2004 NuCor Annual Reports*, Letter to the Shareholders.

非相关多元化公司

在另一个极端，公司在多个不同行业经营，比如德事隆公司。

在图表 2.3 中，纵轴——关联程度，指多个经营单元之间的联系的性质。这里我们所指的是各类业务的经营协同作用，他们是基于共同的核心竞争力，分享共同的资源。以德事隆公司为例，除了财务交易外，公司的各经营单元之间毫无共同之处。在德事隆公司内部，各经营单元之间根本不存在经营协同效应。德事隆公司的总部发挥着一个控股公司的作用，借给各经营单元资金，期望创造高财务回报。我们把这类公司称为非相关多元化公司，或者称为企业集团（conglomerate）。企业集团主要通过收购实现增长。其他非相关多元化公司的例子包括利顿工业公司（Litton）[10] 和 LTV[11] 等。

相关多元化公司

另一类包括在多个行业经营，且各项业务通过经营协同作用彼此关联的公司。我们把这类公司称为相关多元化公司。

经营协同作用包含两类经营单元之间的联系。（1）分享共同资源的能力；（2）分享核心竞争力的能力。相关多元化公司创造经营协同作用的一种方式是两个或多个经营单元分享资源，比如共同的销售团队、共同的制造设施、共同的采购职能。资源分享有助于公司获得规模经济和范围经济所带来的好处。

实例　宝洁公司的大多数产品都共享销售队伍以及物流渠道。公司大多数产品都是通过超市分销的。

相关多元化公司的另一个主要特点是他们拥有可以使许多经营单元受益的核心竞争力。他们利用一个经营单元创造的核心竞争力，多元化进入其他行业，从而实现增长。

实例　道康宁公司利用它在硅化学品领域的核心竞争力，多元化进入

---

10. 译者注：总部位于美国加州。世界军工企业 100 强之一。经营跨航空、防卫、电子等行业。20 世纪 90 年代初，因规模过于庞大而分为军工、民用两个公司。军工公司保留利顿工业公司的名称，民用业务更名为 Western Atlas Inc.，经营油田服务、商业服务、自动化装配生产线等。

11. 译者注：美国一体化钢铁制造商，公司拥有 48 个子公司，服务于钢铁服务中心、运输、电力、农业及其他设备和建筑市场。

其他几个产品和市场。德州仪器利用它在电子技术领域的核心竞争力，多元化进入其他几个工业消费品市场。在 2002 年，戴姆勒—克莱斯勒一个新的经营单元 Motormeile，多元化进入二手车交易市场。Motormeile 销售所有品牌的产品，包括竞争者的产品。关于相关多元化经营的例子还有宝洁、NEC、佳能、菲利普莫里斯公司[12]、艾默生电气、杜邦等。

相关多元化公司一般都是通过研发实现内部增长。

在相关多元化公司中，公司总部的职责是双重的：（1）类似于企业集团，相关多元化公司的 CEO 必须制定各经营单元之间的资源分配决策；（2）但是，与企业集团不同，相关多元化公司的 CEO 还必须明确、发展、深化并利用公司范围的核心竞争力，使多个经营单元受益。

核心竞争力与公司多元化

尽管公司追求多元化的历史记录令人沮丧，但是，自 20 世纪 60 年代以来，许多公司都追求这项战略。波特写道：

> 我研究了 1950~1986 年间 33 家美国知名大公司的多元化记录，发现大多数公司后来剥离的收购业务远远超过了所保留下来的业务。大多数企业的公司战略都损耗了股东价值，而不是创造了股东价值。[13]

研究表明，平均而言，相关多元化公司经营得最好，单一化公司次之，而非相关多元化公司从长期来看则经营不善。[14] 原因在于，在相关多元化公司中，公司总部有能力把一个经营单元的核心竞争力转化为另一个经营单元的核心竞争力。核心竞争力是指公司所擅长的、能显著增加客户价值的能力。因此，基于竞争力的增长和多元化具有很大的成功潜力。

实例　本田的核心竞争力是设计小型发动机的能力。本田最初利用这

---

12. 译者注：Philip Morris 是当今世界上第一大烟草公司，总部设在美国纽约。

13. Michael E. Porter, "From Competitive Advantage to Corporate Strategy," *Harvard Business Review*, May–June 1987, p. 28.

14. Richard P. Rumself, *Strategy, Structure and Economic Performance* (Boston: Division of Research, Harvard Business School, 1974), pp. 128–42.

项核心竞争力进入了摩托车行业。此后，本田又把它在小型发动机技术上的竞争力运用到各类行业，如汽车、割草机、清雪机、雪地机动车以及户外动力工具等。

联邦快递公司的核心竞争力之一是物流技术。它利用这项竞争力创建了隔夜快递业务。此后，公司又利用这项竞争力进入了几个新行业。例如，联邦快递为 Laura Ashley（一家领先的化妆品公司）管理全部物流业务（包括内部存货）。

因为相关多元化经营公司可以利用各经营单元之间的经营协同作用，所以，如果分立为独立的公司，相关多元化公司的各经营单元的经营可能会恶化。例如，如果本田的各经营单元（摩托车、汽车、割草机等）被分立为独立的公司，那么他们就会丧失本田在小型发动机技术领域的专长所带来的好处。

另一方面，非相关多元化公司则不拥有经营协同作用。过去多元化经营失败的大多数公司都属于这一类。但是，有些非相关多元化公司（如：通用电气）则利润颇丰。因为我们不断看到非相关多元化公司的例子，所以我们将讨论这类公司战略。

管理控制系统设计的意义

如果说公司战略是一个连续的坐标轴，那么坐标轴的一端就是单一化战略，而另一端是非相关多元化战略（相关多元化经营公司处在轴的中间）。许多公司未必可以确切地划归为这三类中的一类。但是，大多数公司都落在这个坐标轴上。公司在这个坐标轴上的位置取决于其多元化的程度和类型。图表 2.4 总结了基本公司战略的主要特点。

如果公司追求的多元化战略不同（即：多元化的程度和类型不同），计划和控制要求也就迥异。因此，管理控制系统设计者的主要问题就是：钮科（单一经营公司）、宝洁（相关多元化公司）或者德事隆（非相关多元化公司）的管理控制结构和形式应该如何不同？在第 4~12 章，我们将讨论管理控制系统的构成要素。在第 13 章中，我们将讨论应该如何设计管理控制系统要素，才能保证公司战略的实施。

图表 2.4 公司层面的战略：三种基本战略的总结

公司战略类型	单一经营公司	相关多元化公司	非相关多元化公司
战略示意图			
鲜明的特征	只在一个行业内竞争	各经营单元分享 核心竞争力	在完全不同的市场的 独立单元
举　例	麦当劳 裴顿农场 爱荷华牛肉 箭牌 克劳考克希尔公司 美泰 德克萨斯航空 福特汽车 钮科	宝洁 艾默生电气 康宁玻璃 强生 菲利普·莫里斯 道康宁公司 杜邦 通用食品 吉列 德州仪器 AT&T	ITT 德事隆 LTV 利顿工业 罗克韦尔公司 通用电气

经营单元层面的战略

多元化公司之间的竞争并非发生在公司层面。相反，却是一个公司中的经营单元（宝洁的"帮宝适"经营单元）与另一个公司中的经营单元（金佰利的"好奇"经营单元）之间的竞争。多元化经营公司的公司总部本身并不创造利润。收入是经营单元创造的，成本也是经营单元发生的。经营单元战略解决的是怎样创造和保持在公司选择进入的各行业的竞争优势。经营单元的战略取决于两个相互关联的因素：（1）经营宗旨或使命（"它的总体目标是什么？"）；（2）竞争优势（"经营单元应该如何在本行业内竞争，以实现其经营宗旨？"）

经营单元的经营宗旨

在多元化经营的公司中，高级管理层的重要任务之一就是进行有效的资源配置，即：用一些经营单元创造的现金为另一些经营单

图表 2.5

经营单元的经营宗旨：
BCG 模型

资料来源：摘自 R. A. Kerin, V. Mahajan, and P. R. Varadarajan, *Strategic Market Planning* (Boston: Allyn & Bacon，1990). B. D. Henderson. *Corporate Strategy* (Cambridge, MA: Abt Books，1979).

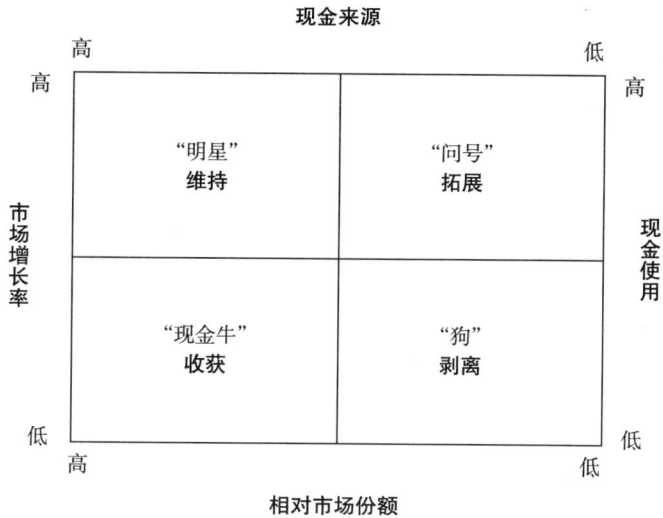

元的增长融资。人们开发了几种计划模型，帮助多元化经营的公司层面的管理者有效分配资源。这些模型表明，从经营宗旨中可以确定，公司拥有几类经营单元。每类经营单元的战略有所不同。几类经营单元合起来构成了一个经营组合，正如投资组合的构成各不相同一样，经营组合的构成在风险/回报特点上也各不相同。公司总部和经营单元的总经理都要参与经营单元的经营宗旨的确定。

在众多的计划模型中，两个应用最广泛的是波士顿顾问集团（BCG）开发的 2×2 市场增长–市场份额矩阵（图表 2.5）和通用电气公司/麦肯锡公司开发的 3×3 行业吸引力—企业优势矩阵（图表 2.6）。虽然这些模型在确定各种经营单元的最佳经营宗旨时所使用的方法论各不相同，但是可供选择的经营宗旨却相同：拓展、维持、收获以及剥离。

拓　展

这项经营宗旨表明了增长市场份额的目标，甚至不惜以牺牲短期收益和现金流为代价（如：Merck 公司的生物技术、Black & Decker 的手持式电动工具）。

维　持

这项战略经营宗旨适合保护经营单元的市场份额和竞争地位（如：IBM 的大型计算机）。

图表 2.6

**经营单元的经营宗旨：
通用电气计划模型**

资料来源：摘自 R. A.
Kerin, V. Mahajan, and P.
R. Varadarajan, *Strategic
Market Planning* (Boston：
Allyn & Bacon, 1990).

A

经营组合矩阵

	强	中	弱
高	胜者	胜者	问号
中	胜者	行业平均水平	败者
低	利润创造者	败者	败者

行业吸引力

经营优势

B

推荐的经营战略

	强	中	弱
高	大投资/高增长（拓展）	选择性投资/增长（拓展）	控制/推延/剥离
中	选择性投资/增长（拓展）	盈利/保护（拓展）	收获/剥离
低	盈利/保护（维持）	收获/剥离	收获/剥离

行业吸引力

经营优势

收　获

这项经营宗旨的目标是最大化短期收益和现金流，甚至牺牲市场份额（如：American Brands 的烟草产品、通用电气和 Sylvania 公司的灯泡）。

剥　离

这项经营宗旨表示决定退出一个行业，可以通过缓慢的清算过程，也可以直接出售。

虽然计划模型可以帮助确立经营宗旨，但是他们不是现成的答案。一个经营单元在计划矩阵图中的位置不应该作为决定其经营宗旨的惟一基础。

在波士顿顾问集团（BCG）模型中，每个经营单元都可以放在四类——**问号、明星、现金牛、狗**中的一个，他们分别代表 2×2 矩阵的四个单元，矩阵的一个轴表示行业增长率，另一个轴表示相对市场份额（图表 2.5）。BCG 模型把行业增长率视作反映行业相对吸引力的指标，把相对市场份额视作反映一个经营单元在本行业中的相对竞争地位。

BCG 之所以把市场份额单列为一个主要战略变量，是因为它强调经验曲线（experience curve）这个概念。依照 BCG 的理论，单位成本会随产量的增加（累积经验）而下降。因为市场份额的领先者累积生产经验也最丰富，所以这类公司应该在行业内拥有最低的成本和最高的利润。市场份额和盈利能力之间的关联还得到了 PIMS 数据库（市场战略的利润影响数据库）的实证研究的支持。[15]

尽管经验曲线是一个强有力的分析工具，但是它也存在局限性：

1. 这个概念适用于竞争基础建立在价格之上的非差异化产品。对于这些产品而言，成为低成本的竞争者是关键。但是，市场份额和低成本并非是成功的惟一途径。有些市场份额低的公司也获得了高额利润，因为他们注重产品的独特性，而不是低成本。

2. 在有些情况下，工艺技术的改进会对单位成本的降低产生更大影响，其远远超过了对累积产量本身的影响。

   实例　在美国钢铁业，有些公司通过大规模投资于技术改进，而不是生产比竞争者更多的钢（即累积产量），大大降低了制造钢材的单位（吨）成本，夺回了大部分全球市场份额。

3. 过度追求通过标准产品的累积生产来降低成本，会导致市场灵活性的丧失。

   实例　这个问题的一个典型例子是 20 世纪 20 年代亨利·福特把汽车标准化（"我能为您提供任何颜色，不过得是黑色"），并大力降低成本。但是，当通用汽车向消费者销售多样化产品时，福特丧失了在汽车行

---

15. Robert D. Buzzell, Bradley T. Gale, and Ralph G. M. Sultan, "Market Share—A Key to Profitability," *Harvard Business Review,* January–February 1975, pp. 97–106.

业的领导地位，以至于在 1927 年福特停产 T 型车，而且在停工 12 个月后重组。[16]

4. 如果行业内出现新技术，那么恪守经验曲线概念会造成严重劣势。

实例　Timex[17] 经过多年打造，在钟表业中确立了低成本地位，但是，当德州仪器的数字手表进入市场时，这种地位顷刻便被颠覆了。

5. 经验并不是惟一的成本动因。影响成本行为的其他动因包括：规模、范围、技术及复杂性。[18] 公司必须认真考虑发挥作用的相关成本动因，以赢得低成本地位。

BCG 在为图 2.5 中的四个单元制定战略时利用了下列逻辑。若经营单元落在**"问号"**象限，则一般应确立的经营宗旨是："拓展"市场份额。这项战略建议背后的逻辑涉及经验曲线的受益效应。BCG 认为，通过在行业增长阶段的初期拓展市场份额，经营单元就会享有低成本地位。这些经营单元是现金的主要使用者，因为无论在产品开发和市场拓展领域，还是在生产能力扩建领域，都需要现金支出。这些支出旨在短期内确立市场领导地位，但也会降低短期利润。然而，增加市场份额倾向于会提高长期盈利能力。如果打造竞争地位的现金需求太高，也可以剥离"问号"象限的业务。

实例　在 20 世纪 70 年代初，RCA[19] 决定剥离计算机分部，因为在这样一个资本密集、竞争激烈的行业拓展市场份额需要巨额现金支出。

若经营单元落在**"明星"**象限，则一般应确立的经营宗旨是："维持"市场份额。这类经营单元已经在本行业中拥有了很高的市场份额，其目标是投入现金以维持现有市场地位。这类经营单元会创造大量现金（由于其市场领导地位），但是，他们也需要大量现

---

16. William J. Abernathy and Kenneth Wayne, "Limits of the Learning Curve," *Harvard Business Review*, September–October 1974, pp. 109–19.

17. 译者注：创立于 1854 年，是美国最大的钟表制造商。

18. For a discussion on multiple cost drivers, see J. K. Shank and V. Govindarajan, *Strategic Cost Management* (New York: The Free Press, 1993), Chapter 10.

19. 译者注：1919 年由通用电气创立。全称是 Radio Corporation of America（美国无线电公司）。现在是美国一个知名家电品牌。产品涉及电视、声/像娱乐设备、电话、汽车音响等。

金支出，以维持其在不断增长的市场中的竞争优势。因此，总而言之，这些经营单元能够自给自足，不需要来自组织其他经营单元的现金。

若经营单元落在**"现金牛"** 象限，则该经营单元是公司主要的现金来源。因为这些经营单元拥有较高的市场份额，所以他们的单位成本可能最低，故而利润也最高。另一方面，因为这些经营单元在低增长甚至衰退的行业经营，所以他们不必将所创造的所有现金都用于再投资。因此，按照净额来说，这些经营单元创造了大量正现金流。这类经营单元一般应确立的经营宗旨是："收获"短期利润和现金流。

若经营单元落在**"狗"** 象限，则它处在一个不具有吸引力的行业，且竞争地位低。除非极有可能出现转机，否则他们应该被剥离。

公司总部应该明确哪些是创造正现金流的现金牛，重新配置这些资源来拓展"问号"经营单元的市场份额。

通用电气公司/麦肯锡开发的矩阵图（图表 2.6）类似于 BCG 模型，它均有助于公司确立各经营单元的经营宗旨。但是，它所运用的方法论有别于 BCG 模型，具体如下：

1. BCG 用行业增长率表示行业吸引力。而在通用电气矩阵图中，行业吸引力则基于对市场规模、市场增长、进入壁垒、技术过时等因素的综合判断。
2. BCG 用相对市场份额表示经营单元的现有竞争地位。而通用电气矩阵图则用市场份额、分销优势、设计优势等评估经营单元的竞争地位。

管理控制系统的设计者必须知道一个经营单元的经营宗旨是什么，但不一定要知道公司为什么选择这项经营宗旨。因为本书的中心是持续经营企业的管理控制系统设计，所以它会讨论拓展、维持、收获这三项经营宗旨，但不会讨论剥离。这些经营宗旨构成了一个连续的坐标轴，一端是"纯粹的拓展"，另一端是"纯粹的收获"。经营单元可以处在坐标轴的任何一点，这取决于它在拓展市场份额与最大化短期利润之间所做的权衡。

图表 2.7

**产业结构分析：波特
的五种竞争作用力模
型**

资料来源：摘自 Michael
E.Porter，*Competitive Ad-
vantage*（New York：The
Free Press，1985）.

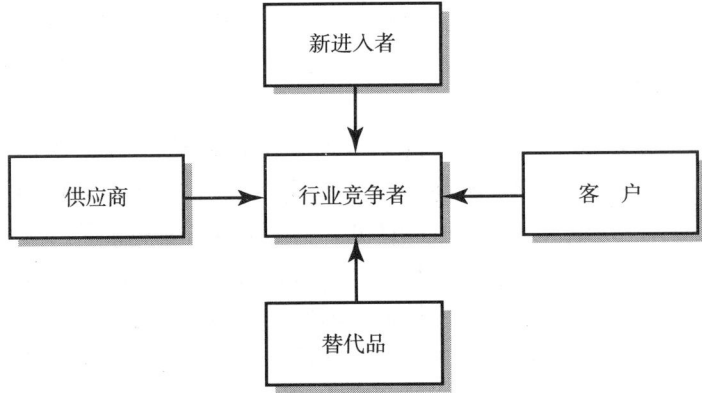

经营单元的竞争优势

每个经营单元都应该发展自己的竞争优势，以实现其经营宗旨。在发展一个经营单元的竞争优势时必须考虑三个相互联系的问题。第一，经营单元所处行业的产业结构是什么？第二，经营单元应该怎样利用产业结构？第三，经营单元的竞争优势是建立在什么基础之上的？迈克·波特介绍了两种分析方法——行业分析和价值链分析，帮助经营单元打造更强的、可持续的竞争优势。下面就分别予以介绍。

行业分析

研究表明，行业条件对公司业绩有重大影响。研究结果也证实，行业平均盈利能力至今仍是反映公司业绩的最重要的指标。[20] 依照波特的理论，应该根据五种竞争作用力的合力分析产业结构（参见图表2.7）：[21]

1. 现存竞争者之间的竞争激烈程度。影响直接竞争的因素是：行业增长、产品差异性、竞争者的数量和多样性、固定成本的水平、间歇性产能过剩以及市场退出壁垒。

---

20. Birger Wernerfelt and Cynthia A. Montgomery, "Tobin's q and the Importance of Focus in Firm Performance," *American Economic Review,* March 1988, p. 249; Richard Schmalensee, "Do Markets Differ Much?," *American Economic Review,* June 1985, pp. 341–51.

21. Michael E. Porter, *Competitive Advantage* (New York: The Free Press, 1985) .

2. 客户的议价能力。影响买者议价能力的因素是：购买者的数量、买者的转换成本、买者后向整合的能力、经营单元的产品对买者的总成本的影响、经营单元的产品对买者的产品质量/性能的影响，以及经营单元的销量对买者的意义。

3. 供应商的议价能力。影响供应商的议价能力的因素是：供应商的数量、供应商前向整合的能力、替代投入的出现，以及经营单元的产量对供应商的重要性。

4. 替代品的威胁。影响替代品威胁的因素是：替代品的相对价格/性能、买者的转换成本、买者对替代品的消费倾向。

5. 新进入者的威胁。影响市场进入壁垒的因素是：资本要求、分销渠道的进入、规模经济、产品差异性、产品或工艺的技术复杂程度、预期现存公司的报复行动以及政府政策。

我们想对行业分析方法做出以下三点评论：

1. 这五种作用力越强，一个行业的的盈利能力可能就越低。若行业的平均盈利能力高（如饮料业和医药业），则五种作用力就弱（如：在饮料业，市场进入壁垒高）。若行业的平均盈利能力低（如钢铁业和煤炭业），则五种作用力就强（如：在钢铁业，替代品威胁高）。

2. 不同行业经营单元所面临的主要战略问题也不同，这取决于五种作用力的相对强度。

3. 理解每种作用力的性质有助于公司制定有效的战略。供应商选择一个战略问题要借助于对几组供应商的相对议价能力的分析。在哪组供应商中拥有最大竞争优势，经营单元就应该与哪组建立联系。同样，分析几组消费者的相对议价能力也有助于选择目标客户群。

基本竞争优势

五种竞争作用力分析是打造竞争优势的起点，因为它有助于确定外部环境中的机会和威胁。基于这种理解，波特认为经营单元可以采用两种基本方式，利用对外部环境中的机会，打造可持续的竞争优势，即：低成本和差异化。

低成本　要赢得成本上的领导地位，可以利用生产规模经济、经验曲线效应、严格成本控制，以及成本最小化（在研发、服务、销售队伍或广告等领域）等方法。遵循这项战略的公司包括折扣批发商 Charles Schwab、折扣零售店沃尔玛、消费电气行业中的德州仪器、电动发动机行业中的艾默生电气、汽车行业中的现代、计算机行业中的戴尔、机床行业中的 Black & Decker、钢铁行业中的钮科、弧焊设备行业中的林肯电气，以及制笔业中的 BIC。

差异化 这项战略的核心是经营单元生产差异化产品，创造消费者认为新奇独特的产品。产品差异化的方法包括品牌忠诚（饮料业中的可口可乐和百事可乐）、优质客户服务（零售业中的 Nordstrom）、经销商网络（建筑设备行业中的 Caterpillar Tractors）、产品设计和产品性能（电子行业中的惠普）以及技术（通信基础设施行业的思科）。遵循差异化战略的公司还有汽车业中的宝马、冷冻食品行业中的 Stouffer、零售业中的 Neiman–Marcus、制笔业中的 Mont Blanc，以及手表行业中的劳力士。

价值链分析 正如前一节中所指出的，也正如图表 2.8 所示，经营单元可以根据低成本、差异化，或者二者兼而有之，发展竞争优势。最具有吸引力的竞争地位是实现"含成本差异化"（cost-cum-differentiation）。

无论是从直觉上看，还是从理论上讲，在市场中的竞争优势最终还是靠以同等成本提供更大客户价值，或者以较低成本提供同等客户价值来实现的。在经营单元层面，竞争优势不会作为一个整体进行有意义的审查。价值链将公司分解为不同的战略活动。价值链是涉及产品的一系列活动，从获取原材料开始，以向客户提供售后服务结束。图表 2.9 描绘一个典型的价值链。公司选择能利用自己的资源及能从外部获得资源的那些活动。

图表 2.8
竞争优势的基础

相对差异化地位	优势	含成本差异化优势	差异化优势
	劣势	低成本优势	夹在中间
		优势	劣势
		相对成本地位	

图表 2.9
典型的企业价值链

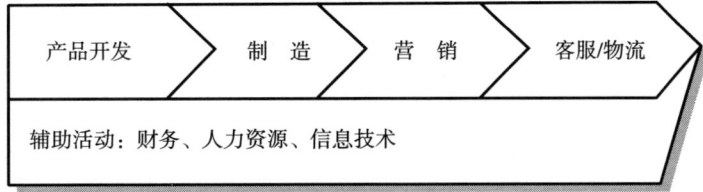

产品开发	制 造	营 销	客服/物流

辅助活动：财务、人力资源、信息技术

　　价值链分析力图确定在公司哪些经营活动中（从设计到配送）可以提高客户价值，降低成本。

　　对于每一项价值增值活动，关键问题是：

1. 我们能降低这项活动的成本，但能维持价值（收入）不变吗？
2. 我们能增加这项活动的价值（收入），但能维持成本不变吗？
3. 我们能降低这项活动的资产，但能维持成本和收入不变吗？
4. 最重要的是，我们能同时做到（1）、（2）和（3）吗？

　　通过系统分析每项活动的成本、收入和资产，经营单元可以获得含成本差异化优势。

　　价值链框架[22]是为了理解成本行为和差异化来源而把价值链——从基本原材料到终端消费者——分解为具体活动的方法。没有几个公司完全利用自有资源实现产品的整个价值链，即便有，也很少。事实上，在同一个行业内，公司利用自有资源实现活动所占的比例也各异。

　　实例　在石油行业，雪佛龙公司经营跨价值链的多个部分，从石油勘探到加油站，但是它并没有跨整个价值链。它提炼的原油中50%来自其他生产商，它提炼的石油中三分之一以上通过其他零售网点销售。有些公司业务范围更窄，如莫克斯能源公司（**Maxus Energy**），仅从事石油勘探和生产活动。Limited Stores 拥有"下游"零售网点，但却未拥有炼油厂。锐步是著名的品牌鞋，它拥有自己的工厂，但公司却拥有很少的零售网点。还有耐克仅做研发、设计和营销，它的运动鞋生产100%外包。

　　价值链可以帮助公司理解整个价值传递系统，而不仅仅是它所参与的价值链部分。供应商和客户、供应商的供应商以及客户的客

---

22. For a full discussion, see John K. Shank and Vijay Govindarajan, *Strategic Cost Management* (New York: The Free Press, 1993) , Chapters 1, 3, 4, 5; Michael E. Porter, *Competitive Advantage* (New York: The Free Press, 1985) .

户，都有利润边际，在理解公司的成本/差异化定位时，有必要予以明确，因为终端消费者最终要承担整个价值链上的所有利润边际。供应商不仅生产和传送公司价值链中所使用的各项投入，而且显著影响公司的成本/差异化地位。

实例　"微型钢厂"的发展降低了线材用户的经营成本，而线材用户是微型钢厂的客户再沿价值链向后推两个阶段的客户。

同样，客户的行为也会对公司的成本/差异化优势产生显著影响

实例　如果印刷机制造商生产了一种新型"3 米"宽印刷机，那么造纸厂的盈利能力就会受到影响，因为造纸机的宽度必须与印刷机宽度的一定倍数相匹配。即使造纸厂处在印刷厂上游两个阶段之前(而印刷厂又是印刷机制造商的客户)，造纸厂的利润也会受客户行为的影响。

小　结

每个组织都有一个或多个目标。盈利能力是一个重要目标，但是公司还应该兼顾员工、供应商、客户以及社区的目标。

多元化经营公司要制定两个层面的战略——公司层面战略和经营单元层面战略。在公司层面，主要的战略问题是：公司应从事哪些行业？为公司层面的战略问题所提供的"基本"选择是：(1) 单一经营公司；(2) 相关多元化公司；(3) 非相关多元化公司。公司层面战略的一个关键概念是核心竞争力。核心竞争力是公司胜于他人的智力资产。

在经营单元层面，存在两个主要战略问题：(1) 经营单元的经营宗旨是什么？(经营单元的"基本"经营宗旨是拓展、维持、收获)；(2) 经营单元应怎样竞争以实现其经营宗旨？("基本"竞争优势是低成本和差异化)。

在制定经营单元的战略时，可以借助三项工具：经营组合矩阵、产业结构分析以及价值链分析。经营组合矩阵一般把经营单元定位在一个坐标图中，其中一个轴表示"市场吸引力"，另一个轴表示"市场份额"。这个矩阵在确立经营单元的经营宗旨时十分有用。

产业结构分析是系统评估外部市场环境中的机会和威胁的工具。

这是通过分析五种竞争作用力的合力来实现的，即：现存竞争者、客户、供应商、替代品和市场新进入者。

从中间供应商的基本原材料来源到最终送到消费者手中的终端产品，企业的价值链是生产产品的一系列相互联系的价值创造活动。我们必须将经营单元置于它所属的整个价值创造活动链的背景中来理解。价值链分析是发展基于低成本、差异化或者含成本差异化的竞争优势的一个有用工具。

管理控制系统设计者必须了解组织的战略，因为该系统必须要支持战略。第 4~12 章将介绍管理控制的不同构成要素。在第 13 章中，我们将讨论不同公司和经营单元战略的计划和控制要求。

推 荐 读 物

Collins, James C., and Jerry I. Porras. "Building Your Company's Vision." *Harvard Business Review*, September–October 1996, pp. 65–77.

Govindarajan, Vijay, and Christopher Trimble. "Building Breakthrough Business within Established Organizations." *Harvard Business Review*, May 2005, pp. 3–12.

Grant, Robert M. *Contemporary Strategy Analysis: Concepts, Techniques, Applications.* 5th ed. Malden, MA: Basil Blackwell Publishers, 2005.

Gupta, Anil K., and Vijay Govindarajan. "Business Unit Strategy, Managerial Characteristics, and Business Unit Effectiveness at Strategy Implementation." *Academy of Management Journal* 27, no. 1 (1984), pp. 25–41.

Margretta, Joan. "Why Business Model Mates." *Harvard Business Review*, May 2002, pp. 86–93.

Porter, Michael E. *Competitive Strategy.* New York: The Free Press, 1980.

———. *Competitive Advantage.* New York: The Free Press, 1985.

———. "Strategy and the Internet." *Harvard Business Review*, June 2001.

Prahalad, C. K., and Gary Hamel. *Competing for the Future.* New York: The Free Press, 1995.

第 3 章

组 织 行 为

管理控制系统影响人的行为。优秀的管理控制系统以目标一致的方式影响行为，即：他们确保为实现个人目标而采取的个人行为也有助于实现组织目标。

在这一章中，我们将首先解释"目标一致"这个概念，介绍它如何既受非正式行为的影响，又受正式系统的影响。正式系统可以划分为两类：从广义上定义的"规章制度"；计划和维持控制所用的系统方法。

在各种类型的组织中，人们采用不同的组织结构实施战略。有效的管理控制系统的设计应该适合特定的组织机构。

在本章的最后一部分，我们将介绍负责设计和运行管理控制系统的财务总监的职责。

目 标 一 致

高级管理层希望组织实现组织目标。但是，组织的各个成员又都有自身的个人目标，而且这些目标未必与组织目标一致。因此，管理控制系统的中心目的就是尽可能保证高水平的所谓"目标一致"。目标一致（goal congruence）是指人们从个人利益出发所采取的行为也符合组织的最大利益。

显然，在我们这个并不完美的世界里，个人目标与组织目标的完全一致并不存在——假设没有别的原因，不外乎个人参与者通常希望获得的薪酬越多越好，而组织则认为工资只能上涨到不对利润产生负面影响的水平。

一个完善的控制系统至少不应该鼓励个人采取违背组织最大利益的行为。例如，如果系统强调降低成本，管理者就以牺牲质量来降低成本，或者通过不适当地增加其他单元成本的方式来降低本单元的成本，管理者虽然也受到了激励，但是方向却错了。

在评估任何管理控制实践时，应该问的两个最重要的问题是：

1. 它激励人们采取哪些符合自身利益的行为？
2. 这些行为符合组织的最大利益吗？

影响目标一致的非正式因素

在组织中，正式系统和非正式过程都影响人的行为。因此，他们会影响实现目标一致的程度。本书主要关注正式管理控制系统——战略计划、预算、报告。但是，正式系统的设计者应该考虑非正式过程，如职业道德、管理风格和企业文化，这一点很重要，因为为了有效实施组织战略，正式机制必须与非正式机制保持一致。因此，在讨论正式系统之前，我们将介绍一下在实现目标一致的过程中发挥作用的非正式力量，既包括内部的，又包括外部的。

外部因素

外部因素指组织所处的社会中存在的理想的行为规范。这些行为规范包括一整套态度，一般统称为职业道德，它体现在员工对组织的忠诚度、勤勉、精神，以及出色完成工作的自豪感上（而不仅仅是消磨时间）。有些态度是地方性的，即组织从事经营的城市或地区所特有的。为了鼓励公司建在本城市或本州，商会及其他贸易促进组织经常声称当地拥有忠诚、勤勉的劳动力；其他态度和行为规范都是行业特定的。例如，铁路行业的行为规范就不同于航空业的。还有一些是全国性的，有些国家，如印度和中国，就享有优秀职业道德的美誉。

> **实例** 硅谷——加州北部一块约 30 英里长、10 英里宽的地区，是美国经济中创业和财富的重要源泉之一。硅谷吸引了大批具备某些共同特点的人才：企业家精神、勤奋工作的热情、雄心勃勃以及偏好非正式工作环境。在过去 50 多年中，硅谷创造了诸如惠普、微软、苹果电脑、太阳微系统、甲骨文、思科系统、英特尔之类的公司。即使在经历了最近的产业周期之后，传统公司和网络幸存者仍然维持着硅谷作为技术创新中心的声誉。[1]

内部因素

企业文化

最重要的内部因素是组织自身的文化——共同的信仰、共同的价值观、行为规范，以及组织上下隐性接受的或明确宣扬的各种设想。文化规范极其重要，因为他们解释了为什么两个组织，即使拥有相同的正式管理控制系统，也可能在实际控制中出现差异。

> **实例** 强生拥有浓厚的企业文化，从公司的信条中，我们就可以略知一二（见专栏 3.1）。如果不考虑公司信条对员工行为的影响，人们就无法充分理解强生的正式管理控制系统的作用。1982 年的"泰诺危机"就是一个很好的例证。7 人在服用了含有氰化物的泰诺胶囊后，中毒身亡。尽管有毒胶囊是在芝加哥出售的，而且是在强生公司外做的手脚，责任人也不是强生的员工，但是，强生还是召回了美国市场上的所有泰诺胶囊。公司还发起了大规模的宣传活动，让医务人员和公众了解公司为防止未来发生类似事件而采取的一系列措施。为了应对"泰诺危机"，强生总共耗费了 1 亿多美元。公司员工认为他们在危机期间所采取的行动源于他们对公司信条的强烈信仰，无论会对短期利润产生怎样的潜在负面影响，它都强调公司对公众的责任。[2]

一个公司的组织文化通常多年不变。有些实践变成了惯例并自

---

1. Steven Levy，Brad Stone，"Silicon Valley Reboots," *Newsweek*，March 25，2002，p. 42.

2. "强生公司（A）"，是哈佛商学院弗朗西斯·阿圭勒教授编写的案例，案例 384–053。

专栏 3.1
我们的信条

强生公司

我们坚信我们的首要责任就是服务于医生、护士和患者，服务于母亲以及其他所有使用我们的产品和服务的人。

为了满足他们的需要，我们所做的每一件事都必须是高质量的。

为了维持合理的价格，我们必须不断努力降低成本。

我们必须及时、准确地处理客户订单。

我们必须为供应商和分销商提供获取合理利润的机会。

我们要对员工负责，对在世界各地与我们共同奋斗的每个人负责。

每个人都必须被视作一个个体。

我们必须维护他们的尊严，弘扬他们的美德。

我们必须让他们拥有工作安全感。

薪酬必须合理，工作环境必须整洁、安全。

员工必须能够自由表达意见和建议。

必须有平等的就业机会，已录用的人员必须有平等的发展和升迁机会。

我们必须配备称职的管理者，他们的行为必须公正且符合道德规范。

我们必须对我们工作和生活的社区负责，还要对世界负责。

我们必须做优秀公民——支持出色的工作，支持慈善事业，承担纳税义务。

我们必须鼓励改善民生，提高医疗和教育水平。

我们必须妥善保管有权使用的各项财产，保护环境和自然资源。

我们最后还要对股东负责。

企业必须创造合理利润。

我们必须积极试验各种创意。

我们必须从事科研，开发创新项目，包容失败。

我们必须不断购置新设备、提供新设施、投放新产品。

我们必须未雨绸缪，建立储备。

如果我们秉持这些原则，股东应该能够实现合理回报。

资料来源：强生 2005 年年报。

动传承下去，仅仅因为"这里的做事方式就是这样。"有些是禁忌（"我们这里就是不那样做"），没人知道是为什么。组织文化还受CEO、低层管理者的个性和政策的强烈影响。低层管理者的个性和政策仅影响他们所控制的领域。如果组织建立了工会，那么工会所秉持的规则和规范也会对组织文化产生重大影响。任何试图改变组织文化的努力，几乎总会遭到抵制，组织规模越大，越成熟，抵制就越大。

管理风格

对管理控制影响最大的内部因素可能就是管理风格。通常，下属的态度反映了他们眼中的上级的态度，而他们的上级的态度最终要源于 CEO 的态度（换种方式说就是："一个机构就是一个人的拉长的影子。"）。[3]

管理者风格迥异。有些具有魅力、个性张扬；有些则沉稳；有些花大量时间视察并与人交谈（"巡视管理"）；有些则更多地倚重书面报告。

实例 在 20 世纪 70 年代初，当瑞金纳德·琼斯被任命为通用电气的 CEO 时，通用电气已是一个大型多元化经营的公司，在多个成熟市场都经营得很好。但是，公司也的确存在问题：限价丑闻使几位高层管理者锒铛入狱；在主机计算机市场遭遇惨败，随后退出。琼斯的管理风格非常适合整饬公司，严明纪律。琼斯中规中矩，威严，优雅，睿智，既愿意授权，也有能力授权。他制定了正式的战略计划，并率先在大公司中建立了战略计划单元。[4]

琼斯于 1980 年退休时，通用电气的董事会经过深思熟虑，选择了杰克·韦尔奇接任 CEO。他是一个管理风格迥异的人。韦尔奇是一个个性张扬、性格急躁、处事随意的企业家。这些品质恰恰适合八九十年代那个增长的时代。韦尔奇在 1981~1999 年之间所采取的行动——巨额收购、从制造转型为服务、在欧洲和亚洲的全球化、实施测试和六西格玛等质量管理概念、将互联网整合进通用电气的各项业务——使通用电气步入了稳步增长的轨道。[5] 在这一期间，通用电气的销售收入翻了 4 倍，从 1981 年的 270 亿美元增至 1998 年的 1 010 亿美元，利润翻了 6 倍，从 1981 年的 16 亿美元增至 1998 年的 92 亿美元。通用电气的股价上涨了 3 100%，从 1981 年 3 月的 4.2 美元升至 1999 年 11 月的 133.75 美

3. Ralph Waldo Emerson, *Self-Reliance* (1841).

4. Robert E. Lamb, "CEOs for This Season," *Across the Board*, April 1987, pp. 34–41.

5. Thomas A. Stewart, "See Jack Run Europe," *Fortune*, September 27, 1999, pp. 124–36.

元——是同期标准普尔 500 指数增长的 3 倍。

　　2001 年，杰克·韦尔奇在执掌通用电气 20 年之后，光荣退休了。杰夫·伊梅尔特当选新任董事长兼 CEO。人们认为伊梅尔特是一位自信、友善、颇受欢迎的领导，曾从事过通用电气的多个业务。如果说韦尔奇在通用电气内令人敬畏，那么伊梅尔特则是受人尊崇的。伊梅尔特计划利用通用电气的技术、以客户为中心的经营思想、业务多元化，以及管理多样性来进一步提高这个世界上最有价值的公司。[6]

　　通用电气不负盛名，能不断造就光彩夺目的经营管理者，他们的管理风格迥异，但却都能成功地领导企业。

非正式组织

　　组织结构图的各条线所描绘的是每个管理者的正式组织关系，即正式的权力和职责，例如：组织结构图可能表明部门 A 的生产经理应该向部门 A 的总经理报告。但是在履行职责的过程中，部门 A 的生产经理实际上会与组织内的许多其他人交流，还会与其他经理、辅助经营单元、总部人员交流，甚至其中还有一些人仅仅是朋友或熟人。在极端的情况下，这个生产经理会与所有可能接触到的人沟通，却不会太在意总经理下达的指示。如果对该生产经理按生产效率而不是按总体业绩来评价，就尤其有可能发生这样的事情。如果认识不到构成非正式组织的各种关系的重要性，就无法了解管理控制过程的本质。

认识和沟通

　　在朝组织目标努力的过程中，经营管理者必须了解组织目标是什么，他们应该采取什么行动实现组织目标。经营管理者可以通过各种渠道获得这些信息，既有正式的（如预算及其他官方文件），又有非正式的（如闲聊）。尽管渠道广泛，但是人们并不总能清楚地了解高级管理层的意图。组织是一个复杂的实体，即使在最好的环境中，任何部门为了实现共同的目标所应该采取的行动都无法绝对清晰地表述出来。

　　而且，从各种来源获得的信息可能彼此冲突，也可能会得到不

---

6. Diane Brady, "His Own Man," *BusinessWeek*, September 17, 2001, p. 78; Jerry Useem, "Meet 'Da Man'," *Fortune*, January 8, 2001, p. 102.

同的解释。例如，预算机制给人造成的印象是，管理者应该把目标定位在本年度的最高利润，但是高级管理层实际上并不希望他们紧缩维修或员工培训费用，因为这样做尽管能增加本期利润，但却可能降低未来的盈利能力。试回想一下我们在第一章所举的简单系统，您会发现，经营管理者获得的应采取什么行动的信息远不及暖气炉从恒温器中获得的信息那样清晰。

正式管理控制系统

我们在上面讨论的非正式因素对组织的管理控制的效果具有重大影响。另一个重大影响是正式系统。这些系统可以划分为两类：(1) 管理控制系统本身，这是本书的中心主题；(2) 规章制度，本节将对此详加讨论。

规章制度

我们用"规章制度"这个词代指所有类型的正式指令和控制，包括长期有效的规定、岗位职责、标准操作程序、工作手册、道德守则。规章制度既包括最琐碎的事情（如：只能根据签字后的领料单发放纸夹），又包括最重要的事情（如：超出 500 万美元的资本支出必须经董事会批准）。[7] 预算数字中所隐含的指令会逐月变化，与此不同，大多数规章制度会长期有效。也就是说，除非进行修订，否则将永远存在，但修订又很少发生。

有些规章制度是指南。即：允许并且也确实预期组织成员会有所偏离，有时是因为特定情况，有时则可能是他们自己的最佳判断表明偏离规章制度符合组织的最大利益。例如，尽管规章制度明确了为客户提供信用的标准，但是，对于那些目前不符合这些标准，但过去曾对公司有价值并且未来也可能如此的客户，授信人员也可能批准提供信用。但是，这种偏离要求更高层领导的批准。

有些规章制度正面要求应该采取什么行动（如：定期进行消防训练），有些规章制度则是禁止违背道德、非法或其他不希望发生的

---

7. 关于这一话题的完整阐述，参见 Kenneth A.Merchant, *Control in Business Organizations* (Marshfield, MA: Pitman, 1985)。

行为。最后，还有一些规章制度在任何情况下都不应该违反，例如，禁止行贿的规章制度；或者未经空中交通管制部门的许可，飞行员不能起飞。

下面就列示了几类规章制度。

物理控制

保安、商店上锁、金库、计算机密码、电视监控以及其他物理控制形式都属于控制体系。

工作手册

在决定应该将哪些规章制度写入工作手册，哪些应该作为指导方针而不是法令，应该赋予多大的自由裁量权以及其他需要考虑的因素时，涉及很多判断。在官僚制的组织中，工作手册要比其他组织详细得多；大型组织的工作手册比小型企业有更多的规章和细则；集权制组织比分权制组织有更多的规章和细则；在分散地域具有众多相同职能的经营单元的组织（如快餐连锁店）比在一地经营的组织工作手册更详细。

随着时间的流逝，有些规章制度会过时。因此，工作手册及其他规章制度应该定期审查，确保他们仍符合当前高级管理层的愿望。由于日常经营所带来的压力，这种需求经常被忽视。在这种情况下，工作手册所规范的情况可能已不复存在，实践中也早已废弃。如果仍保留此类规章制度，就会削弱工作手册的整体效力。

系统安全

在信息处理系统中，内置了各种安全措施，以确保在系统内流动的信息准确无误，同时也是为了防止（或者至少是最小化）各种类型的欺诈。安全措施包括：交叉稽核合计数；要求签字或其他证据表明交易获得了批准；划分职责；经常盘点现金及其他动产，以及审计类教科书中所介绍的许多其他程序。此外，还包括内部和外部审计人员对系统进行的检查。

任务控制系统

在第 1 章中，我们把任务控制定义为既保证效率又保证效益地完成一项任务的过程。其中许多任务都受规章制度的控制。如果任务是自动化的，自动化系统本身提供控制。任务控制系统超出了本书的范围。

正式管理控制过程

图 3.1 勾勒了正式管理控制过程（包括我们将在各章中讨论的要素）。战略计划实施组织的目标和战略。人们利用所有信息制定战略计划。战略计划又被转化为年度预算，年度预算关注的是各个责任中心的计划收入和费用。责任中心也受规章制度及其他正式信息的指导。他们执行指派给他们的经营活动，然后评价并报告其结果。在比较实际结果和预算结果之后，确定业绩是否令人满意。如果是，责任中心获得的反馈就是表扬或其他奖励。如果不是，反馈就会要求责任中心采取纠正行动，有时也可能修订计划。图表 3.1 所示的只是一般化的情况。正如我们将在后面几章中所讨论的，在实践中，正式管理控制过程远比这张图所示的复杂得多。

图表 3.1 **正式管理控制过程**

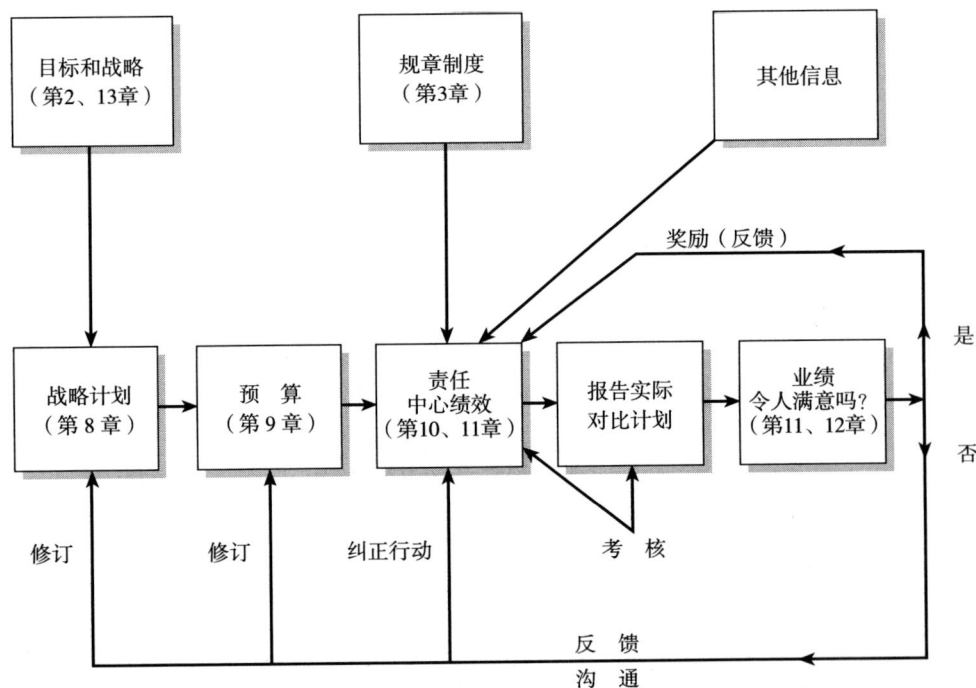

组 织 类 型

公司战略对其组织结构具有重大影响。反过来，组织结构的类型也会影响组织管理控制系统的设计。尽管组织林林总总，但是组织结构可以划分为三大类：

1. 职能式结构：每个管理者分别负责一定的职能，如生产或营销。
2. 经营单元式结构：经营单元的管理者负责本单元的大多数经营活动，经营单元视同公司的半独立部分。
3. 矩阵式结构：职能单元具有双重职责。

各类简化的组织结构图如图表 3.2 所示。本章仅讨论职能式和经营单元式组织，矩阵式组织将在第 16 章讨论。

职能式组织结构

职能式组织结构基于这样一种观念，即：具备专项知识的管理者应该负责制定专项职能的相关决策，而不是由缺乏专项知识的通用管理者制定。一个业务娴熟的营销经理和一个业务娴熟的生产经理在各自领域制定的决策，可能比同时负责两个职能的一个经理制定的决策更合理。而且，专才应该比通才能更好地管理在同一职能部门工作的人员，正如业务娴熟的高层管理者能更好地管理相同或类似职能的低层管理者一样。因此，职能式组织结构的一个重要优势就是效率。

职能式组织结构也存在几种劣势。首先，在职能式组织中，没有明确的方式确定各职能管理者（如：营销经理和生产经理）的管理效率，因为各项职能共同为组织的最后产出做出了贡献。因此，无法评价各项职能做出了多大贡献。同样，在组织的较低层面，也无法确定各个生产部门、生产设计部门和销售部门分别创造了多少利润。

其次，如果在一个组织中，一项职能的管理者要向同一职能的上级管理者报告，而上级管理者又要向同一职能的更高层的管理者报告，那么，即使争议起源于组织极低的层级，不同职能部门的管理者之间的争议也只有在最高层才能得到解决。例如，营销部门希望满足客户对一定数量的产品的需求，因此要求制造部门加班工作，

图表 3.2 组织类型

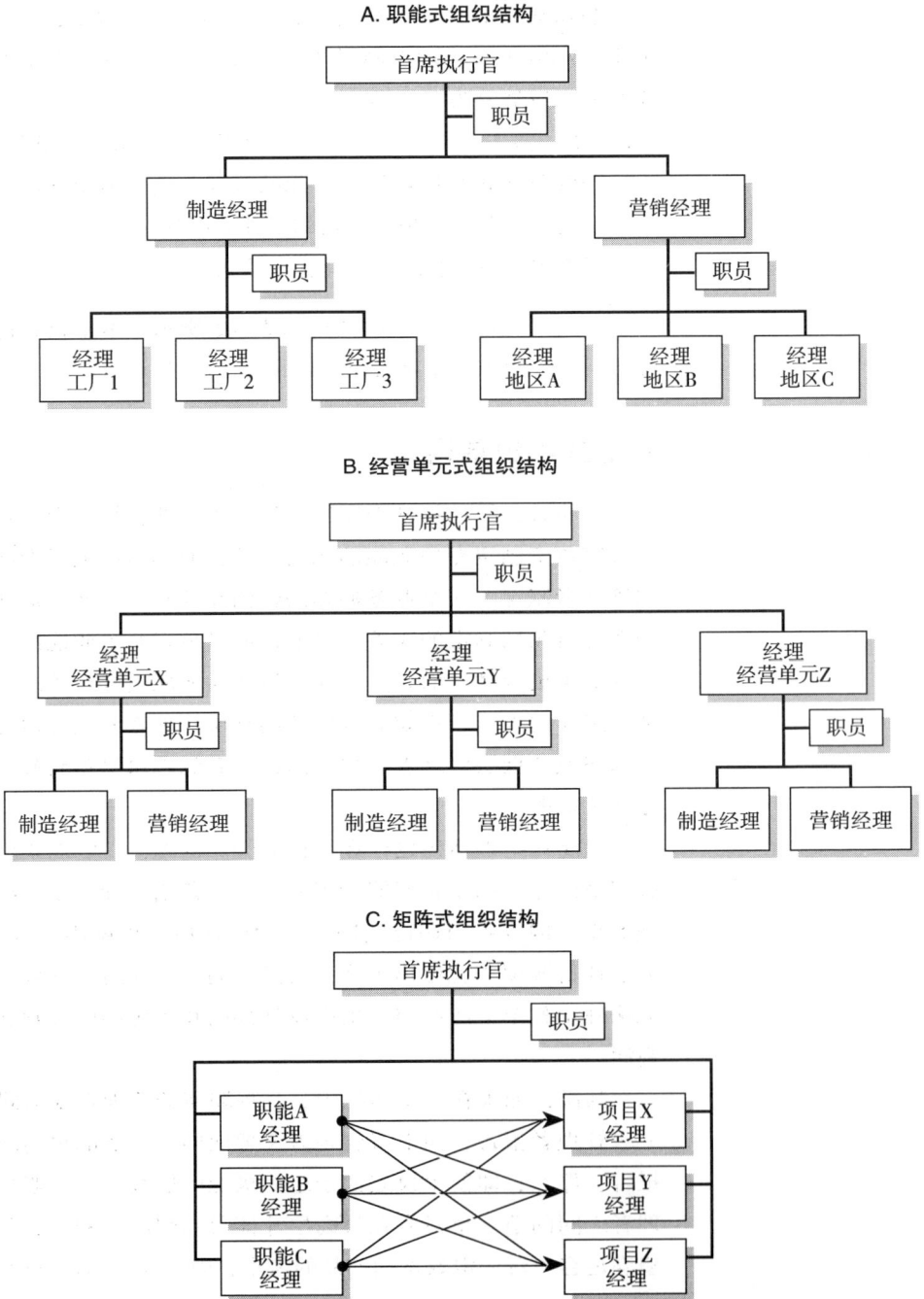

A. 职能式组织结构

```
              首席执行官
                │
               职员
                │
    ┌───────────┴───────────┐
  制造经理                营销经理
    │                       │
   职员                    职员
    │                       │
 ┌──┼──┐                 ┌──┼──┐
经理  经理  经理         经理  经理  经理
工厂1 工厂2 工厂3        地区A 地区B 地区C
```

B. 经营单元式组织结构

```
              首席执行官
                │
               职员
                │
    ┌───────────┼───────────┐
  经理         经理         经理
 经营单元X    经营单元Y    经营单元Z
    │           │           │
   职员        职员        职员
    │           │           │
 ┌──┴──┐     ┌──┴──┐     ┌──┴──┐
制造经理 营销经理 制造经理 营销经理 制造经理 营销经理
```

C. 矩阵式组织结构

```
              首席执行官
                │
               职员
                │
    ┌───────────┴───────────┐
  职能A                    项目X
  经理                     经理

  职能B                    项目Y
  经理                     经理

  职能C                    项目Z
  经理                     经理
```

而制造部门却不愿意加班。从理论上讲，这样的争议必须在最高层予以解决，即使它只牵涉一个销售分支机构和一个制造厂的一个小小的部门。把争议层层上报，然后再把决定层层下达，不仅费时，而且令人费解。

第三，对于拥有多元化产品和市场的公司来说，职能式组织结构不足以满足需要。

实例　2005 年，迪尔公司[8]重组为四个经营单元：农用机械（拖拉机、联合收割机等，目标定位是农民）、建筑机械（推土机、锄耕机、挖土机等，目标定位是建筑承包商）、消费者机械（草坪养护设备、吹雪机等，目标定位是家庭）以及信用（为设备采购提供融资的单元）。由于公司所提供的产品和所服务的客户群的多样性，迪尔公司无法采用职能式组织结构。

最后，职能式组织往往会使各职能部门"画地为牢"，从而阻止了在某些领域的跨职能协作，如新产品开发。要缓解这个问题，可以建立纵向职能式结构，并辅之以横向跨职能控制过程，如跨职能岗位轮换、基于团队的奖励。

实例　在波音公司，设计工程师曾经一度独立于真正建造飞机的生产和操作人员工作。设计师会说："给你设计图，现在，去造吧。"因此，波音的生产人员所接到的设计都造价过高，难以建造。波音打破了这种职能式组织结构，建立了"设计—建造团队"，成员由来自各不同职能的人构成（波音 777 项目就利用了专门的设计—建造团队）。依照这种"团队式"方法，生产人员可以直接与设计人员交流，从而设计出了技术创新、建造高效的产品，并迅速成为行业标准。[9]

葛兰素威康公司是世界最大的药品经销商，它觉得公司的科学家缺乏商业意识。因此，公司就从职能式组织结构转型为"医疗战略团队"式的组织结构，"医疗战略团队"由科学家和经营管理者构成，旨在使公司经营的"两翼"更紧密地结合起来。[10]

---

8. 译者注：世界领先的农业设备制造商，也是全球柴油发动机及建筑工程机械大型生产商之一。迪尔公司为一家大型跨国公司，在全球拥有约 47 000 名雇员，在 17 个国家设有工厂，产品行销全球 160 多个国家和地区。

9. Seth Lubove, "Destroying the Old Hierarchies," *Forbes*, June 3, 1996, pp. 62–71.

10. Richard Evans, "A Giant Battles Its Drug Dependency," *Fortune*, August 5, 1996, pp. 88–92.

经营单元式组织结构

经营单元式组织结构的设计宗旨是为了解决职能式组织结构的内在问题。经营单元，又称事业部，负责一个产品线的生产和营销所涉及的全部职能。经营单元的管理者把本单元视同为一个独立的公司。他们负责计划和协调不同职能之间的工作，例如，确保营销部门的计划符合生产能力，同时负责解决这些职能之间产生的争议。他们的业绩按经营单元的盈利能力来计量。这个标准是有效的，因为利润既反映了营销活动，又反映了生产活动。

> **实例** 纳贝斯克公司的各经营单元利用不同的分销系统销售不同的产品。例如，它的饼干单元利用自己的车队和销售人员直接将产品送至零售商的货架——虽然这种方法成本高，但是管理者认为它是合理的，因为它改善了客户关系，加强了对商店存货和销售的控制。[11]

尽管经营单元的管理者可以对本单元行使广泛的职权，但是总部仍保留一些关键权力。至少，总部要负责为整个公司融资，负责向各经营单元分配资金，实现资金的最合理运用。总部还负责批准预算、评价经营单元管理者的业绩、制定薪酬，如有必要，也可以解聘他们。最后，总部还负责规定各经营单元的"授权"——允许生产的产品线和销售的经营地域，有时还规定客户群。

总部还制定整个公司的政策，或简或繁，或编纂成几卷厚厚的手册，这取决于 CEO 的愿望。总部可以协助经营单元从事生产和营销活动，还可以在一些专业领域提供帮助，如人力资源、法律事务、公共关系、管理控制和财务事宜。这些总部职能至关重要，若没有他们，经营单元不可能作为独立的公司正常运营。

经营单元式组织结构的优势在于它提供了一般管理培训基础。经营单元的管理者应该表现出独立公司的 CEO 所具备的同样的企业家精神。

这类组织结构的另一个优势在于经营单元的管理者能比总部制定更合理的生产和营销决策，经营单元作为一个整体可以更迅速地应对新的威胁和机会，因为经营单元比总部更接近产品市场。

与上述优势相抵的是明显的劣势，各经营单元的人员可能会重

---

11. Lori Bongiorno, "It's Put Up or Shut Up Time," *BusinessWeek*, July 8, 1996, pp. 100–101.

复职能式组织结构中应由总部做的一些工作。人们认为经营单元的管理者是通才，而他的下属则是职能性专才，他们所必须处理的许多问题，也恰恰是总部及其他经营单元的专才都要解决的相同的问题。在有些情况下，经营单元在员工层级设置方面耗费的成本，远远大于事业部化所创造的价值。而且，在某些职能领域技术娴熟的专才供不应求，各经营单元可能无法吸引优秀人才。因此，要缓解这个问题，可以在经营单元式组织机构的基础上，辅之以一定集权式的职能性技术。

实例　在波音的商用飞机集团，飞机的设计和建造按窄机身（波音 737 和 757）和宽机身（波音 747、767 和 777）划分为不同产品线。但是，制造主要构件需要计算机控制的大型机床，由于造价太高，各产品线无法重复购置。因此，公司组建了中央制造单元，所有要求一定规模和技术的制造活动都交给它，由各产品线共享。这样的结构就是生产和职能的一种混合。[12]

经营单元式组织结构的另一个劣势在于，经营单元式组织结构中各经营单元之间的争议替代了职能式组织结构中职能性专才之间的争议。争议可能是一个经营单元侵犯了另一个经营单元的"授权"。经营单元的人员与总部人员之间也可能发生争议。

系统设计的意义

如果协调管理控制是惟一的标准，那么只要可行，公司就会组织成不同的经营单元。因为在经营单元式组织结构中，每个经营单元的管理者都要负责本单元产品线的盈利能力，负责计划、协调、控制影响盈利能力的各项因素。但是，管理控制不是惟一的标准。职能式组织结构可能效率更高，因为大型的职能部门提供了规模经济所带来的好处。此外，经营单元式组织结构要求管理者具备比管理特定职能部门的专才更广的知识，而这种类型的优秀管理者不易找到。

由于在经营单元式组织结构中，利润责任清晰明确，管理控制系统的设计者有时建议采用这类结构，但却未对其他因素给予适当

12. Jay Galbraith, *Designing Organizations* (San Francisco: Jossey-Bass, 1995), p. 29.

重视。这是一个错误。系统设计者必须坚持让系统适应组织结构，而不是反其道而行之。换句话说，尽管各种组织结构对管理控制的意义应由高级管理层来考察，但是，一旦管理者经过全面考虑后决定了哪种结构最好，系统设计者就必须把这种结构视作既定的。若热衷于一种或另一种管理控制技术，则会忽略这个关键点。

在其他背景下，这一点同样重要。例如，许多广告代理机构都遵循一项惯例，定期把客户经理从一个客户调换到另一个客户，以便对宣传客户的产品获得新的理解。这项惯例增加了计量客户经理业绩的难度，因为一项广告活动的成果可能需要很长时间才能收获。但是，系统设计者不应该坚持仅仅为了更便于业绩计量而废除岗位轮换政策。管理控制系统不是为了服务系统设计者而存在的，而是恰恰相反。

财务总监的职能

我们把负责设计和运作管理控制系统的人称为财务总监。实际上，在许多组织中，这个职位的称谓是首席财务官（CFO）。[13]

财务总监通常履行下列职能：

- 设计和运作信息和管理控制系统。
- 为股东及其他外部第三方编制财务报表和财务报告（包括纳税申报）。
- 为管理者编制和分析业绩报告，并解释这些报告；分析公司各部门的项目和预算建议，并把他们合并为总体年度预算。
- 监管内部审计和会计控制程序，确保信息的真实性；制定充分的安全措施，防止盗窃、欺诈；执行经营审计。
- 培养财务总监机构的人员；参与管理层财务总监职能方面的培训。

---

13. 首席财务官一般既负责财务总监职能（我们这里所介绍的），又负责财务职能。这个称谓是在 20 世纪 70 年代才开始普遍使用的。其行业协会——财务总监协会也在同一时期更名为财务经理人协会。财务总监和司库都向首席财务官报告。因为我们不讨论司库的职能，所以我们就使用了狭义的术语——财务总监（controller）。

有时也拼写为 "Comptroller"。这种拼写方法起源于 18 世纪从法语翻译成英语时所犯的一个错误，但是这种错误拼写出现在大量联邦和州法律以及许多公司的章程中，延续至今。"Comptroller" 与 "controller" 的发音相同。

在计算机发明之前，财务总监通常负责处理管理控制系统所要求的信息。而今，公司一般都设置首席信息官（CIO）履行这项职责。在有些公司，首席信息官要向首席财务官报告，而在其他公司中，首席信息官则直接向高级管理层报告。

与直线集权型组织的关系

财务总监职能是一个辅助职能。尽管财务总监通常负责设计和运作收集和报告信息的系统，而这类信息的使用则是直线管理层的职责。财务总监可以负责制定和分析管理控制评价，负责向管理层推荐行动。其他可能的职责还包括监督是否遵守首席执行官设定的支出限额，控制会计系统的完整性，保护公司资产，防止盗窃和欺诈。

然而，正如我们所说的，财务总监不制定或执行管理决策。实际执行控制的职责从 CEO 开始贯穿整个直线集权型组织。

但是，财务总监也制定决策——主要是那些由直线管理者执行的决策。例如：财务总监机构的成员经常决定旅行报销凭证上所列的费用是否适当，因为大多数直线经理不愿参与关于用餐费的讨论，也不愿参与讨论为什么出差的人觉得有必要乘坐头等舱而不是经济舱。

财务总监还在编制战略计划和预算中发挥着重要作用。人们经常要求他们审查业绩报告，以确保准确，也是为了引起直线经理的注意，注意那些值得进一步质询的事项。根据这种身份，财务总监所发挥的作用有点像直线经理本身。区别在于直线经理在其负责的范围内可以推翻他们的决策。

经营单元财务总监

经营单元的财务总监也不可避免地具有相互抵触的忠诚。一方面，他们要效忠公司的财务总监，因为他负责整个管理控制系统的运作。另一方面，他们还要效忠本单元的管理者，因为必须协助管理者。图表 3.3 显示了两类可能的关系。

在有些公司，经营单元的财务总监要向经营单元的管理者报告，与公司财务总监有所谓的虚线报告关系。这里，经营单元的总经理是财务总监的直接领导，拥有决定本经营单元的财务总监的聘用、

图表 3.3
两种财务总监关系

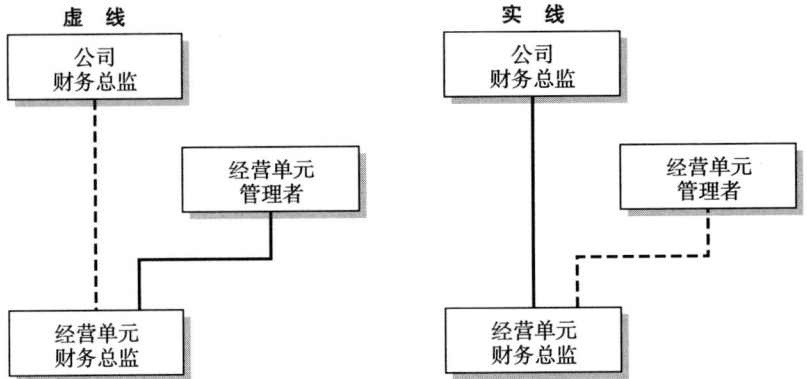

培训、调动、薪酬、晋升及解雇的最终权力。但是，这种决策很少在不征询公司财务总监的意见的情况下制定。

> **实例** 通用电气公司就采用这种方法。引用通用电气的伯纳德·多尔的话说："我们的财务总监体制基于一种很强的职能式报告线。经营单元的财务总监直接向本单元的总经理报告，但是他们又对公司的首席财务官负有职能性或'虚线'责任。把这连在一起的粘合剂是，处在各经营单元的职能性岗位上的人只能从公司首席财务官首肯的候选人名单中任命，他有绝对的权力撤换这些人。但是，同样重要的是，这些人又都是本经营单元的首席财务官，是团队成员。"[14]
>
> 这种方法或许就是为什么通用电气是财务总监体制和绩效最受尊崇的公司之一。[15]

在其他公司，经营单元的财务总监直接向公司财务总监报告，即公司财务总监是他们的老板，如组织结构图中的实线所示。ITT 就采用这种方法。

每种关系都存在问题。如果经营单元的财务总监主要为经营单元的管理者工作，他或她就有可能不会向高级管理层完全客观地报告经营单元的预算和业绩。另一方面，如果经营单元的财务总监主要为公司财务总监工作，经营单元的管理者就可能把他或她视作"总部来的间谍"，而不是当作可信赖的助手。

---

14. Jonathan B. Schiff, "Interview with Bernard Doyle of General Electric," *Controllers Quarterly* 6, no. 3 (1990), pp. 2–5.

15. Kathy Williams, "Are Controllers Really Becoming Business Partners," *Strategic Finance*, May 2000, p. 25.

无论报告关系怎样，人们都不希望财务总监不忠，甚或参与传送令人误解的信息，或隐匿不利信息。财务总监职务的内在道德责任不容许这些行为。

实例　世界最大的食品公司雀巢的 **CEO** 赫尔慕特·毛赫在与各经营单元的新任财务总监谈话时说："作为财务总监，你们要向经营单元的管理者报告。经营单元的管理者对本单元全权负责。但是，在极少的情况下，可能会发生一些事情，意味着你对经营单元的管理者的忠诚结束了，而你对公司的忠诚则应该占据首位。我希望权限分明，但是，任何事情都有局限，在这种情况下，你不能原谅自己。我希望一般而言你应该对经营单元的管理者忠诚，但是，如果他有 5 个女朋友并且酗酒，你就必须告诉总部。这是你要优先考虑的忠诚。

小　结

高级管理层显然希望组织实现目标，但是，组织的各个成员也都有个人目标，并且这些个人目标并非完全与组织目标一致。管理控制系统的中心目的就是确保目标一致。即：管理控制系统的设计应该保证它引导人们采取的符合个人利益的行为同时也符合组织的最大利益。

非正式因素对实现目标一致具有重大影响。其中最重要的因素是企业文化。每个管理控制系统都必须意识到非正式组织与正式组织并存，必须在系统设计中予以考虑。管理风格也对管理控制具有重大影响。但是，无论条件多么完备，沟通以及个人对信息的解释都注定是不完美的。

除了非正式因素外，管理控制过程还受构成正式控制系统的规章制度、工作方针、工作规程等因素的影响。

公司可以从三种基本组织结构中做出选择：职能式、经营单元式、矩阵式。组织结构的选择影响管理控制系统的设计。

财务总监负责设计和运作管理控制系统，但是，作为辅助人员，他或她并不制定管理决策。在按经营单元方式组织的公司里，经营单元的财务总监与公司财务总监之间的恰当关系始终是一个争议的主题。

推 荐 读 物

Galbraith, Jay R. *Designing Organizations*. San Francisco: Jossey–Bass, 1995.

Kanter, Rosabeth Moss, Barry A. Stein, and Jack Todd. *The Challenge of Organizational Change*. New York: Free Press, 1992.

Maciariello, J. A. *Lasting Value*. New York: Wiley, 1999.

Mankins, Michael C., and Richard Steele. "Turning Great Strategy into Great Performance." *Harvard Business Review*, July–August 2005, pp. 64–73.

March, James G., and Herbert A. Simon. *Organizations*. New York: John Wiley & Sons, 1993.

第 **4** 章

责任中心：
收入和费用中心

在第 4~7 章，我们将讨论管理控制过程发生的背景。我们将介绍影响管理控制过程的一些组织特征，聚焦于各类责任中心和对于管理控制至关重要的技术，以及评估责任中心的管理者的业绩标准。责任中心构成了管理控制系统的结构，向组织的子单元分派责任必须反映组织的战略。在这几章中，我们将考察在向组织子单元分派财务责任（就成本、收入、利润和资产而言）时所应考虑的几项因素。

在第 4 章，我们将首先介绍一般意义上责任中心的性质，以及与评价责任中心管理者业绩相关的效率和效益标准。然后，我们将定义两类不同的责任中心：收入中心（简要介绍）和费用中心（详细介绍）。费用中心可以划分为两类：技术性费用中心和酌量性费用中心。我们将考虑三类最普遍的酌量性费用中心：行政管理和辅助中心、研发中心以及营销中心。

在本书的第二编，我们将讨论如何用非财务业绩指标来辅助财务控制。

责 任 中 心

责任中心是指由一位管理者领导并负责各项活动的组织单元。在某种意义上而言，公司就是一个由责任中心组成的集合体，每个责任中心都用组织结构图中的一个方框来表示。这些责任中心构成了一个等级制度。位于最底层的是小组、班次以及其他较小组织单元的责任中心。由几个较小的单元组成的部门或经营单元，位于等级制度的较高层。从高级管理层和董事会的角度来看，整个公司就是一个责任中心，尽管这个词通常用来指公司内部的各个单元。

责任中心的性质

责任中心之所以存在，是为了实现一个或多个目的，我们称之为目标。公司作为一个整体具有目标，高级管理层制定一系列战略以实现这些目标。公司各种责任中心的目标都是为了帮助实施这些战略。因为每个公司都是责任中心的总和，如果每个责任中心都能实现自身的目标，那么组织的目标也就能够实现。

图表4.1说明了每个责任中心的核心运作。责任中心以材料、劳动力和服务的形式接收投入。然后，利用营运资本（如：存货、应收账款）、设备及其他资产，履行责任中心的特定职能，最终目标是将投入转化为产出，可以是有形的（即：产品），也可以是无形的（即：劳务）。在一个制造工厂中，产出就是产品。在辅助人员单元中，如人力资源、运输、工程设计、会计和行政管理等，产出就是劳务。

责任中心制造的产出（即：产品或劳务）可以向另一个责任中心提供，作为它的投入；也可以向外部市场提供，作为整个组织的产出。收入就是因提供产出而获得的金额。

投入和产出之间的关系

管理者的职责是确保投入和产出之间的最优关系。在有些责任中心，这种关系是临时的、直接的。例如，在生产部门，原材料的投入成为产成品的有机组成部分。这里，管理控制聚焦于利用最小的投入、按正确的规格和质量标准，在规定时间内生产出预期数量的产出。

图表 4.1
责任中心

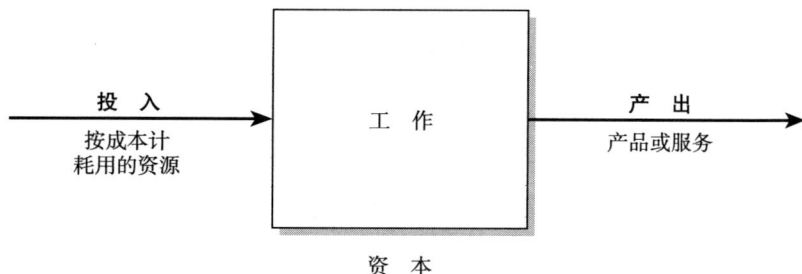

```
投  入                  工  作                  产  出
按成本计                                       产品或服务
耗用的资源
                        资  本
```

但是，在许多情况下，投入与产出并非直接关联。广告费用是一项投入，旨在增加销售收入，但是，因为销售收入还受广告之外的许多其他因素影响，所以几乎不能证明广告投入增加与销售收入的相应提高之间存在必然关系。管理者增加广告支出的决策一般都基于判断，而不是数据。在研发中，投入与产出之间的关系甚至更模糊。今天的研发工作的价值可能几年后才见成效，一个公司应该投入的最优研发支出数量也是无法确定的。

投入和产出的计量

责任中心耗用的许多投入都可以按实物标准计量——几小时人工、几公升油、几令纸、几度电。在管理控制系统中，这些量化指标都要转换为货币标准。货币是综合或比较几类不同资源的价值的共同基础。一项投入的货币价值一般通过实物数量乘以单位价格计算（如：人工小时数乘以小时工资率）。计算出的货币总和就称为"成本"。这就是责任中心的投入通常的表述方式。*成本是反映责任中心所耗用的资源的货币指标*。

请注意，投入是指责任中心所耗用的资源。医院的患者，或者学校的学生不是投入；相反，投入是医院或学校为了实现医护患者或者教育学生而耗用的资源。

计量投入的成本要比计算产出的价值容易得多。例如，年销售收入可能是反映营利性组织的产出的一个重要指标，但是，这个数字并不能完全反映组织当年的活动。有些投入，如研发活动、人力资源培训以及广告促销，可能不会影响当年发生的产出。人们也不可能准确计量公共关系部门、质检部门或者法律顾问部门所做的工作的价值。在非营利性组织中，可能根本没有反映产出的量化指标。大学可以很容易地计量毕业学生的数量，但是，却无法计量他们获得了怎样的教育。许多组织甚至都不曾计量这类责任中心的产出。其他组织则利用估计或替代数字，并声明其局限性。

效率和效益

投入、产出和成本的概念可以用于解释效率和效益的含义，效率和效益是衡量责任中心的业绩的两个标准。这两个术语几乎总是按相对意义，而不是绝对意义来使用。我们一般不说责任中心 A 的效率是 80%；相反，我们通常会说它比竞争者效率更高（或更低），现在比过去效率更高（或更低），与预算相比效率更高（或更低），或者比责任中心 B 效率更高（或更低）。

效率是产出与投入的比率，或者单位投入的产出数量。责任中心 A 比责任中心 B 效率高：（1）如果它比责任中心 B 耗用了较少的资源，但产出相同；或者（2）如果它耗用了等量资源，但产出更高。

请注意，第一个标准并不要求把产出量化，只需衡量两个单元的产出是否大体相同。如果相同，假设两个责任中心的工作方式令人满意，工作也具有可比性，那么投入较低的单元（即：成本较低）效率就更高。但是，按第二个标准，投入相同，产出不同，就要求反映产出的量化标准，但计算更困难。

在许多责任中心，效率通常用比较实际成本与测量产出时形成的那些成本标准来衡量。尽管这种方法还有些用途，但是它有两个重大缺陷：（1）账面成本不是反映实际耗用的资源的精确指标，（2）成本标准仅仅是在通行条件下发生的理想估计。

效率由投入和产出关系决定，相比之下，效益则是由责任中心的产出与其目标之间的关系决定。产出对目标的贡献越大，经营单元效益就越高。由于目标和产出都难以量化，所以效益往往用主观的、非分析性的形式表述。例如："大学 A 的工作是一流的，但是大学 B 近年来却略有下滑。"

效率和效益并不是互斥的，每个责任中心都应该既追求效率，又追求效益——无论哪种情况，组织都应该以最优的方式实现目标。如果一个责任中心以最低的资源耗费履行了其职能，那么它就是有效率的，但是，如果它的产出无助于实现组织目标，它就是无效益的。如果信用部门处理拖欠账户的相关文件的单位成本低，它就是有效率的，但是，如果与此同时它未成功回收货款（或者在这个过程中不必要地冒犯了客户），它就是无效益的。

总而言之，如果方法合理，责任中心就是有效率的；如果事情正确，责任中心就是有效益的。

利润的作用

任何一个营利性组织的主要目标都是获得令人满意的利润。因此，利润就是一个反映效益的重要指标。而且，由于利润是收入（产出指标）和费用（投入指标）之间的差额，它也是一个反映效率的指标。因此，利润既反映效益，又反映效率。若存在一个综合指标，则没必要再确定效益和效率的相对重要性。但是，若不存在这样一个指标，将业绩指标划分为效益相关指标或效率相关指标，就是可行且十分有用的。但是，在这种情况下，存在平衡两类指标的问题。例如，怎样比较挥霍的完美主义者与节俭的管理者？完美主义者可能有效益，但无效率；而节俭的管理者虽耗用了较少的投入，但不是最优产出。

责任中心的类型

根据货币投入和/或为管理控制而评价的产出的性质，责任中心可以划分为四类：收入中心、费用中心、利润中心和投资中心。它们各自的特点如图表 4.2 所示。在收入中心，产出按货币标准评价；在费用中心，投入按货币标准评价；在利润中心，收入（产出）和费用（投入）都要评价；而在投资中心，要评价利润和投资之间的关系。

每类责任中心都要求不同的计划和控制系统。在本章的剩余部分，我们将简要回顾一下收入中心的计划和控制技术。然后详细讨论费用中心所利用的技术。利润中心将在第 5 章中讨论，投资中心将在第 7 章中讨论。

收 入 中 心

在收入中心，产出（即：收入）按货币标准评价，但是投入（即：成本或费用）并不与产出配比。（如果费用与收入配比，则称

图表 4.2
责任中心的类型

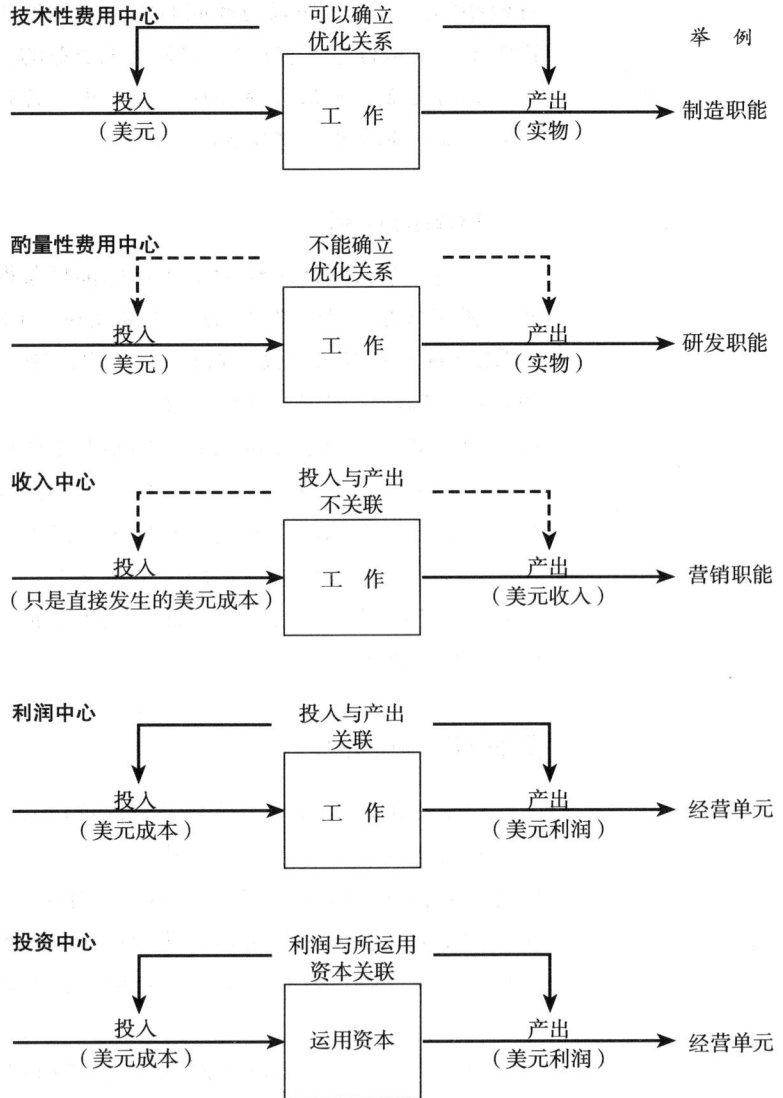

技术性费用中心　　可以确立优化关系　　举　例

投入（美元）　→　工　作　→　产出（实物）　→　制造职能

酌量性费用中心　　不能确立优化关系

投入（美元）　→　工　作　→　产出（实物）　→　研发职能

收入中心　　投入与产出不关联

投入（只是直接发生的美元成本）　→　工　作　→　产出（美元收入）　→　营销职能

利润中心　　投入与产出关联

投入（美元成本）　→　工　作　→　产出（美元利润）　→　经营单元

投资中心　　利润与所运用资本关联

投入（美元成本）　→　运用资本　→　产出（美元利润）　→　经营单元

之为利润中心）。收入中心一般都是营销单元，他们无权制定销售价格，也不计所售商品的成本。要按预算或定额评价实际销售收入或订单，管理者要对本单元直接发生的费用负责，但是基本评价指标是销售收入。

实例　1999 年，Servico 公司和 Impac 酒店集团合并，创建了 Lodgian 公司。它是美国最大的酒店所有者和经营者之一。Lodgian 按 6 个地区重组，每个地区都有一个地区副总裁、一个地区运营经理、一个地区营销主管。营销职能被组建成一个收入中心，目标是显著提高市场份额。[1]

在 2004 年高度竞争的呼叫中心行业环境中，有些公司通过把呼叫中心（被视为成本中心）转型为收入中心，成功实现了差异化。收入流是通过"服务后销售"而创造的。呼叫中心的服务人员将针对呼叫客户的需要和要求，提供必要的服务，然后提供某种类型的新产品或新服务，以进一步满足客户的需求。为了实现这一点，公司重新制定了招聘程序，拓展了培训内容，把服务人员的激励制度从固定工资改为固定工资加销售佣金。[2]

我们不会单独讨论收入中心，但是我们将在利润中心一节（第 5 章）讨论收入的管理。

费 用 中 心

费用中心是指仅按货币指标评价投入，但不评价产出的责任中心。费用中心一般可以分为两类：技术性费用中心和酌量性费用中心。这些标签涉及两类成本。技术性成本是指可以合理、可靠地估计"正确"或"适当"数额的成本——例如：工厂的直接人工、直接材料、零部件、低值易耗品、耗水耗电等成本。酌量性成本（也称"可控成本"）是指无法估计的成本。在酌量性费用中心，发生的成本取决于管理者对具体情况下的适当金额的判断。

技术性费用中心

技术性费用中心具有下列特点：

- 投入可以按货币标准评价。
- 产出可以按实物标准评价。
- 单位产出所需要的最优投入数额可以确定。

1. "Lodgian Merger Integration Proceeding on Schedule," *PR Newswire*, January 25, 1999.
2. www.limra.com/Newsletters/Connections.

技术性费用中心通常可以在制造经营活动中找到。仓储、分销、运输以及营销机构内的类似单元也可能是技术性费用中心，如同行政和辅助部门内的某些责任中心一样——例如，财务总监部门的应收账款、应付账款和工资核算小组；人力资源部门的人事档案、自动餐厅；公司文秘部门的股东记录；以及公司的车辆调配场。对于这些单元所执行的重复性任务，都可以制定标准成本。这些技术性费用中心通常都处在酌量性费用中心部门内部。

在技术性费用中心，用产出乘以标准单位成本就可以反映产成品的成本应该是多少。理论成本和实际成本之间的差异反映费用中心的效率。

我们强调技术性费用中心还承担其他无法用成本单独评价的重要任务。他们的主管不仅负责效率，而且负责产品质量和产品数量。因此，生产类型和生产水平都是规定的，质量标准也是规定的，以便不会为了最小化成本而牺牲质量。而且，技术性费用中心的管理者可能负责培训及员工发展之类的活动，但这些活动与目前生产无关。他们的业绩评价应该包括评估他们的职责完成的如何。

没有几个责任中心的成本项目都是规定的。即使在高度自动化的生产部门，间接人工和各种服务的使用会因管理者的自由裁量而变化。因此，技术性费用中心这个术语是指规定成本占主导地位的责任中心，但是，它并不意味着每个成本项目全都可以有效地估计。

酌量性费用中心

酌量性费用中心包括行政管理和辅助单元（如：会计、法律、行业关系、公共关系、人力资源）、研发活动以及大多数营销活动。酌量性费用中心的产出无法按货币标准评价。

酌量性这个词并不意味着管理者对最优成本的判断是突发奇想的，或者是任意的。相反，它反映了管理者关于某些政策的决策：是赶上还是超过竞争者的营销力度；公司应该为客户提供的服务水平；以及研发投入的适当数额，财务计划，公共关系，以及一大堆其他活动。

一个公司可能总部职员很少，而另一个同一行业、同等规模的公司的职员数量则可能是它的 10 倍。每个公司的高层管理者可能都自认为关于职员规模的决策是正确的，但是，没有一种客观的方法评判哪个（如果有一个）是正确的。在这种情况下，两种决策可能同样优秀，而规模的不同则反映了两个公司其他的基本差异。

而且，管理者对酌量性成本的适当水平的看法总在变化——尤其是在新任管理者接管时。

> **实例**　ABB 公司[3]的前任 CEO 波希·巴尼韦克因在完成重大收购之后大幅裁减公司员工而闻名。例如，在美国子公司燃烧工程公司的员工在 2 年间从 600 人减为 100 人，德国子公司的员工在 3 年间从 1 600 人减为 100 人。[4]
>
> 在 1993 年加入 IBM 担任首席执行官之后的前 6 个月，路易斯·詹斯特纳组建了 12 个工作小组，研究增长机会，建立了一个新的高级管理层委员会体制，它改革了新技术评估过程，建立了一个新的由 11 人组成的执行委员会和一个由 34 人组成的管理委员会，同时新聘了首席财务官和主管人力资源和行政的高级副总裁，下令裁员 35 000 人，削减管理费用 17.5 亿美元，并改革了管理层薪酬的基础。[5]

在酌量性费用中心，预算和实际费用之间的差异并不能反映效率。相反，它只是预算投入与实际投入之间的差异，并不包括产出的价值。如果实际费用未超出预算数额，那么我们就可以说管理者"在预算内经营"，但是，根据定义，预算并不旨在预测最优支出数额，所以在预算内经营未必表明经营效率高。

在下一节中，我们将讨论一般酌量性费用中心的管理控制系统。然后，我们将讨论三类最普遍的酌量性费用中心的管理控制系统设计中所需考虑的特殊因素：行政管理和辅助中心、研发中心和营销中心。

---

3. 译者注：全球 500 强企业。集团总部位于瑞士苏黎世，并在苏黎世、斯德哥尔摩和纽约证券交易所上市。ABB 由两个具有 100 多年历史的国际性企业——瑞典的阿西亚公司（ASEA）和瑞士的布朗勃法瑞公司（BBC Brown Boveri）在 1988 年合并而来的。ABB 是电力和自动化技术领域的全球领先厂商。致力于为工业和电力行业客户提供解决方案，以帮助客户提高业绩，同时降低对环境的不良影响。ABB 集团的业务遍布全球 100 多个国家，拥有 111 000 名员工。

4. William Taylor, "The Logic of Global Business: An Interview with ABB's Percy Barnevik," *Harvard Business Review*, March–April 1991, p. 99.

5. *BusinessWeek*, October 4, 1993, p. 89.

一般管理控制特征

预算编制

管理层为酌量性费用中心制定的预算决策不同于技术性费用中心。对于后者而言，它要决定所建议的经营预算是否反映有效执行任务的单位成本。它的数额并不是人们的主要关注。这在很大程度上由其他责任中心的行为决定，例如：营销部门创造销售收入的能力。相比之下，管理层一般通过确定所需完成的工作量来编制酌量性费用中心的预算。

酌量性费用中心的工作可以划分为两类：持续性工作的和专项工作。持续性工作要年复一年不断地做，如财务总监办公室编制财务报表。专项工作则是一次性项目，例如，在一个新收购的分部开发并建立利润预算编制制度。

酌量性费用中心的预算编制中经常使用的一项技术是目标管理，即预算编制人员规定要完成的具体工作，并建议业绩计量标准的一个正式过程。

酌量性费用中心的计划职能通常可以由两种方式实现：增量预算或零基预算。

增量预算　依照这种模式，酌量性费用中心的当期费用水平用作起点。在这个数额的基础上，调整通货膨胀、持续性工作的工作量的预期变动、专项工作，以及如果数据可以随时获得，类似单元的可比工作的成本。

增量预算有两个缺点。首先，酌量性费用中心的当期支出水平被理所当然地接受，在预算编制过程中并不重新审查。其次，酌量性费用中心的管理者一般都希望提高服务水平，因此往往要求追加资源，如果理由充分，通常都会获得批准。这种倾向被表述为"帕金森第二法则"（Parkinson's Second Law）：管理费用总会增加。有足够的证据表明并非所有的缓慢攀升都是必要的；当公司面临危机或被新管理层接管时，管理费用有时会急剧下降，却不会带来任何负面结果。

尽管存在种种局限，但是酌量性费用中心的大多数预算都是增量预算。时间有限，对此不做过多分析。

零基预算　另一种预算编制方式是按滚动时间表对每个酌量性费用中心进行全面分析，从而至少每 5 年都对所有项目进行一次审查。这种分析经常被称为零基预算。

与增量预算相比，零基预算的详尽审查试图重新确定完成费用中心的各项活动的实际要求资源，即从零开始。这种分析确立了一个新的基数，在 5 年后进行下一次审查之前，年度预算审查都要把成本控制在这个基数的合理范围之内。在这一期间，预期费用还会逐渐攀升，但这是可以容忍的。

在分析过程中经常会提出一些基本问题：（1）应履行所审查的职能吗？从终端消费者的角度看，它增加价值了吗？（2）质量应保持在什么水平？我们做的太多了吗？（3）应该按这种方式履行职能吗？（4）它的成本是多少？

从其他渠道获得的信息，包括公司内的类似单元、行业协会和其他外部组织以及其他行业业绩优秀的公司（即：通过标杆），这些经常有助于比较分析。这类比较可能会提出一个有趣的问题：如果 X 公司可以用 Y 美元完成这项工作，为什么我们不能呢？

但是，值得注意的是，实现可比性很难。如同在酌量性成本中确定成本和产出的"正确"关系一样——更不用说采用外部平均值作为标准的内在问题了。

零基预算耗时费力，对于经营活动受审查的管理者而言可能是一种创伤（这就是为什么不经常安排零基预算审查的原因之一）。此外，管理者不仅尽最大努力证明目前的费用水平是合理的，而且也可能试图阻碍相关努力，把零基预算视作可以无限期地拖延的事情，而去优先考虑"更紧迫的事情"。如果所有其他努力都失败了，他们有时会怀疑调查的结果，认为他们不是最终决定性的，结果是现状占了上风。

在 20 世纪 80、90 年代，许多公司都编制零基预算，通常作为对盈利能力衰退的一种反应。人们通常称之为"缩小规模"（downsizing），委婉地说就是"重组"（rightsizing/restructuring）或"流程再造"（process reengineering）。

实例 美国一家大型保险公司安泰保险于 1990 年启动了一项重组计划。它把 3 个分部重组为 15 个利润中心，人员裁减了 10%，从而节约了 1.56 亿美元。[6]

---

6. *Financial World,* November 24, 1992, pp. 22–23.

日产汽车公司，在卡洛斯·戈恩的领导下，于 2002 年完成了公司历史上的最大一次重组。重组包括处置非核心业务，改革供应商关系，削减在合作公司中的交叉持股，制定苛刻的业绩目标，取消终身制和基于资历晋升等传统制度。重组迅速扭转了日产的经营，其他日本公司也纷纷效仿。[7]

在 20 世纪 90 年代末爆发亚洲金融危机之后，泰国的农业产业巨头正大集团决定剥离其电气和汽车配件业务，而专注于核心农业产业。公司巩固了价值增值的农业产业，并沿价值链上移，创建了泰国快餐连锁店 "Bua Baan"，专为正大集团提供加工食品。[8]

在决定聘用詹德先生担任 CEO 之前，摩托罗拉决定剥离芯片分部，该分部每年创造的销售收入约为 50 亿美元。决策基于这样一项事实：芯片分部易于受到产业周期的影响，与公司经营组合中的其他业务无法契合，因为其他主要经营组合主要包括手机、基础设施设备、成功运营的双向无线电系统、汽车电子设备和有线电视分部。[9]

2004 年 12 月，IBM 决定把个人电脑分部出售给中国和亚洲的领先 PC 品牌联想集团，这项行动创造了世界上第三大 PC 企业，并标志着 IBM 退出低利润业务。这项交易价值 17.5 亿美元，IBM 同时获得了联想 18% 的股权。联想受益于 IBM 的品牌价值以及所获得的全球分销网络，从而提高了它在世界范围的知名度。联想还会成为 IBM 的个人电脑优先供应商，从而使 IBM 可以继续为它的企业客户提供全系列的信息解决方案。[10]

成本可变性

技术性费用中心的成本受短期数量变化的严重影响，但是，与此不同，酌量性费用中心的成本相对来说不受这类短期波动的影响。这种差异源于这样一项事实：在为酌量性费用中心编制预算时，管理者往往会批准与预期销量变化相符的变化——例如，预期销量增加时就允许增加人员，预期销量下降时就允许裁减人员。在大多数酌量性费用中心，人员及与人员相关的成本是相当大的费用项。因

7. Chester Dawson, "Ghosn's Way: Why Japan Inc. Is Following a Gaijin," *Business Week*, May 20, 2002, p. 27.

8. www.cpthailand.com/webguest。

9. http: //www.fortune.com/fortune/subs/article/0, 15114, 1007063, 00.html; www.IBM.com。

10. www.IBM.com; www.Fortune.com。

此，酌量性费用中心的年度预算往往是预算销量的固定比例。

而且，一旦酌量性费用中心的管理者依照批准的预算追加了人员，或计划裁减人员，因短期波动再进行调整就不太经济。为满足短期需求招聘和培训人员成本很高，而临时裁员也会影响士气。

财务控制类型

酌量性费用中心的财务控制与技术性费用中心的截然不同。在技术性费用中心，目标是通过制定标准，并根据标准评价实际成本，实现有竞争力的成本。相比之下，酌量性费用预算的主要目的则是控制成本，其成本控制方式如下：允许管理者参与计划，共同讨论应该承担什么任务、每项任务应付出多少努力才是适当的。因此，在酌量性费用中心，财务控制主要是在成本发生之前的计划阶段实行。

业绩计量

酌量性费用中心的管理者的主要工作是获得预期的产出。按预算上的数额支出并完成工作就是令人满意的；支出超出了预算数额就会引发关注；支出没有达到预算可能说明计划工作未完成。较之技术性费用中心，在酌量性费用中心，财务业绩报告并不是评价管理者效率的手段。

如果这两类责任中心不严格区分，管理者就会错误地把酌量性费用中心的业绩报告当作经营单元的效率的反映，因此就激励那些制定支出决策的人不要超出预算，结果就会降低产出。出于这种原因，奖励支出未超出预算的管理者就是不明智的。

如果在预算超支之前要求主管审批，就可以控制支出。有时，一定比例的超支（比如5%）是允许的，无须另行批准。

值得注意的是，上一段仅与财务控制相关。酌量性费用中心的全面控制主要是通过非财务业绩指标实现的。例如，在有些酌量性费用中心，对服务质量的最好反映就是用户的意见。

行政管理和辅助中心

行政管理中心包括公司的高级管理层和经营单元的管理层，还有辅助单元的管理者。辅助中心是指为其他责任中心提供服务的单元。

管理控制问题

行政管理费用的控制尤其困难，因为：（1）评价产出所具有的内在问题；（2）部门人员的目标与整个公司的目标之间经常缺乏一致性。

评价产出的困难

有些辅助活动，如工资核算，都太程式化，因此他们所在的经营单元事实上是一个技术性费用中心。但是，还有一些活动，基本产出是意见和服务——这些职能实际上不可能量化，不太容易评估。因为产出无法评价，所以不可能制定成本标准，并用以评价财务业绩。因此，预算差异不能解释为反映了有效率或是无效率。如果允许财务人员建立"基于作业的管理系统"，例如，不管费用是多少，只比较实际成本与预算成本，则并不能表明任务是否完成了，或是否实现了效益。

缺乏目标一致

一般而言，行政管理办公室的管理者都努力在职能上追求卓越。从表面上看，他们的愿望似乎与公司目标一致。但是，事实上，在很大程度上取决于人们如何定义卓越。尽管一个辅助职能办公室可能希望建立"理想的"系统、计划或职能，但是，相对于"完美"可能创造的额外利润，"理想的"成本太高了。例如，"完美的"法律顾问不会批准任何甚至只包含微不足道的瑕疵的合同。但是为了保证这样的质量水平而付出的成本，可能远大于微小瑕疵所造成的潜在损失。最糟糕的是，追求"卓越"会导致为了"缔造帝国"或者"保住个人职位"而无视公司的利益。

这两个问题的严重性，即评价产出的难处和缺乏目标一致，与公司的规模和前景休戚相关。在中小型企业，高级管理层都与辅助单元保持着密切的个人联系，而且高级管理层可以通过个人观察确定他们在做什么，这个单元是否值得存在。在低收益企业中，无论规模大小，酌量性费用经常要受严格控制。但是，在大型企业中，高级管理层不可能完全了解所有辅助活动。如果公司盈利，就易于批准辅助人员不断增加预算的要求。

辅助中心经常为它所提供的服务向其他责任中心收费。例如，管理信息服务部门就会为计算机服务收费。那么，这些责任中心就是利润中心，我们将在第 5 章中对此进行讨论。

预算编制

为行政管理或辅助中心建议的预算通常由一系列的费用项目构成，并用预算与实际费用对比。有些公司要求更详细的预算，其中包括下列部分或全部要素：

- 反映中心的基本成本部分——包括"维持经营"的成本，再加上不是所有的管理决策都需要的本质上必要的活动成本。
- 反映中心的酌量性作业部分。包括每项作业的目标描述和成本估计。
- 全面解释所有建议的预算增加数额部分（与通货膨胀相关的部分除外）。

只有在预算很大，并且/或者管理者希望确定中心的作业的适当范围时，在预算中增加以上几部分才有价值。在其他情况下，预算的详略程度则取决于费用的重要性和管理者的意愿。

研 发 中 心

控制问题

研发中心的管理控制也存在具有自身特点的难处，特别是，难于把结果与投入联系起来，缺乏目标一致性。

难于把结果与投入联系起来

研发活动的结果难于量化。较之行政管理活动，研发活动通常至少有一种半有形的产出，如专利、新产品或新工艺。但是，产出与投入的关系难以逐年评估，因为研发团队的最终 "产品"可能需要付出几年的努力。因此，年度预算中反映的投入可能与产出无关。而且，即使可以确立这种关系，也不可能可靠地估计产出的价值。即使可以估计，研发职能的技术性质可能使管理者无法计量其业绩。

辛苦努力可能会遭遇难以克服的障碍，而不怎么努力可能幸运地获得好的结果。

缺乏目标一致

研发中心的目标一致问题类似于行政管理中心。即使公司负担不起，研发主管一般也希望建立金钱可以买到的最好的研发机构。此外，还有一个问题，研发人员经常对企业没有充分的了解（或者没有足够的兴趣），无法确定研发活动的最优方向。

研发坐标轴

研发机构所从事的活动可以描绘在一个坐标轴上，基础研究位于一端，产品测试位于另一端。基础研究具有两个特征：（1）它是无计划的，管理者最多规定探索的一般领域；（2）从启动研发到成功推出新产品通常会有一个很长的时间间隔。

实例 在生物技术领域，从沃森和克里克于 1958 年定义了 DNA 的分子结构，到来源于这项研究工作的首个产品上市，经过了近 26 年的时间。而施乐公司从基础研究到成功研制出复印机也花费了近 24 年（从 1936~1960 年的时间）。

因为财务控制系统对于管理基础研究活动毫无价值，所以经常运用其他程序。在有些公司，基础研究作为一笔开支列入研发计划和预算。在其他公司，则没有为基础研究专门安排预算，但是人们都明白，只需征得主管的非正式许可，科学家和工程师都可以花费部分时间（大约 15%的时间，或者每周一天）探索任何最感兴趣的研究方向。

实例 1986 年的"高温"超导电性的发现，是 80 年代最重要的突破之一。它是由 IBM 苏黎世研究实验室的两名科学家发现的，他们都是在"自己的时间"研究的。IBM 在纽约阿尔蒙克总部的高级管理层甚至都不知道有这么一项研究在进行。

3M 公司允许甚至期望科学家把 15%的工作时间用于研究自己选择的项目，并不要求事先经主管批准。[11]

---

11. Ronald A.Mitsch， "Three Roads to Innovation," *Journal of Business Strategy*, September–October 1990,pp. 18‐21.

但是，若项目涉及产品测试，则有可能估计时间要求和财务要求——或许不像生产活动那么精确，但是足以合理、有效地比较实际与预算数额。

随着项目在坐标轴上的位置的移动——从基础研究，到应用研究，到开发，到生产设计，到测试，每年花费的数额往往都会显著增加。因此，如果项目似乎最终不会盈利（据估计，90%的项目都是如此），就应该尽快终止。但是，在初期很难制定此类决策，因为项目主持人通常都会最乐观地介绍在建项目。在有些情况下，直到产品上市后才能分辨出失败与否。

实例　在进行了 10 年的研发，投入了几千万美元之后，宝丽莱公司于 1977 年在股东大会上大张旗鼓地推出了即显彩色动画系统"Polavision"。"一项新的艺术诞生了"，宝丽莱当时的董事长埃德温·兰德博士说。但是家用摄像机迅速占领了市场，到 1981 年，Polavision 已不复存在，甚至都没有创造任何利润。

研发计划

没有科学的方式可以确定研发预算的最优规模。许多公司仅使用平均销售收入的百分比作为基础（使用平均值而不是某个年份的具体销售收入，因为研发活动的规模不应该受短期销售收入波动影响）。所应用的具体比例在部分程度上由与竞争者的研发支出对比决定，在部分程度上由公司自身的支出历史决定。其他因素也可能发挥作用，但要取决于具体情况。例如：如果可能实现或者将要实现重大突破，那么高级管理层就可能迅速审批并大幅地增加预算。

研发计划由一系列的计划组成，此外，还包括非计划工作的一揽子支出（如前面所提到的）。研发计划通常每年由高级管理层审查一次。审查经常由研究委员会执行，委员会由 CEO、研究主管、生产和营销主管（之所以包括营销主管，是因为他们要使用成功的研发项目的产出）组成。研究委员会制定关于从事哪些项目、扩展哪些项目、削减哪些项目，以及终止哪些项目的广泛决策。当然，这些决策都是较为主观的，但是他们必须在关于研发总支出的既定政策的限制范围之内。因此，研发计划并不是通过计算批准项目的总额来决定的，而是通过把"研发蛋糕"切分为似乎最有价值的小块而决定的。

年度预算

如果公司决定了一个长期研发计划，并依照项目审批制度实施计划，那么编制年度研发预算就相当简单了，主要是预期费用在预算期间的分配。如果预算符合战略计划（本来就应该符合），审批就是一种程序——它主要是为了协助进行现金和人员计划。编制预算可以促使管理者带着这样一个问题再次审查一下研发计划："根据我们现在所知道的，这是明年我们利用资源的最佳方式吗?"年度预算过程还可以确保实际成本不会在管理者不知情的情况下超出预算。偏离预算的重大差异应在发生之前经管理者审批。

业绩计量

大多数公司都会定期对比各责任中心和在建项目的实际费用与预算费用，通常是月度或季度。然后总结对比结果，逐级上报，以帮助责任中心的管理者计划费用，并使领导确信费用控制在允许范围内。

在许多公司，管理者会收到两类关于研发活动的财务报告。第一类比较每个正在开展的项目的总成本的最新预测与审批数额。它定期编制，并提交控制研发支出的经理，帮助他们决定已批准项目是否应该有所变动。第二类财务报告是比较每个责任中心的预算费用与实际费用。它的主要目的是帮助研发经理们预测费用，保证费用到位。任何一类财务报告都不会向管理者反映研究工作的效益。这类信息由进展报告正式提供，它构成了管理者评判既定项目的效益的部分基础。但是，值得注意的是，管理者评价效益的基本工具是面对面的讨论。

营 销 中 心

在许多公司中，划归营销旗下的作业有两种截然不同的类型，分别适用不同的管理控制。一类作业是按订单发货，称之为物流作业。根据定义，他们发生在收到订单之后。另一类作业是指争取订单的工作，显然，这些作业发生在收到订单之前。它们是真正的营销作业，有时也称之为获取订单作业。

物流作业

物流作业是指把货物从公司发送给客户，然后向客户收取货款的活动。物流作业包括运送至分销中心、仓储、配送、出具发票及相关信用职能和应收账款的回收。履行这类职能的责任中心基本上类似于制造工厂的费用中心。许多都是技术性费用中心，可以通过制定标准成本、调整预算，以反映不同销量水平的成本来控制。

在大多数公司中，按订单发货以及回收应收账款所涉及的"书面工作"现在都可以通过互联网快捷、低成本地实现。

营销作业

营销作业是指为获取公司产品订单而从事的活动。营销作业包括测试营销，销售队伍的建立、培训和监管，广告，促销——他们所具有的特征都会产生管理控制问题。

虽然有可能评价营销组织的产出，但是评估营销工作的效果却困难得多。原因在于营销部门所不能控制的因素的变化（如：经济状况或竞争者的行动），可能会使销售预算的基础假设无效。

在任何情况下，满足预算要求的营销费用对于业绩评估而言都不是最主要的标准。因为销售量对利润的影响大于成本超过标准所带来的影响。如果营销机构的销售量是其销售定额的两倍，而成本已超出预算 10%，那么管理层对此并不会太介意。因为关键因素是销售目标，而不是费用目标。

适用于物流作业的管理控制技术一般都不适用于获取订单的活动。如果不理解这一点，就会导致错误的决策。例如：销量与促销和广告费水平之间经常存在一定的关联。这可以理解为销售费用会随销量的变化而变化，但是，这种结论是错误的。弹性预算根据销量变化而调整，它就无法用于控制在销售发生之前发生的销售费用。广告费或促销费预算也不能根据销量的短期波动而调整。正如前面所提到的，许多公司都按预算销售收入的一定百分比编制营销费用预算，但是之所以这样做，不是因为销量导致了营销费用，而是因为相信销量越高，公司能够负担的广告费用就越多。

总而言之，营销机构存在三种类型的活动，因而也就存在三种类型的评价方式。第一类，物流作业，许多成本都是技术性费用。第二类，创造收入的作业，通常藉分别比较实际收入和实际销量与预算收入和预算销量来评价。第三类，获取订单的成本，它们是酌量性费用，因为没有人知道最优数额应该是多少。因此，这类成本的效率和效益的考核较为主观。

小 结

责任中心是指由一位管理者领导并负责各项活动的组织单元。在本章中，我们介绍了两类责任中心：收入中心和费用中心。这些中心的业绩根据效率和效益标准评判。在收入中心，同费用分开，对收入进行单独评价和控制。

费用中心可以划分为两大类：技术性费用中心和酌量性费用中心。在技术性费用中心，有可能估计一定产出水平所应该发生的成本的"正确"数额。另一方面，在酌量性费用中心，预算反映了可以花费的数额，但是不可能精确地确定这些费用的最优水平。因此，财务控制并不旨在评价效率或效益。

酌量性费用中心的基本类型是行政管理和辅助中心、研发中心以及营销中心。在研发单元，管理控制极其困难；在真正的营销单元，也有些困难（较之物流单元）；在行政管理和辅助单元，则不太困难，但是仍然比制造单元更麻烦。

推 荐 读 物

Hammer, Michael E., and Steven A. Stanton. "How Process Enterprises Really Work." *Harvard Business Review,* November–December 1999, pp. 99–107.

Institute of Management Accounting. *Statements on Management Accounting.* Statement 4B, "Cost Management for Logistics"; *Statement 4P,* "Effective Benchmarking"; *Statement 4V,* "Allocation of Service and Administrative Costs"; *Statement 4F,* "Allocation of Information Systems Costs"; *Statement 4I,* "Cost Management for Freight Transportation"; and *Statement 4K,* "Cost Management for Warehousing." 1995.

Kirby, Julia. "The Cost Center That Pays Its Way." *Harvard Business Review,* April 2002, pp. 31–41.

Kotler, Philip, and Kevin Kellar. *Marketing Management: Analysis, Planning, and Control.* Englewood Cliffs, NJ: Prentice Hall, 2005.

第 5 章

利 润 中 心

若一个责任中心的财务业绩按照利润来评价（即：按收入与费用之间的差额），则这个责任中心就称为利润中心。利润是一个特别有用的业绩指标，因为它可以让高级管理层采用一个综合指标，而不是几个指标（其中有些可能指向不同的方向）。在本章的第一部分，我们将首先讨论在决定是否建立利润中心时所需要考虑的因素。然后，我们将集中讨论如何把经营单元组织为利润中心，并提醒大家，经营单元和利润中心不是同义词。接下来，我们将介绍生产和营销职能如何能构成一个利润中心。在本章的最后部分，我们将讨论评价利润中心的盈利能力的其他方法。

一般考虑因素

职能型组织是指各主要制造和营销职能均由一个单独的组织单元履行的组织。若把这种类型的组织改组为各主要单元均既负责制造，又负责营销的组织，则把这一过程称为分权化。作为一项规则，公司之所以建立经营单元，是因为他们决定向各经营管理者更多授权。尽管各公司授权的程度各不相同，但是创造利润的完全权力从未授予企业的单个部门。

利润责任的授权条件

许多管理决策都涉及增加支出并预期销售收入更大幅度增加的建议。我们称这类决策是费用/收入权衡。追加广告费就是一个例子。在把这类权衡决策授权给较低层的管理者之前，为了保证其万无一失，应该具备两项条件：

1. 管理者应该能够获得制定此类决策所需要的相关信息。
2. 应该有某种方式可以评价管理者所做的权衡的效益。

建立利润中心的一个重要步骤是决定组织中满足这两项条件的最低点。

所有责任中心都落在一个坐标轴上，其一端显然应该是利润中心，另一端显然不应该是利润中心。管理者必须决定赋予利润责任的优势是否能够抵销其劣势，这一点我们将在下面讨论。如同所有管理控制系统设计选择一样，不存在明显的分界线。

利润中心的盛行

尽管杜邦公司和通用汽车公司在 20 世纪 20 年代初就已经实现了分权，但是美国大多数公司一直到第二次世界大战结束时都依然是按职能组织的。自那之后，许多美国大公司都分权化了，在经营单元层面建立了分权式的利润责任。通用汽车的阿尔弗莱德·斯隆和通用电气的拉尔夫·科第纳都曾记录下利润分权化思想。[1]

对美国《财富》1 000 强公司进行调查的结果显示，在 638 份有效答卷中，93%都来自设立了两个或两个以上利润中心的公司（图表5.1）。[2] 来自其他国家的调查结果也同样表明对利润中心概念的严重依赖。

1. Alfred P. Sloan Jr., *My Years with General Motors* (Garden City, NY: Doubleday, 1964)；Ralph J.Cordiner, *New Frontiers for Professional Managers* (New York: McGraw–Hill, 1956) .

2. Vijay Govindarajan, "Profit Center Measurement: An Empirical Survey," The Amos Tuck School of Business Administration, Dartmouth College, 1994.

图表 5.1

利润中心的采用

	美 国[a]	荷 兰[b]	印 度[c]
发放的调查问卷数量	1 000	N/A	N/A
收回的答卷数量	666	N/A	N/A
答卷率	67%	N/A	N/A
可用答卷数量	638	72	105
设有两个或两个以上利润中心的公司	**93%**	**89%**	**68%**

[a] Vijay Govindarajan, "Profit Center Measurement: An Empirical Survey," The Amos Tuck School of Business Administration, Dartmouth College, 1994.

[b] Elbert De With, "Performance Measurement and Evaluation in Dutch Companies," paper presented at the 19th Annual Congress of the European Accounting Association, Bergen, 1966.

[c] V. Govindarajan and B. Ramamurthy, "Transfer Pricing Policies in Indian Companies: A Survey," *The Chartered Accountant* XXXII, no. 5 (November 1983), pp. 296–301.

实例 汉华银行采用了利润中心概念,在管理控制系统中建立了盈利能力评价指标,促使银行放弃一些不盈利的项目,如"学生优惠"账户(一项通过对学生使用的特定产品和服务提供低息来吸引学生账户的计划,这是个很好的主意,但是所有账户都赔钱)。

利润中心方法还有助于汉华银行更准确地评价分行的盈利能力。从历史上看,如果一个客户在一个分支机构开立了账户,那么这个客户的所有业务就都算在这个分支机构的业绩内,即使客户使用的是自动提款机或其他分支机构的服务。新的管理控制系统能够让银行了解哪些客户在使用哪些分支机构或自动提款机。它有助于各分支机构确定小目标市场,从而促使汉华银行在系统中增设了一个"少数民族市场分部",以便更好地服务纽约的亚裔、非裔和拉美裔社区。[3]

Novell 公司的董事长兼总裁罗伯特·弗兰肯伯格采用利润中心方法明确并剔除了几项不盈利的业务,如 Appleware 和 Processor Independent Netware。[4]

世界头号手机制造商诺基亚公司,在 2001 年销售收入严重下滑。作为扭转经营战略的一部分,2002 年 5 月 1 日,诺基亚公司把市值 210 亿美元的手机经营单元拆分为 9 个利润中心,分别负责一个专门的市场领域(如:移动接入产品分部专注于发展中国家的经济型手机)。建立

---

3. Robert A. Bennett, "Taking the Measure of Bank Profits," *US Banker* 104, no. 4 (April 1996), pp. 36–42.

4. T. C. Doyle, "Novell to Focus on Profit Centers," *Computer Reseller News*, September 5, 1994, p. 202.

新的利润中心，可以让诺基亚有效地专注于全球各个特殊市场，从而实现销售收入的更快增长。诺基亚的 CEO 乔玛·欧里拉评论道："我们预见企业做的太大才是真正的危险。我们必须按一种有意义的方式把公司拆分，以保持我们在 20 世纪 90 年代所特有的创业精神。"[5]

在过去 20 年间，财务控制系统遭到了众多批评。但是，公司并没有摒弃这些系统，而是继续用作实施战略的工具。同时，他们也知道财务控制系统的缺点，许多公司已经开始综合运用计分卡和一系列财务和非财务业绩指标组合。关于财务控制系统的缺点，我们将在第 11 章和第 12 章讨论。

在本章及随后两章中，我们将考察向组织的子单元正确分派财务责任所需要考虑的因素。

利润中心的优势

把组织单元确立为利润中心具有下列优势：

- 决策质量会有所提高，因为他们是由最接近决策点的管理者制定的。
- 经营决策的速度会有所加快，因为他们不必提交公司总部。
- 总部管理层可以从日常决策中解脱出来，从而关注更广泛的问题。
- 由于公司约束减少，管理者可以更自由地发挥想像力和主动性。
- 因为利润中心类似于独立的公司，所以他们为一般管理者提供了一个优秀的培训基地。利润中心的经理在管理各职能领域中积累了经验，高级管理层获得了评估他们胜任较高层职务的能力的机会。
- 利润意识有所增强，因为负责利润的管理者会不断寻求增加利润的方式。（例如：负责营销活动的经理往往会批准能增加销售收入的宣传费用支出，而负责利润的经理则受到激励，仅支出能增加利润的宣传费用。）
- 利润中心可以为最高管理层提供关于公司各组织单元的盈利能力的即时信息。
- 因为产出可以随时评价，所以利润中心对提高竞争力的压力特别敏感。

---

5. Andy Reinhardt, "Nokia's Next Act," *BusinessWeek*, July 1, 2002, p. 24.

实例 ABB 公司，一家从事发电、输变电行业的欧洲跨国公司，组织成了 4 500 个小型利润中心——每个利润中心均承担盈利和损失责任，并拥有实质性的自治权。ABB 公司的 CEO 帕西·巴纳维克解释了其中的原因："我们是分权化经营的狂热信奉者。在我们架构地方经营时，我们总是尽力创建独立的法人实体。独立的公司可以让你编制真正的资产负债表，真正承担现金流和股利责任。若有了真正的资产负债表，则管理者可以通过所有者权益的变化逐年继承经营结果。独立的公司还可以创造更有效的管理者招聘和激励机制。若公司足够小，则人们就可以充分了解公司经营，并致力于公司发展，从而可以追求更有意义的个人职业发展生涯。"[6]

许多日本公司都采用利润中心。京瓷公司是一家技术公司，它把公司分立为 800 个小公司（昵称"*amoebas*"），希望他们既从事内部交易，又从事外部交易。东丸公司，一家酱油生产商，把生产工艺中的每一个阶段都转化为一个独立的利润中心，指示这些独立的经营单元彼此买卖。[7]松下电气公司，一家家用电气生产巨头，不仅按利润中心经营各分部，而且把管理者的注意力集中于两个数字上——利润边际和"净收益"。家用电气行业的特征有两项：产品生命周期短、产品生命周期最初阶段的利润边际高于最后阶段。对"利润边际"的关注激励管理者不断引进新产品，而对"净收益"的关注又激励管理者从现有产品中榨取最大利润。[8]

利润中心的劣势

但是，创建利润中心也会导致一些困难：

- 分权化的决策会迫使最高管理层更多地依赖于管理控制报告，而不是个人对经营的亲身体验，从而导致了一定程度的失控。
- 如果总部管理层比一般的利润中心经理更有能力，或者了解更多信息，那么在经营单元层面制定的决策的质量就会降低。
- 由于在适当转让价格、公共成本的分摊、两个或更多经营单元合作共同创造的销售收入的分配等方面的争执，摩擦会有所增加。

---

6. William Taylor, "The Logic of Global Business: An Interview with ABB's Percy Barnevik," *Harvard Business Review*, March–April 1991, p. 99.

7. "In Faint Praise of the Blue Suit," *The Economist*, January 13, 1996, pp. 59–60.

8. James Brian Quinn, "Matsushita," Tuck School, Dartmouth College, 1994.

- 曾经按职能单元合作的各组织单元，现在可能要彼此竞争。一个经理利润提高意味着另一个经理利润的下降。在这种情况下，一个经理可能就不会把另一个经营单元更适宜从事的销售业务介绍过去；也可能把人员或设备储备起来，尽管从公司整体来看，另一个经营单元运用更有利；还可能制定对其他经营单元的成本造成不利结果的生产决策。

- 分权化可能会额外增加成本，因为需要追加管理人员、其他工作人员以及档案管理，从而导致各利润中心任务冗余。

- 在一个职能型组织内，可能不存在胜任的总经理，因为他们可能没有充分的机会发展综合管理能力。

- 可能过于强调短期盈利能力，而牺牲了长期盈利能力。为了报告高额当期利润，利润中心的经理可能会紧缩研发支出、培训计划或维修费。若利润中心管理者的流动率相对高，则这种趋势尤其显著。在这种情况下，管理者可能会自以为只有在他们调离后，其恶果才会显现。

- 没有完全令人满意的管理控制系统，能确保各利润中心的利润最大化，也使整个公司利润最大化。

经营单元作为利润中心

大多数经营单元都建立为利润中心，因为负责这类经营单元的管理者一般都控制产品的开发、制造和营销资源。这些管理者可以影响收入和成本，因此要为"净收益"负责。但是，正如我们将在下一小节指出的，一个经营单元的管理者的权力可以通过各种方式予以约束，它应该反映在利润中心的设计和经营中。

经营单元权力的约束

为了完全实现利润中心概念所带来的益处，经营单元管理者必须拥有自治权，就像一个独立公司的总裁那样。但是，从实践上看，这种自治是不可行的。如果公司被分为完全独立的经营单元，组织就会丧失规模优势和协同效应。而且，在将董事会赋予 CEO 的所有权力下放给经营单元的管理者时，高级管理层就等于放弃了自己的职责。因此，经营单元式组织结构反映了经营单元自治与公司约束之间的一种权衡。经营单元组织结构的有效性在很大程度上取决于这种权衡做的如何。

来自其他经营单元的约束

在各经营单元必须彼此交易的过程中，会产生一个主要问题。我们可以把管理一个利润中心理解为控制三种类型的决策：（1）产品决策（生产和销售什么商品或服务）；（2）营销决策（这些商品或服务如何销售、在哪儿销售、销售多少）；（3）采购决策（怎样获得或制造商品或服务）。如果一个经营单元的管理者控制所有这三类活动，那么通常就不难分派利润责任，也不难计量业绩。一般而言，一个公司内部一体化程度越高，越难把一个既定产品线的所有三类活动向单个利润中心委派责任。也就是说，如果一个产品线的生产、采购和营销决策要在两个或更多经营单元之间分割，那么就难以区分各经营单元对产品线的总体成功所做的贡献。

来自公司管理层的约束

公司管理层施加的约束可以划分为三种类型：（1）因战略考虑因素而造成的；（2）因要求统一而造成的；（3）因集权的经济效应而造成的。

大多数公司都把一定的决策，尤其是财务决策，保留在公司层面，至少对于国内活动而言是这样。因此，经营单元的主要约束之一就是因公司对新投资的控制而造成的。经营单元必须为了从有限的投资中分一杯羹而不得不彼此竞争。因此，一个经营单元可能会发现自己的扩建计划被搁浅了，因为另一个经营单元说服高级管理层他们的计划更具有吸引力。公司管理层会施加其他约束。各经营单元都有一个"章程"，规定它所允许从事的营销和/或生产活动必须在章程的规定范围内，即使另有赚取利润的机会。此外，为了维护良好的公司形象，会要求对产品质量或公共关系活动施加约束。

实例　在 20 世纪 90 年代中期，金考快印公司——美国最大的 24 小时影印连锁店，把许多经营都集权化了。公司最初是以加盟形式创办的，各加盟店在不同地域拥有并经营金考快印店，公司内的各经营单元都负责自己的采购及大部分融资。1996 年，当金考快印集中融资后，公司利息支出从 5 000 万美元降至 3 000 万美元。通过实施更高效的采购系统，预期也会带来同等数量的节约。[9]

到 1999 年，Oracle 大胆地决定合并公司的信息技术系统。首要原因在于 Oracle 现在只能赚取 20%的利润边际，远不如当时成功的软件公司 60%的水平。产生这种差异的首要原因之一在于公司 60 个利润中心所拥有和经营的各种管理控制系统的高昂的冗余、维修费用和生产低效。由于这项合并，Oracle 能够把全球 IT 预算从 6 亿美元降至约 4 亿美元。[10]

公司由于经营统一的必要性，也会对经营单元施加一定的约束。一种约束是经营单元必须遵守公司会计和管理控制系统。对于从其他公司收购的经营单元，以及已经习惯于使用不同系统的经营单元而言，这项约束尤其麻烦。

实例　在1989 年，先灵葆雅公司经过 7 年的努力，终于在公司范围内建立了会计和管理控制系统。这个过程之所以如此漫长的一个主要原因在于劝说公司各经营单元采用公司专用系统的难度。相比之下，通用电气公司则只要求按照规定格式向总部提交少量数字信息，雀巢公司允许经营单元以英文、法文、德文或西班牙文的形式向总部报告，因为大多数高层管理者都通晓多种语言。

公司总部还可以施加统一的薪酬和人事政策，以及统一的职业道德、供应商选择、计算机和通信设备，甚至统一要求经营单元的信笺。

一般而言，只要明确地处置，公司约束就不会在分权制组织结构中造成严重问题。经营单元管理层应该理解大多数约束的必要性，并且应该欣然地接受他们。主要问题似乎是围绕公司服务活动的。经营单元经常认为（有时正确）他们能够以较低的费用从外部获得这样的服务。

其他利润中心

除了经营单元之外的利润中心介绍如下：

---

9. Nanette Byrnes, "Kinko's Goes Corporate," *BusinessWeek*, August 19, 1996, pp. 58–59.

10. h71028.www7.hp.com/enterprise/downloads/Oracle.

职能单元

多元化经营的公司一般都划分为经营单元，他们都被视作独立的创收中心。但是，这些经营单元内的子单元可以按职能组织。有时把一个或多个职能单元建成利润中心也是可行的，如：营销、制造和服务职能。没有什么指导原则可以宣布哪类经营单元本质上是利润中心，而其他的不是。管理层对于一个经营单元是否应该是利润中心的决策，是基于经营单元的管理者可以在多大程度上影响净收益的活动。

营 销

通过按所售产品成本收费，营销部门就可以转化为利润中心。这个转让价格为营销经理提供了做出最优收入/成本权衡的相关信息，按利润中心的盈利能力评价利润中心的管理者的标准实践可以检查这些权衡做得如何。向利润中心收取的转让价格应该基于所售产品的标准成本，而不是实际成本。利用标准成本基数可以把营销费用与制造成本区分开来，而它受营销经理所无法控制的效率水平的变化影响。

什么时候才赋予营销活动利润责任呢？什么时候营销经理最有利于做基本成本/收入权衡呢？在不同地域存在的不同条件下，这类问题经常发生。例如：境外营销部门。在这类部门中，可能难以集中控制诸如如何营销一个产品，如何制定价格，在销售宣传中花费多少，何时花费、花在哪个媒体上，如何培训销售员或经销商，什么时候、在哪里建立新经销商之类的决策。[11]

制 造

制造部门通常是一个费用中心，根据业绩与标准成本和管理费用预算对比评价管理者。但是，这项指标会导致问题，因为它未必反映管理者各方面工作做得如何。例如：

- 管理者可能为了获得标准成本上的业绩，缩减质量控制，发送质量差的产品。

---

11. 在1989年对管理会计协会财务总监委员会委员的一次调查中，70%的答卷人都把营销活动视作收入中心，而不是利润中心 (*Controllers Update*, February 1990, p. 1.)。

- 管理者可能不愿为了满足客户需求处理紧急订单而打乱生产计划。
- 按标准评价的管理者可能缺乏激励，不愿生产难以生产的产品，也不愿提高自身标准。

因此，只要根据标准成本评价制造过程的业绩，明智的做法就是单独计量诸如质量控制、生产进度以及自制还是外购之类的决策。

评价整个制造部门的工作的方式之一是把它变为利润中心，让它为产品售价减去估计营销费用后的差额负责。这样一种安排远不完美，部分原因在于影响销量和销售组合的许多因素都超出了制造经理的控制。但是，在有些情况下，似乎比仅让制造部门负责成本更能发挥作用。

有些作者认为制造单元不应该成为利润中心，除非他们将大部分产出都对外销售。他们把主要向其他经营单元销售的经营单元视作虚假利润中心，其根据是因向公司内部其他单元销售而分派给他们的收入是人为的。但是，有些公司的确为这类经营单元建立利润中心。他们认为，如果设计正确，管理控制系统就能创造与对外销售同样的激励。

服务和支持部门

负责维修、信息技术、运输、设计、顾问、客服以及其他辅助活动的经营单元都可以建成利润中心。这些利润中心可以在总部和服务公司分部之外运营，也可以在经营单元内部实现类似职能。他们为所提供的服务向客户收费，其财务目标是创造足够的业务以便收入能与费用持平。这项实践如图表 5.2 所示。（"根据用量"计费的公司可能将这些经营单元视作利润中心。）通常，如果外部供应商能够以较低的价格提供同等质量的服务，那么接受这类服务的经营单元也可以选择从外部供应商采购。

实例 为了降低成本，新加坡航空公司建立了利润中心，如新加坡航空工程公司和新加坡航空终端服务中心［它本身也设有三个利润中心 (机场服务、餐饮和安全)］。设计这些经营单元的目的在于，新加坡航空公司希望在获得服务时，也能从外部供应商获得同样的服务。[12]

---

12. Joan Feldman, "Divide and Prosper," *Air Transport World*, May 1995, pp. 35–45.

图表 5.2 对行政管理服务计费的盛行

行政管理服务类别	计费公司百分比*	确定费用的方法（百分比）		
		用量（实际或估计）	分配比例	其　他
1. 财务与会计	73%	35%	54%	11%
2. 法律	70	35	55	10
3. 电子数据处理	87	63	29	8
4. 一般营销服务	73	35	56	9
5. 广告	72	50	41	9
6. 市场研究服务	70	36	54	10
7. 公共关系	63	24	62	14
8. 工业关系	70	32	56	12
9. 人事	70	35	53	12
10. 不动产	62	37	53	10
11. 运营研究部门	60	47	42	11
12. 采购部门	51	40	51	9
13. 公司高层管理费用	63	13	72	15
14. 公司计划部门	61	20	66	14

* 分母中的合计数只包含回答"是"或"否"的答卷者，不包含未填及回答"不知道"的。

资料来源：Richard F. Vancil, *Decentralization: Management Ambiguity by Design* (Homewood, IL: Dow Jones–Irwin, 1979), p. 251.

在 2001~2002 年，当航空业面临严重问题的时候（部分由于对美国所遭受的恐怖袭击的连锁反应），新加坡航空公司公布的利润高于预测。这主要是因为新加坡航空工程公司和新加坡航空终端服务中心的出色业绩。[13] 新加坡航空工程公司竭力以竞争性的价格提供最优的航空工程服务，藉此为公司盈利。在截至 2005 年 3 月的财务年度，公司公布了 1.055 亿美元的经营利润，较上年增长 33.7%，并拥有来自美国、欧洲、中东和亚太地区 80 多家航空公司的客户群。

瑞士航空公司把它的工程和维修分部（EMD）从成本中心转化成了利润中心，从而赢得了对工程和维修分部的成本结构的更大控制权，同时使工程和维修分部既能对内部客户需求做出更快反应，又对外部客户具有竞争力。简而言之，瑞士航空希望工程和维修分部成为一个具有独

---

13. William Dennis, "Profits Plunge But SIA Still Makes Money in 2001," *Aviation Week & Space Technology,* May 27, 2002, p. 46.

立性和创业精神并为公司创造利润的部门。[14]

若将服务单元确定为利润中心，则管理者就会受到激励，为防止客户流失而控制成本，而接受服务的经营单元的管理者也会受到激励，制定决策，权衡利用这项服务是否物有所值。

实例 在 2001 年，两家最大的石油服务公司——斯伦贝谢公司[15]和哈利伯顿公司，建立了信息技术利润中心，既提供内部服务，又向客户提供外包服务。在 2001 年第二季度，斯伦贝谢公司的 IT 分部的收入达 5.6 亿美元，约占公司季度收入的 15%。[16]

其他机构

公司建立负责在一个地域内营销公司产品的分支结构，对于利润中心而言也是自然而然的。尽管分支机构的经理不承担任何制造或采购职责，但盈利能力经常是评价其业绩的最佳指标。而且，利润评价还是一项优秀的激励工具。因此，大多数零售连锁店、快餐连锁店和连锁酒店中的每一个店都是一个利润中心。

评价盈利能力

在评价利润中心时，可以运用两种类型的盈利能力指标，就如同评估整个组织一样。首先，是评价管理层业绩的指标，它主要反映管理者做得如何。这个指标用来计划、协调和控制利润中心的日常活动，同时也作为正确激励管理者的一种工具。其次，是评价经济业绩的指标，它主要反映利润中心作为一个经济实体做得如何。这两项指标所传达的信息彼此迥异。例如：一个分店的管理者业绩报告可能表明商店的管理者在既定条件下做得很出色，而经济业绩报告却可能表明，由于该地区的经济和竞争条件，这家商店是一个失败的企业，应该关闭。

满足这两种目的的必要信息通常无法从一组数据中获得。因为

14. Perry Flint, "Cost Center to Profit Center," *Air Transport World 32*, no. 3 (March 1995), p. 20.

15. 译者注：全球最大的油田技术服务公司，公司总部位于纽约、巴黎和海牙，在全球 140 多个国家设有分支机构。公司成立于 1927 年，现有员工 70 000 多名，是世界500 强企业。

16. David Lewis, "Oil Services Giant Builds IT Arm," *Internetweek*, October 29, 2001, p. 10.

图表 5.3

利润中心损益表举例

		盈利能力指标
销货收入	$1 000	
销货成本	600	
变动费用	180	
边际贡献	**220**	**(1)**
利润中心发生的固定费用	90	
直接利润	**130**	**(2)**
可控公司费用	10	
可控利润	**120**	**(3)**
其他公司分配	20	
税前收益	**100**	**(4)**
税　金	40	
净收益	**$60**	**(5)**

图表 5.4　采用不同利润评价方法的公司比例

利润中心的费用类型	美　国[a]	荷　兰[b]	印　度[c]
折旧费	98%	96%	98%
利润中心发生的固定费用	99	N/A	N/A
分配给利润中心的公司管理费用	64	44	N/A
所得税支出	40	22	10

[a] Percentage based on the 593 companies （93%） who reported two or more profit centers in the survey. Govindarajan, "Profit Center Measurement," p. 1.

[b] Elbert De With, "Performance Measurement and Evaluation in Dutch Companies," paper presented at the 19th Annual Congress of the European Accounting Association, Bergen, 1996.

[c] V. Govindarajan and B. Ramamurthy, "Transfer Pricing Policies in Indian Companies: A Survey," *Chartered Accountant*, January 1980, pp. 296–301.

（N/A：无法获得——译者注）。

管理层报告经常被使用，而经济报告只在制定经济决策时编制，所以管理业绩评价需考虑的各项因素应在管理控制系统设计中居于首要地位——也就是说，管理控制系统应该设计用于管理业绩的日常评价，并从这些业绩报告及其他来源获得经济信息。

盈利能力指标的类型

利润中心的经济业绩总是用净收益来评价（即：向利润中心分

配全部成本后的剩余收益，包括适当比例的公司管理费用）。但是，利润中心管理者的业绩也可以通过五种不同的盈利能力指标评价：(1) 边际贡献；(2) 直接利润；(3) 可控利润；(4) 税前收益；(5) 净收益。这些指标的性质如图表 5.3 列举的损益表所示。图表 5.4 总结了他们的相对的受欢迎程度。下面就分别讨论。

(1) 边际贡献

边际贡献反映收入和变动费用之间的差额。支持采用这个指标评价利润中心管理者业绩的主要观点是，因为固定费用超出了其控制范围，所以管理者应该把注意力集中在最大化贡献上。这种观点的问题在于它的前提是不准确的。事实上，几乎所有固定费用都至少部分是管理者可控的，而有些则是完全可控的。正如我们在第 4 章中所讨论的，许多费用项目是自由裁量的，也就是说，它们可以由利润中心的管理者自由裁量变动。假设，高级管理层希望利润中心把自由裁量费用控制在预算制定过程中所同意的数额内，则聚焦于边际贡献往往会把注意力从这项职责上转移开。而且，即使某项费用（比如行政管理人员工资）无法在短期内变动，利润中心管理者仍然应该负责控制员工效率和劳动生产率。

(2) 直接利润

这个指标反映利润中心对公司一般管理费用和利润的贡献。它综合了利润中心发生的，或者可直接追溯给利润中心的所有费用，而无论这些费用项目是否在利润中心管理者的控制范围之内。但是，总部发生的费用不包含在计算内。

直接利润指标的一个缺点是，它没有认识到分摊总部费用的激励效益。

实例 美国的第二大报纸发行商——耐特瑞德公司，就是基于直接利润评价每份报纸。发行商为每份报纸制定了具体的直接利润目标。在 1996 年，《迈阿密先驱报》的目标为 18%，《费城问讯报》和《费城日报》（作为一个单元经营）的目标是 12%。[17]

---

17. Kambiz Foroohar, "Chip Off the Old Block," *Forbes*, June 17, 1996, pp. 48–49.

（3）可控利润

总部费用可以划分为两类：可控费用和不可控费用。前一类包括经营单元管理者至少在一定程度上可以控制的费用，例如：信息技术服务。如果把这些成本涵盖在评价系统内，利润就是扣除利润中心管理者可以影响的所有费用后的剩余。这项指标的一个主要劣势在于，因为它不包含不可控的总部费用，所以它无法与报告本行业中其他公司利润的公开数据或行业协会数据直接比较。

（4）税前收益

在这项指标中，所有公司管理费用均基于各利润中心发生的相对数额来分配给利润中心。反对这种分配的观点有两类。首先，公司管理部门发生的费用是利润中心管理者所无法控制的，如财务、会计、人力资源管理，不应该让这些利润中心的管理者为其负责。其次，公司管理人员的服务难以按正确反映各利润中心所发生的费用数额分配。

但是，还有三种观点支持把一部分公司管理费用纳入利润中心的业绩报告。首先，公司服务单元总希望扩大自己的权力基础，追求自己的卓越，而无视其对公司整体产生的影响。把公司管理费用分配给利润中心会增加利润中心管理者质疑这些费用的可能性，从而起到限制总部支出的作用。（据称，有些公司实际上因利润中心管理者对费用项目的抱怨而把公司的直升飞机卖掉了。）其次，各利润中心的业绩会变得更现实，与购买类似服务的竞争者的业绩更直接可比。最后，若管理者知道，除非能弥补包括所分配的公司管理费用份额在内的所有费用，否则各利润中心就不会产生利润，那么他们就会受到激励，在定价、产品组合等方面制定最优长期营销决策，最终使整个公司都受益（甚至确保整个公司的生存）。

如果利润中心应该分摊一部分公司管理费用，那么这个费用项目就应该基于预算费用而不是实际费用计算，在这种情况下，利润中心业绩报告中的"预算"栏和"实际"栏就会显示同等数额。这就确保了利润中心的管理者不会抱怨费用的任意分配，也不会抱怨自己对这些费用缺乏控制，因为他们的业绩报告在管理费用分配上没有任何差异。相反，这类差异会出现在实际发生费用的责任中心的报告中。

（5）净收益

这里，公司按照损益表的底线，即税后净收益，评价国内利润中心的业绩。有两种观点反对采用这项指标：（1）税后收益经常是税前收益的固定比例，在这种情况下，涵盖所得税没有什么优势；（2）因为许多影响所得税的决策都是总部制定的，所以根据这些决策的后果评判利润中心的管理者是不恰当的。

但是，在有些情况下，各利润中心的实际所得税税率会有所不同。例如：境外子公司或者拥有境外业务的经营单元，就可能适用不同的实际税率。在其他情况下，利润中心可能会通过如下方式影响所得税：分期付款信用政策，购置或处置设备的决策，以及采用其他公认会计准则区分毛收益和应税收益。在这些情况下，把所得税支出分配给利润中心是可行的，不仅可以评价各利润中心的经济盈利能力，而且可以激励管理者筹划税负。

收　入

选择恰当的收入确认方法至关重要。应该在什么时候确认收入呢？是在接到订单时、发货后，还是收到现金之际呢？

除了这项决策之外，还需要考虑其他一些与共同收入相关的问题。在有些情况下，两个或更多利润中心会参与一项成功的销售。从理论上讲，各利润中心均应该为自己在交易中发挥的作用分享一份功劳。例如：经营单元 A 的销售员可能是客户的主要联络者，但是客户向这个销售员下的订单却是经营单元 B 生产的产品。如果所有销售收入均归功于经营单元 B，那么经营单元 A 的销售员就不可能去争取这类订单。同样，在分行 C 开户的银行客户，可能更喜欢在分行 D 办理业务，或许是因为地理位置更方便。如果由此创造的全部收入均归功于分行 C，那么分行 D 就会丧失热情，不愿为这个客户提供服务。

许多公司并不太关注解决这类共同收入问题。他们认为精确明辨创造收入的责任太复杂了，不太务实，因此，销售人员必须认识到自己不仅是为本利润中心工作，而且是在为整个公司服务。其他公司则试图理清共同销售的责任，若一个经营单元接受另一个单元负责的产品的订单，则计收相当于中介费或介绍费的数额（或者，在银行中，尽管所服务的客户的账户由另一个分行维护，但也把功劳明确地记在提供服务的分行身上)。

管理因素

图表 5.3 所示的各类盈利能力指标均由一些公司采用。美国的大多数公司都把我们在前面讨论的评价经营管理者的一些费用(即使不是全部)包含进去,无论这些费用是否是他/她所能控制的。例如:许多美国跨国公司按美元评价境外子公司的管理者的业绩。因此,业绩会受美元币值相对于东道国货币的波动的影响——它完全超出了管理者的控制。

在评价利润中心管理者的业绩时,大多数困惑都起因于未把管理者的评价与利润中心的经济评价分开。如果人们单独考虑管理者的评价,那么答案就会很显然:应该根据管理者所能影响的项目评价他们,即使他们不能完全控制这些项目。在一般公司中,这些项目可能包括利润中心直接发生的所有费用。只有管理者能够影响本经营单元缴纳的税金数额时,才能根据税后收益评价他们。至于他们显然无法影响的项目,如汇率波动,则应该被剔除。

但是,遵照这些指标,并不能解决所有问题。尽管影响的程度不同,但总是有一些项目,管理者虽能对其施加一定影响,却无法真正控制。因此,在评价管理层业绩时,差异分析总是至关重要的。但是,即使最优秀的差异分析系统,也仍然需要运用判断,使这种判断更可靠的方式之一就是剔除管理者所无法影响的所有项目(或者在报告中不反映这部分差异)。

小　结

利润中心是指收入和费用均按货币形式评价的组织单元。在建立利润中心时，公司把决策权力下放给较低层级，因为他们拥有进行费用/收入权衡的相关信息。这项行动的优势包括，能够加快决策速度，提高决策质量，更多地关注盈利能力，提供更广泛的管理层业绩评价指标等。

对利润中心自治权的约束可以通过其他经营单元及公司管理层施加。这些约束必须在利润中心的经营中予以明确。

在适当情况下，即使生产和营销职能也可以组建为利润中心，尽管要成功地实现这种转化需要大量判断。

评价利润中心的利润也涉及大量关于收入和费用应该如何评价的判断。就收入而言，收入确认方法的选择至关重要。就费用而言，评价范围包括利润中心发生的可变成本，以及完全分摊的公司管理费用，包括所得税。关于收入和成本评价的判断不仅应该由技术性核算因素指导，而且，更重要的是由行为因素指导。关键是涵盖利润中心管理者报告中管理者能够影响的收入和费用项目，即使他们无法完全控制。

推 荐 读 物

Alter, Allan E. "The Profit Center Paradox." *Computerworld 29*, no. 17 (April 1995), pp. 101–5.

Dearden, John. "Measuring Profit Center Managers." *Harvard Business Review*, September–October 1987, pp. 84–88.

Vancil, Richard F. *Decentralization: Management Ambiguity by Design*. Homewood, IL: Dow Jones–Irwin, 1979.

Walsh, Francis J. *Measuring Business-Unit Performance*. Research Bulletin no. 206. New York: The Conference Board, 1987.

第 **6** 章

转 移 定 价

当前的组织思想是以分权制为导向的。运作分权制管理系统所面临的一个主要挑战是设计一种令人满意的方法，在有大量交易发生的公司内部，核算从一个利润中心到另一个利润中心的商品及劳务转让。在本章中，我们将讨论确定利润中心之间的交易的转让价格的各种方法，以及转让价格管理中的基本议价和仲裁制度。我们还将讨论公司管理部门向利润中心提供的各项劳务的定价问题。我们将在第 15 章讨论国际转移定价问题。

转让价格的目标

如果两个或多个利润中心共同负责产品开发、制造和营销，那么在产品最终销售后，每个利润中心都应该分享所创造的收入。转移定价就是分配这项销售收入的机制。在设计转让价格时，应力求实现下列目标：

- 它应该为各经营单元提供相关信息，满足制定公司成本与收入最优权衡的需要。

- 它应该鼓励促进目标一致的决策，即：在设计系统时，应该确保决策既能提高经营单元利润，也能提高公司利润。
- 它应该有助于评价各经营单元的经济业绩。
- 系统应该简单明了，易于管理。

设计转移定价系统是大多数公司的主要管理控制话题。如图表 6.1 所示，《财富》1 000 强公司中，79% 的公司都在利润中心之间转让产品。

转移定价方法

有些作者把转让价格定义为核算责任中心之间任何商品及劳务转让的金额。但是，我们采用了较狭义的定义，把转让价格限定为在交易双方至少一方是利润中心的商品或劳务的转让交易中确定的价值。这种价格一般包括一项利润要素，因为一个独立的公司通常不会按成本或低于成本的价格向另一个独立的公司转让商品或劳务。因此，我们排除了成本核算制度中的成本分配机制。这种成本不包括利润要素。我们这里所说的价格，与独立公司之间的交易中所使用的价格含义相同。

基本原则

转移定价问题实际上就是，在适当考虑内部交易特有的因素后，对一般的定价问题略作调整。基本原则是：转让价格应该视同向外部客户销售或从外部供应商采购所收取的价格。由于在文献中，关于如何确定外部销售价格存在很大分歧，因此这项原则的应用也被复杂化了。经典经济学文献认为，销售价格应该等于边际成本，有些作者支持基于边际成本的转让价格。[1] 这是不现实的。因为没有几个公司在确定销售价格或转让价格时遵循这种政策。[2]

图表 6.1
利润中心之间的
产品转让

	戈文达拉扬调查
有效答卷数量	638
建立了两个或更多利润中心的公司	593 (93%)
在建立了两个或更多利润中心的公司中，利润中心之间转让产品的公司	470 (79%)

若公司的利润中心彼此之间购销产品，则必须定期为各产品制定两项决策：

1. 公司应该在公司内部生产产品，还是应该向外部供应商采购呢？这就是采购决策。
2. 如果内部生产，产品应该按什么价格在利润中心之间转让呢？这就是转让价格决策。

> **实例** CSX 公司是最大的铁路控股公司，拥有铁路和航运线路。CSX公司三分之二以上的收入来自铁路。CSX 把铁路运营分为三个利润中心——设备（货运车厢）、铁路运输（火车运营、货场、路轨及机车维修）、配送服务（营销）。利润中心之间的转让价格均采用公允市场价格。重组背后的逻辑在于把权力中心从运营部门转换到营销部门。运营部门按惯例一直管理铁路。如果从点 X 到点 Y 最有效的运输方式是卡车或驳船，那么就用卡车或驳船运输，即使以前一直由铁路运输。事实上，因为建立了利润中心和转移定价系统，新的物流都跑到 CSX 所拥有的航线以外去了。[3]

转让价格系统可以很简单，也可以极其复杂，它取决于企业的性质。我们首先讨论理想状况，然后再逐渐介绍复杂状况。

理想状况

如果下列条件全部存在，那么基于市场价格的转让价格就能实现目标一致。但是，在实践中，所有这些条件很少会全部存在。因此，这一系列条件并不是为确定转让价格必须满足的标准。它只是建议了一种观察情况的方式，以便决定应实施哪些变革才能改进转移定价机制的运作。

称职的人员

在理想状况下，管理者应该既关注本责任中心的长期业绩，又

---

1. Jack Hirschleifer, "On the Economics of Transfer Pricing," *Journal of Business*, July 1956, pp. 172–84.
2. 作者对确定市场价格的方法的一项研究表明，在来自《财富》1 000 强公司的 501 份调查问卷中，仅有17%遵循这种政策（Vijay Govindarajan and Robert N. Anthony, "How Firms Use Cost Data in Pricing Decisions," *Management Accounting*, July 1983, pp.30–34.）
3. "If It Isn't Profitable, Don't Do It," *Forbes*, November 30, 1987.

关注短期业绩。参与转让价格议定和仲裁的人员也必须称职。

良好的氛围

管理者必须把损益表中所反映的盈利能力视作业绩评价的一个重要目标和重大因素。他们应该认为转让价格是公正的。

市场价格

理想的转让价格应该基于已经形成的转让产品的同等产品的正常市场价格，即：反映要确定转让价格的产品同等条件的市场价格。市场价格可以下调，以反映因内部销售而产生的节约。例如：若产品从公司内的一个经营单元转让给另一个，则没有坏账损失，广告和销售费用也会低些。即使不是相同产品那么理想，但类似产品的市场价格，也比根本没有市场价格要好得多。

自由采购

应该存在替代采购方式，管理者应该有权选择最有利于自己的替代方式。采购经理应该有外购的自由，销售经理也应该有外销的自由。在这些情况下，转让价格政策只是给了各利润中心经理与内部交易还是与外部交易的自由裁量权。因此，市场就确定了转让价格。关于是内部交易还是外部交易的决策也是由市场决定的。如果购买方无法从内部渠道获得令人满意的价格，那么他们就有外购的自由。

如果销售利润中心可以对内或对外销售全部产品，而且采购利润中心也可以从外部或内部满足全部需求，那么这种方法就是最优的。市场价格反映销售方对内销售产品的机会成本。这是因为产品不是在内部销售就是在外部销售。因此，从公司角度来看，产品的相关成本就是市场价格，因为那是因对内销售而放弃的现金数额。转让价格反映公司的机会成本。

完全信息

管理者必须了解可以获得的替代方式，以及每种方式的相关成本和收入。

议　　价

各经营单元之间必须存在一个议定"合同"的协调的工作机制。

如果所有这些条件都存在，那么基于市场价格的转移定价系统就能够实现目标一致的决策，而无需中心管理。在下一节中，我们将考虑这些条件并非全部存在的状况。

对采购的约束

在理想状况下，采购经理应该能自由制定采购决策。同样，销售经理也应该能在最有利的市场中自由销售产品。但是，在现实生活中，采购的自由可能不可行，即使可行，也可能受公司政策的约束。现在，我们就考虑利润中心经理无法自由制定采购决策的情况，以及施加采购约束对转移定价政策的意义。

有限市场

在许多公司中，采购或销售利润中心的市场是有限制的。原因有以下几个：

首先，内部生产能力的存在可能限制对外销售的拓展。如果一个行业内的大多数大型公司都是高度一体化的，如纸浆和造纸行业，那么中间产品往往没有独立生产能力。因此，这些厂商只能满足来自其他厂商的一定数量的需求。若内部生产能力太紧张，则市场很快就会充斥对中间产品的需求。即使存在外部生产能力，一体化公司也可能无法获得，除非定期利用这种生产能力。如果一体化公司不定期采购产品，在生产能力有限时，它就可能在争取外部生产能力时遇到麻烦。

其次，如果公司是一项差异化产品的惟一生产厂商，那么就不存在外部渠道。

第三，如果公司在厂房设备上投入了大量资金，那么除非外部销售价格接近公司的变动成本（这并不常见），否则它不可能从外部采购。为了现实的目的，所生产的产品要受公司控制。一体化石油公司就是一个很好的例子。公司要求生产单元必须把原油送到炼油单元，即使生产单元能够在公开市场销售原油。

即使在有限市场中，最能满足利润中心系统要求的转让价格也是竞争价格。竞争价格反映各利润中心对公司利润总额的贡献。譬如一体化石油公司，把炼油单元视同独立的企业，采用原油市场价格就是评价炼油单元的最有效方式，如果内部生产能力不能满足，公司就会按竞争价格外购。竞争价格与内部成本之间的差异就是自制而不是外购所节约的成本。而且，竞争价格还反映利润中心较之竞争者经营得如何。

如果公司未在外部市场采购或销售产品，那么它将如何确定竞争价格呢？下面就介绍几种方法：

1. 如果可以获得公开市场价格，就可以用来确定转让价格。但是，应该存在市场上实际支付的价格，而且外部市场存在的条件也应该与公司内部条件一致。例如：适用于较小规模采购（如："现货"市场）的市场价格就不适于衡量实质上的长期采购需求。

2. 市场价格可以根据招标获得。如果低价竞标人有适当的机会可以获得业务，一般就可以采用这种方法。如果公司半数产品外购，半数内购，就可以采用招标方式。公司可以对全部产品招标，但选择半数留作对内采购。它之所以能够获得有效的报价，是因为低价投标人希望获得部分业务。相比之下，如果公司只是为了获得竞争价格而进行招标，并不准备与低价投标人签订采购合同，那么它很快就会发现，要么根本没人投标，要么报价也令人质疑。

3. 如果生产利润中心向外部市场销售同样产品，就经常可以根据外部价格复制竞争价格。例如：如果制造利润中心向外部市场销售的产品的标准成本利润率在正常情况下是 10%，那么它就可以通过在自制产品的标准成本基础上加价 10% 确定竞争价格。

4. 如果采购利润中心从外部市场采购同样产品，那么它就可以对自制产品复制竞争价格。具体方法是，计算竞争产品和自制产品之间涉及设计差异和其他销售条件差异产生的成本。

工业生产能力的过剩或短缺

假设销售利润中心无法向外部市场销售全部产品，也就是说，它有过剩生产能力。在内部生产能力充裕的时候，如果采购利润中心再从外部供应商采购，公司就不可能实现利润最优化。

反之，假设采购利润中心无法从外部市场获得所需产品，而销售利润中心却对外销售。如果行业生产能力短缺，就会发生此种情况。在这种情况下，采购利润中心的产出就会受到约束，同样，公司利润也无法实现最优化。

如果公司内部转让交易数量小，或者，这种情况只是暂时的，许多公司就会让卖方和买方自行解决彼此的关系，中心管理部门不会干预。即使公司内部转让的数量巨大，有些高级管理层仍然不会干预，其理论依据是，保持利润中心独立性所带来的利益可以抵消公司利润局部最优化所造成的损失。

有些公司允许采购利润中心或销售利润中心对采购决策上诉至中心管理人员或管理委员会。例如：若内部生产能力充裕，而采购利润中心决策从外部采购产品，则销售利润中心可以上诉。同样，采购利润中心也可以对销售利润中心外销的决策提起上诉。然后，一个负责人或小组（称为"仲裁委员会"）就会从公司最大利益出发制定采购决策。在每种情况下，转让价格都是竞争价格。换句话说，利润中心只是上诉采购决策。它必须按竞争价格接受产品。

讲到这里，我必须提醒一句：如果可以选择，有些公司的采购利润中心更喜欢与外部渠道交易。原因之一是外部渠道能提供更优良的服务的理念。还有一个原因是分权制公司中有时存在内部竞争。无论出于什么原因，管理层都应该了解转让价格议定中有时会产生的强烈的政治色彩。人们无法保证在生产能力过剩的情况下利润中心会自愿从内部渠道采购。

总而言之，即使采购受到约束，市场价格也是最优的转让价格。如果市场价格存在，或者可以估计，就采用它。但是，如果无法估计有效的竞争价格，就可以选择制定基于成本的转让价格。我们将在下一节中讨论。

为了确定转让价格，公司一般会剔除广告费用和财务费用等在内部交易中不会发生的费用。这类似于两个外部公司确定价格的实际处理。买方一般不会支付与合同无关的成本要素。

基于成本的转让价格

如果竞争价格无法获得，那么转让价格就可以根据成本加利润来确定，尽管这种转让价格计算复杂，结果也不如基于市场的价格那么令人满意。在基于成本的转让价格系统中，必须制定两项决策：

（1）如何定义成本；（2）如何计算利润加价。

成本基础

一般的成本基础是标准成本。不应该使用实际成本，因为生产的低效率会转嫁给采购利润中心。如果使用标准成本，就需要激励人们制定严格的标准，并不断提高标准。

利润加价

在计算利润加价时，也需要制定两项决策：（1）利润加价应建立在什么基础上；（2）允许的利润水平。

最简单、最广泛采用的基础是成本百分比。但是，如果采用这个基础，就不必考虑所需资本。从概念上讲，一个更好的基础是投资百分比。但是，计算适于一项产品的投资会产生重大操作问题。如果采用固定资产的历史成本，那么即使新设备设计用来降低价格，但实际上会增加成本，因为旧资产价值被低估了。

利润加成的第二个问题是利润数量。高级管理层对利润中心的财务业绩的看法会受它所创造的利润影响。因此，利润加成应该尽可能接近经营单元被视同独立公司向外部客户销售时所实现的投资报酬率。从概念上讲，解决方案就是把利润加成建立在满足采购利润中心所需数量要求的投资上。投资将按"标准"水平计算，固定资产和存货按现行重置成本计算。

上游固定成本和利润

在一体化公司中，转移定价会产生重大问题。最终向外部客户销售产品的利润中心，甚至可能不知道包含在内部采购价格中的上游固定成本和利润。即使终端利润中心知道这些成本和利润，它也可能不愿降低自身利润而谋求公司利润最大化。下面就介绍公司为缓和这个问题而采用的方法。

经营单元之间的协议

有些公司建立了一种正式机制，藉此，来自采购和销售单元的代表可以定期召开会议，决定对外销售价格，并决定具有大量上游固定成本和利润的产品的利润分享问题。只有审查过程仅限于大量业务至少涉及一个利润中心时，这种机制才发挥作用。否则，这些议价的价值就抵不上所付出的辛劳。

两步定价法

处理这个问题的另一种方法是确定一个包含两种费用的转让价格。首先，对于所售的每件产品，收取等于产品标准变动成本的费用。其次，收取与采购单元预留设备相关的固定成本相等的期间费用（通常是按月）。这两项要素中的一个或者两个应该包含利润边际。例如：假设图表 6.2 所示的条件。

依照这种方法，就经营单元 Y 而言每单位 11 美元的转让价格是变动成本。但是，对于产品 A 公司的变动成本是每单位 5 美元。因此，经营单元 Y 没有制定合理的短期营销决策的正确信息。例如：如果经营单元 Y 知道公司的变动成本，在一定条件下，它就会接受低于正常价格的业务。

两步定价法纠正了这个问题，它基于每单位转让变动成本，而固定成本和利润则是一次全部转让。依照这种方法，经营单元 Y 采购产品 A 的转让价格就是每单位 5 美元，外加月度固定成本 2 万美元，再加上月度利润 1 万美元：

$$\frac{\$1\ 200\ 000}{12} \times 0.10$$

图表 6.2
两步定价法：假设条件

经营单元 X（制造商）	产品 A
预期对经营单元 Y 的月度销售	5 000 单位
单位变动成本	$5
向产品分配的月度固定成本	20 000
营运资本和设备投资	1 200 000
竞争性年投资报酬率	10%
把产品 A 转让给经营单元 Y 的一种方式是按单价，计算如下：	
	产品 A 转让价格
单位变动成本	$5
加：单位固定成本	4
加：单位利润 *	2
单位转让价格	$ 11

* 单位月度投资的 10% = $\dfrac{(\$1\ 200\ 000/12) \times 0.10}{5\ 000}$

如果在一个月内，产品 A 的转让达到了预期的 5 000 单位，那么依照两步定价法，经营单元 Y 就要支付变动成本 25 000 美元（5 000 单位×5 美元/单位），再加上固定成本和利润 3 万美元——总计 5.5 万美元。如果转让价格是每单位 11 美元，它也会向经营单元 X 支付同等的金额（5 000×11 美元 = 5.5 万美元）。如果下一个月转让数量少了——假设为 4 000 单位，那么依照两步定价法，经营单元 Y 就要支付 5 万美元 [（4 000×5 美元）+3 万美元]，而若转让价格为每件 11 美元，则它会支付 4.4 万美元（4 000×11 美元）。差异所反映的就是未使用经营单元 X 预留的生产能力而受到的惩罚。相反，如果一个月的转让数量多于 5 000 单位，那么，依照两步定价法，经营单元 Y 支付的就少。它反映了经营单元 X 的节约，因为它可以在不发生额外固定成本的情况下提高产量。

请注意，依照两步定价法，产品 A 的公司变动成本与经营单元 Y 的变动成本相同，经营单元 Y 会制定正确的短期营销决策。经营单元 Y 也拥有关于产品 A 的上游固定成本和利润的信息，它可以把这些数据用于长期决策。

在两步定价法中，固定成本计算基于为生产向经营单元 Y 销售的产品 A 而预留的生产能力。这项生产能力所反映的投资应分配给产品 A。应计算经营单元 X 在竞争产品（如果可能，可比的竞争产品）中获得的投资报酬率，并乘以分配给产品 A 的投资。

在本例中，我们把利润加成计算为固定的月度数额。在有些情况下，更适于把投资划分为变动部分（如：应收账款和存货）和固定部分（如：厂房）。然后，根据变动资产投资报酬率计算出成本加成，并加到每件产品的标准变动成本上。

以下是采用两步定价法时所需要考虑的几点：

- 按月计收的固定成本和利润应该定期商议，并取决于采购单元的预留生产能力。
- 人们会质疑成本和投资分配的准确性。在有些情况下，向单个产品分配成本和资产并不难。无论在什么情况下，近似准确就足够了。主要问题通常不是分配技巧，而是决定为各项产品预留多少生产能力。而且，如果生产能力预留给向同一经营单元销售的一组产品，就无需向该组内的各项产品分配固定成本和投资。

- 依照这种定价制度，制造单元的利润业绩不受终端经营单元的销量的影响。这样就解决了其他经营单元的营销工作影响了纯粹制造单元的利润业绩时所产生的问题。
- 制造单元和公司之间存在利益冲突。如果生产能力有限，并且对外销售有利，制造单元就可能利用生产能力生产对外销售的零部件，并以此来增加利润。（如果规定营销部门拥有决定与谁签订生产合同的首要权力，就可以缓和这项缺点。）
- 这种方法类似于公用事业、管道和煤矿开采公司所经常采用的"白拿还是付费"的定价方法，有时也用于其他长期合同中。

利润分享

如果我们刚刚介绍的两步定价制度不可行，还可以采用利润分享制度，以确保经营单元和公司之间的利益一致。这种制度的具体运作如下：

1. 产品按标准变动成本转让给营销单元。
2. 在产品销售后，各经营单元分享所获得的贡献，即售价减去变动制造成本和营销成本。

如果对所制造的产品的需求不够稳定，如两步定价法那样，无法保证永久性划拨设备，那么就适用这种定价方法。一般而言，这种方法确实可以保证营销单元与公司之间利益一致。

实施这样一种利润分享制度会产生许多实践问题。首先，人们会对在两个利润中心之间分配贡献的方式争论不一，高级管理层可能不得不介入以解决这些争议。这种方法成本高，耗时长，并违背分权制的基本原理，即经营单元管理者自制。其次，人为地在各经营单元之间分配利润无法提供关于各单元的盈利能力的有效信息。第三，因为直到销售完成之后才分配贡献，所以制造单元的贡献取决于营销单元销售能力，以及实际销售价格。制造单元或许认为这种形势有些不公平。

两组价格

依照这种方法，制造单元的收入以对外销售价格计，而采购单元则以标准成本总额计。差额计入总部账户，在经营单元报表合并后，再销账。若采购单元和销售单元之间经常存在无法由任何其他方法解决的冲突，则有时会采用这种转移定价方法。依照这种方法，采购和销售单元均会受益。

但是，采用两组转让价格方法的制度存在几个不利之处。首先，经营单元的利润总额高于公司总体利润。在审批经营单元预算，以及随后根据预算评价业绩时，高级管理层都必须明白这种情况。其次，这种制度产生了一种虚幻的感觉，即认为经营单元在赚钱，但是，事实上，公司总体上可能在赔钱，因为有借记公司总部的费用。第三，这种制度可能会激励经营单元更多地关注内部转让，因为虽然牺牲了对外销售，但可以确保丰厚的加价。第四，若每次发生转让交易，就首先借记总部账户，然后在经营单元的报表合并后再销账，则会增加记账负担。最后，依照这种制度，经营单元之间的冲突会缓和，这一事实可能会被视作一项缺点。有时，转让价格上的冲突要么反映了组织结构上的问题，要么反映了其他管理系统上的问题。依照两组价格方法，这些冲突会被化解，因此，不会向高级管理层警示这些问题。

企业实践

图表 6.3 总结了美国公司在转移定价方面的实践，以及美国之外的几个国家在实践中所采用的方法。

为公司服务定价

在本节，我们将介绍如何就公司管理部门所提供的服务向经营单元计费。我们排除了经营单元无法控制的中心服务部门的成本（如：中心会计核算、公共关系、行政管理）。正如在第 5 章中所介绍的，如果这些成本完全计费，就要进行分配，而且分配不包含利润要素。分配不是转让价格。

有两种转让类型：

1. 接受服务的单元必须接受，但至少可以部分控制使用中心服务的数量。
2. 经营单元可以决定是否使用中心服务。

图表 6.3　**产品的转移定价方法**

	采用转移定价方法的调查者所占百分比					
	美　国[a]	澳大利亚[b]	加拿大[c]	日　本[d]	印　度[e]	英　国[f]
调查者数量	470	N/A	N/A	N/A	N/A	N/A
基于成本的方法						
变动成本	11%	N/A	6%	2%	6%	10%
完全成本	25	N/A	37	44	47	38
成本+加价	17	N/A	N/A	N/A	N/A	N/A
其　他	N/A	N/A	3	0	0	1
合　计	53%	65%	46%	46%	53%	49%
市场价格	31	13	34	34	47	26
议定价格	16	11	18	19	0	24
其　他	N/A	11	2	1	0	1
	100%	100%	100%	100%	100%	100%

[a] Vijay Govindarajan, "Profit Center Measurement: An Empirical Study," The Amos Tuck School of Business Administration, Dartmouth College, 1994, p. 2.

[b] M. Joye and P. Blayney, "Cost and Management Accounting Practices in Australian Manufacturing Companies," Accounting Research Centre, The University of Sydney, 1991.

[c] R. Tang, "Canadian Transfer Pricing in the 1990s," *Management Accounting*, February 1992.

[d] R. Tang, C. Walter, and R. Raymond, "Transfer Pricing—Japanese vs. American Style," *Management Accounting*, January 1979.

[e] V. Govindarajan and B. Ramamurthy, "Transfer Pricing Policies in Indian Companies: A Survey," *The Chartered Accountant*, November 1983.

[f] C. Drury, S. Braund, P. Osborne, and M. Tayles, *A Survey of Management Accounting Practices in U.K. Manufacturing Companies*, London, UK: Chartered Association of Certified Accountants, 1993.

控制服务数量

公司可能要求经营单元使用公司辅助人员的服务，如：信息技术和研发。在这些情况下，经营单元经理无法控制完成这些活动的效率，但是可以控制接受服务的数量。关于这些服务有三种流派的思想。

一种流派的思想认为，经营单元应该为可以自由裁量使用的服务支付标准变动成本。如果它所支付的低于标准变动成本，就会激励它使用比经济上的合理范围更多的服务。

另一方面，如果要求经营单元经理支付高于变动成本的价格，他们可能就不会选择使用某些服务，即使高级管理层从公司的角度出发认为值得使用。若高级管理层引进了一项新的服务，比如一种新的项目分析程序，则最有可能出现上述情况。低价格类似于公司在新产品上采用的新产品引入价格。

> **实例** 许多年来，博伊西凯斯凯德公司数据处理服务（CDPS）部门的经理都未向个人电脑使用者分配任何辅助个人电脑的成本，如：采购、安装、应用支持等。因为他们希望刺激个人电脑的使用。这些成本向所有其他 CDPS 服务的使用者计费，主要指主机计算机资源的使用者。即使在个人电脑辅助成本变得如此巨大，就其计费被认定为可行时，CDPS 部门的经理都没有选择按完全成本计费。他们把费用标准设定为每台电脑每月约 100 美元，而不是当年的最佳估计值——每月 121 美元。[4]

第二种思想流派支持等于标准变动成本加标准固定成本的适当份额的价格，即完全成本。支持者认为，如果经营单元认为服务不值这么多钱，那么一定是存在问题，要么是服务单元的质量问题，要么是效率问题。完全成本反映了公司的长期成本，这是应该支付的金额。

第三种思想流派支持相当于市场价格，或者相当于标准完全成本加利润边际的价格。如果能够找到市场价格，就采用市场价格（如：计算机服务部计收的成本）；如果找不到，价格就采用完全成本加上投资报酬。这种立场背后的原理是，服务单元运用的资本应该获得一定的回报，正如制造单元运用的资本一样。此外，如果经营单元为自身服务，那么他们就是投资者。

选择性使用服务

在有些情况下，管理层可以允许经营单元选择是否使用中心服务单元。经营单元可以从外部采购服务，自行开发服务潜力，或者选择根本不使用服务。这种类型的安排最适于诸如信息技术、内部咨询顾问及维修工作之类的活动。这些服务中心都是独立的，他们必须自食其力。如果内部服务竞争不过外部供应商，那么他们的活

动范围就会被缩小，也可能完全外包他们所能提供的服务。

> **实例**　Commodore 商用机器公司把一项中心服务活动——客户服务——外包给了联邦快递。Commodore 公司负责客户满意度的副总裁詹姆斯·瑞德说："当时，我们的客户服务和客户满意度并不是最好的。"但是，这是联邦快递的专长，它能每天处理 300 000 多个服务电话。Commodore 公司安排联邦快递公司处理来自孟菲斯市联邦快递中心的全部电话客服业务。[5]
>
> 　　在前一年在线业务损失了 2 900 万美元之后，Borders 集团求助于竞争者亚马逊网站来管理其在线销售。Borders 得以维持了互联网销售渠道，并获得了由亚马逊所提供的经营效率，同时又能够专注于传统业务的增长。[6]

在这种情况下，经营单元经理既控制中心服务的数量，又控制其效率。在这种条件下，这些中心单元就是利润中心。他们的转让价格应该基于在控制其他转让价格中所需考虑的同样的因素。

价格机制的简化

除非计算方法足够简单，让经营单元的管理者易于理解，否则就公司服务计收的价格不会实现预期的结果。计算机专家习惯于处理复杂的方程，而计算机本身在应用中所提供的信息则是以秒计算的，且成本低廉。因此，有时会存在一种倾向，根据过于复杂的规则向计算机用户计费，以至于用户都无法理解：如果他或她决定在某项应用中使用计算机，或者终止一项现行的应用，会对成本产生怎样的影响。这样的规则是违背效率原则的。

转让价格的管理

至此，我们已经讨论了如何制定一项合理的转移定价政策。在这一节中，我们将讨论应该如何实施所选定的政策——具体而言，就是在设定转让价格时所允许的议价程度，解决转移定价冲突的方

---

5. James Brian Quinn, *Intelligent Enterprise* (New York: Free Press, 1992) , p. 91.

6. Arlene Weintraub, "The Year of the E-Piggyback," *BusinessWeek*, December 3, 2001, p. 24.

法，以及按照适当方法进行的产品分类。

议 价

在大多数公司中，各经营单元都彼此议定转让价格。也就是说，转让价格不是由中心管理部门制定的。对此，或许最重要的原因就是，人们认为制定销售价格以及商定令人满意的采购价格是直线管理人员的基本职能之一。如果总部控制定价，就会降低直线管理人员影响盈利能力的能力。此外，许多转让价格都要求一定程度的主观判断。因此，议定的转让价格经常是买方和卖方之间达成的一种妥协。如果总部制定转让价格，经营单元管理者会认为利润低是由于转让价格的主观臆断。让经营单元议定价格的另一个原因是，他们通常拥有关于市场和成本的最优信息，因此，最有可能达到合理的价格。

> **实例** 经营单元 A 有机会以每单位 100 美元的价格向外部公司大批供应一项产品。本产品的原材料由经营单元 B 供应。经营单元 B 对这种原材料的正常转让价格是每单位 35 美元，其中 10 美元为变动成本。经营单元 A 的加工成本（除原材料外）加正常利润是 85 美元，其中 50 美元是变动成本。因此，经营单元 A 的总成本加正常利润是 120 美元。按照这个数额，100 美元的销售价格不具有吸引力。对于整个公司而言，拒绝合同就会造成功能紊乱，因为经营单元都有闲置生产能力。因此，两个经营单元应该对原材料议定较低的价格，以便两个经营单元都能为利润做贡献。
>
> 如果不是一个公司内的两个经营单元，而是一个公司向拥有同样销售前景的另一个公司销售原材料，那么这两个公司就应该以同样的方式议价。尽管在第一个例子中涉及转让价格，但是这项事实并不影响管理者行为的合理性。[7]

经营单元必须了解转让价格议价的基本规则。在个别公司中，总部告知经营单元，他们可以自由选择彼此交易，或与他们认为合

---

7. David Solomons，*in Divisional Performance: Measurement and Control*（Homewood，IL：Richard D.Irwin，1968，chapter Ⅵ），该书中讨论了一个类似的例子。他得出结论，转移定价系统会产生功能紊乱，因为分部 A 会拒绝符合公司最大利益的合同。他没有提及议价的可能性，因此，他的结论是不正确的。

适的外部企业交易，但是惟一的条件是，如果条件相当，业务就必须保留在内部。如果这样做，而且也有外部渠道和外部市场，就不再进一步要求行政管理程序。如果经营单元无法就价格达成一致，很简单，价格就由外部市场制定，他们就可以从外部采购，或向外部销售。但是，在许多公司中，都要求经营单元彼此交易。如果在议定过程中，他们不以与竞争者做生意来要挟，那么总部管理人员就必须制定一套规则，指导公司内部产品的定价和采购。

直线管理者不应该花费大量不必要的时间议定转让价格，所以这些规则应该具体，以防止议价技巧成为决定转让价格的重要因素。若没有这样的规则，则最顽固的经理会赢得最有利的价格。

仲裁与冲突解决

无论定价规则多么具体，总会有经营单元无法就价格达成一致的情况存在。出于这个原因，应该建立一种转让价格争议仲裁程序。转让价格仲裁的正式程度存在显著不同。在一个极端，仲裁争议的职责指派给一位执行官（例如，财务副总裁或执行副总裁），他们与所涉及的经营单元经理交涉，然后口头宣布价格。另一个极端是建立一个委员会。通常委员会具有三项职责：（1）解决转让价格争议；（2）审查采购变动；（3）必要时更改转让价格规则。所采取的程序的正式程度取决于潜在转让价格争议的范围和类型。在任何一种情况下，转让价格仲裁都应该是总部高层管理者或高层管理者团队的职责，因为仲裁决策会对经营单元利润产生重要影响。

仲裁可以采取多种方式。在正式系统中，双方均应向仲裁员提交一份书面陈述。仲裁员审查各自的立场，然后决定价格，有时还依赖其他管理人员的协助。例如：采购部门可能会审查所建议的竞争报价的有效性，或者工业工程部门可能审查一项标准人工成本是否恰当的争议。正如上面所指出的，在不太正式的系统中，案情陈述大多为口头的。

提交仲裁的争议不宜太多，这一点很重要。如果大量争议都提交仲裁，就表明转让价格规则不够具体，或者难以应用，也可能表明经营单元组织不符合逻辑。简而言之，这是存在问题的征兆。不仅仲裁要耗费直线管理者和总部管理层大量时间，而且仲裁价格也经常令买方和卖方都不满意。在有些公司，将价格争议提交仲裁效率极低，因而很少有争议提请仲裁。因此，如果未浮现合法的投诉，结果就不可行。防止争议提交仲裁往往会掩盖一项事实，即转移定价系统存在问题。

除了仲裁的正式程度之外，采用的冲突解决过程的类型也会影响转移定价系统的效果。解决冲突的方式有四种：强制型、协调型、议价型以及解决问题型。[8] 冲突解决机制包括从避免冲突，到强制和协调，再到通过议价和问题解决来解决冲突。

产品分类

采购和转移定价规则的范围和正式性在很大程度上取决于公司内部转让交易的数量，以及外部市场和市场价格的可获得性。公司内部转让交易数量越大，获得市场价格的可能性越大，转让价格规则就一定越正式、越具体。如果市场价格随时可以获得，就可以通过总部审查超过一定数额的 "自制还是外购" 决策来控制采购。

有些公司把产品分为两大类：

> **第一类**包括高级管理层希望控制采购的所有产品。这些一般都是大批量产品，不存在外部采购渠道的产品，并且是出于质量或者保密原因，高级管理层希望保留对产品制造控制权的产品。
>
> **第二类**是所有其他产品。一般而言，这些都是可以在公司外部生产，且不会对目前经营产生重大干扰的产品，以及规模相对较小，利用一般用途设备生产的产品。第二类产品按市场价格转让。

第一类产品的采购，只有经中心管理层许可后才能变动。第二类产品的采购则由所涉及的各经营单元决定。采购单元和销售单元均可以自由选择对内交易，还是对公司外部交易。

按照这种安排，管理层就可以将精力集中在个别大批量产品的采购和定价问题上。转移定价规则可以采用上一节中所介绍的各种方法确定。

---

8. Paul R.Lawrence，Jay W.Lorsch，*Organization and Environment* (Homewood, IL.: Richard D.Irwin, 1967)，pp. 73–78.

小 结

权力的分配取决于分配利润责任的能力。除非存在下面两项条件，否则利润责任就无法安全分配：

1. 接受分配的单元拥有制定最优利润决策所必需的相关信息。
2. 接受分配的单元的业绩根据他或她所做的成本/收入权衡的质量评价。

公司各部门分担产品开发、制造和营销职责，如果要向这些部门分配利润责任，就必须建立转让价格系统。这个转让价格系统必须能产生上述两项条件。在复杂的组织中，设计出对于制定最优决策、具备必要的知识和激励的转让价格系统是很难的。

在设计转让价格系统时涉及两项决策。第一项是采购决策：公司应该在内部自制产品，还是从外部供应商采购？第二项是转让价格决策：产品应该按什么价格在利润中心之间转让？

从理论上讲，转让价格应该近似于正常外部市场价格，并调整公司内部转让中不发生的成本。即使采购决策受到约束，市场价格也是最好的转让价格。

如果无法获得竞争价格，那么可以根据成本加利润制定转让价格，即使这种转让价格比基于市场的价格计算起来复杂，而且结果不太令人满意。基于成本的转让价格可以按标准成本加利润边际来制定，或通过两步定价系统制定。

议定转让价格的方法应该到位，并且还应该有解决转让价格争议的仲裁机制，但是这些安排不应该太复杂，管理者不应该在转让价格上耗费不必要的时间。

在复杂组织中，完全令人满意的转让价格系统可能没有几例。正如许多管理控制设计选择一样，在几个不太完美的行动方式中选择一个最佳的是必要的。重要的是要明白哪些地方不完美，并确保运用行政管理程序避免局部最优决策。

附 录

一些理论因素

关于理论上的转移定价方法的文献有很多。但是，没有几个模型能适用于实际经营环境，而且，出于下面要解释的原因，他们也不可能得到广泛应用。因此，在本章中，我们没有提及这些模型。尽管他们不能直接适用于实际经营环境，但是，他们还是有助于转让价格系统概念化的。这些模型可以分为三类：（1）基于古典经济学理论的模型；（2）基于现行计划的模型；（3）基于夏普利值（Shapley Value）的模型。

经济模型

古典经济学模型首先由杰克·赫舒勒福于 1956 年提出，文章见本章脚注 1。赫舒勒福教授为中间产品从一个经营单元向另一个经营单元转让建立了一系列的边际收入、边际成本和需求曲线。他根据各种不同的经济学假设，利用这些曲线确定转让价格，使两个经营单元的总利润实现最优。采用这样确定的转让价格，两个经营单元可以通过本单元利润的最优化实现总利润的最大化。

赫舒勒福模型的难点在于，只有在一系列条件存在时，它才能应用。这一系列条件包括：必须有可能估计中间产品的需求曲线；假设条件必须保持稳定；用作生产中间产品的设备没有其他用途。最后，模型只适用于销售单元只销售一种中间产品，只销售给一个采购单元，采购单元只把中间产品用于一个终端产品的情况。但是，在现实世界中，这些条件即使不能说根本不存在，也很少存在。

这个模型（以及其他模型）假设转让价格是由中心管理人员强加的，它否定经营单元之间议价的重要性。经营单元管理者通常比中心管理人员拥有更多的信息。实际上，如果中心管理人员能够决定最优生产模式，就会产生下列问题：为什么不直接强加这种模式，而不是试图通过转让价格机制间接地实现呢？

线性计划模型

线性计划模型是基于机会成本方法。这个模型也涵盖生产能力约束。模型计算整个公司的最优生产模式，采用这种模式，它要计算一系列值来推算各种稀缺资源的利润贡献。这些值被称为影子价格，计算影子价格的过程被称为对线性计划"解双解"。如果中间产品的变动成本加在影子价格上，就会得到一系列转让价格，他们应该激励经营单元根据整个公司的最优生产模式生产。之所以如此，是因为如果采用这些转让价格，只有根据通过线性计划确定的模式生产，各经营单元才能使利润最优化。

如果能够计算出可靠的影子价格，就可以采用这个模型计算转让价格。但是，为了使这个模型可控，即使在计算机上，也必须纳入许多简化的假设。假设需求曲线已知，并且是静态的，那么成本函数就是线性的，而且可以事先估计生产设施的替代用途和盈利能力。正如经济学模型一样，在现实世界中，这些条件很少存在。

夏 普 利 值

理论文献中有几篇文章支持采用夏普利值作为转让价格。夏普利值是由夏普利于 1953 年开发的，它是一种根据各自的贡献切分公司联盟或个体联盟利润的方法。这个问题来源于博弈论，夏普利值一般被认为提供了问题的公正答案。

同样的技术是否适用于转让价格问题仍存在很大的争议。尽管这种方法多年来一直在文献中不断介绍，但是却从未涉及过实践中的任何应用。除非转让交易涉及几种产品，否则它很难被接受，部分原因在于其计算冗长。另一个原因是许多研究了夏普利值的人都认为它的基本假设对于转移定价问题无效。

推 荐 读 物

Adler, Ralph W. "Transfer Pricing for World–Class Manufacturing." *Long Range Planning 29*, no. 1　(February 1996)，pp. 69–75.

Anctil, R. M., and Sunil Dutta. "Negotiated Transfer Pricing and Divisional vs. Firmwide Performance Evaluation." *The Accounting Review 74*, no. 1 (January 1999)，pp. 87–104.

Cole, Robert T. *Practical Guide to U.S. Transfer Pricing.* New York: Aspen Publishers, 1999.

Crow, Stephen, and Eugene Sauls. "Setting the Right Transfer Price." *Management Accounting 76*, no. 6　(December 1994)，pp. 41–47.

Emmanuel, Clive. Transfer Pricing. New York: Academic Press, 1994.

Feinschreiber, Robert. *Transfer Pricing Handbook.* New York: John Wiley & Sons, 1998.

Solomons, David. *Divisional Performance: Measurement and Control.* Homewood, IL: Richard D. Irwin, 1968, chapter VI.

第 7 章

评价与控制所运用的资产

　　在有些经营单元，人们所关注的是利润，即收入和费用之间的差额。这在第 5 章中已有所介绍。在其他一些经营单元中，则用利润与为获得利润所运用的资产对比。我们把后一类责任中心称为投资中心，在本章中，我们将讨论这类责任中心所涉及的评价问题。在现实世界中，公司一般把我们在第 5 章和本章中所讨论的责任中心称为利润中心，而不是投资中心。我们也认为投资中心是一种特殊的利润中心，而不是单独的、与之并行的一类。但是，在评价利润中心所运用的资产时涉及许多问题，这个话题绝对可以单列一章。

　　在本章中，我们将首先讨论投资中心可能运用的各类主要资产。这些资产的总和称为投资基数。然后，我们将讨论把利润和投资基数联系起来的两种方法：（1）投资报酬率，即 ROI；（2）经济增加值，即 EVA。我们将分别介绍利用两种方法评价业绩的优势和条件。最后，我们将讨论一个略有不同的问题，即评价投资中心的经济价值，并对比负责投资中心的管理者的评价与评估。

　　直到最近，作者们才开始使用剩余收益（residual income）这个词，而不是经济增加值。这两个概念实际上是相同的。经济增加值是 Stern Stewart & Co.的注册术语。

分 析 架 构

评价所运用资产的目的类似于我们在第 5 章所讨论的利润中心的目的，即：

- 提供有助于制定关于所运用资产的合理决策的有用信息，激励管理者制定符合公司最大利益的合理决策。
- 按经济实体评价经营单元的业绩。

在我们考察资产的替代处置方法，以及比较投资报酬率和经济增加值（把利润和所运用资产联系起来的两种方法）时，我们的兴趣主要在于，替代方法在多大程度上服务于为合理决策提供信息和评价经营单元的经济业绩这两个目的。

关注利润却不考虑创造利润所运用的资产，不是管理控制的充分基础。在几类服务组织中，资本数额不重要，除此之外，营利性公司的重要目标就是获得令人满意的投资报酬率。假设两个公司的风险模型相同，对于一个拥有 1 000 万美元资本的公司而言，创造 100 万美元的利润，未必比得上一个仅拥有 500 万美元资本，但同样创造 100 万美元利润的公司的业绩。

除非考虑了所运用的资产，否则高级管理层就难以比较一个经营单元与另一个经营单元，或者外部类似公司的利润业绩。如果各经营单元运用的资源数量不等，那么比较利润的绝对差异就没有意义。显然，运用的资源越多，利润就应该越大。这类比较用于判断经营单元管理者的经营效益，以及决定如何分配资源。

实例 桂格公司的一个经营单元"金谷"的盈利能力很高，似乎是桂格公司最好的分部之一。但是，它是由桂格公司以高于账面价值的价格溢价收购的。根据其所运用的资产，若按溢价计算，金谷分部实际上业绩欠佳。[1]

一般而言，经营单元管理者都具有两个业绩目标。第一个，他们应该利用由其支配的资源创造足够的利润。第二个，只有在投资能创造足够回报时，他们才应该投资于其他资源。（相反，如果任

---

1. Brain McWilliams，"Creating Value," an interview with William Smithburg, chairman, Quaker Oats,in *Enterprise*, April 1993.

图表 7.1

经营单元财务报表

资产负债表（千美元）				
流动资产：		**流动负债：**		
现　金	$50	应付账款		$ 90
应收账款	150	其他流动负债		110
存　货	200			
流动资产合计	400	流动负债合计		200
固定资产：				
成　本	$600	**所有者权益**		**500**
折　旧	−300			
账面价值	300			
资产总计	**$700**	**权益总计**		**$700**

损　益　表		
收　入		$1 000
费用（折旧除外）	$850	
折　旧	50	900
税前收益		100
资本成本（$500×10%）		50
经济增加值（EVA）		50

$$投资报酬率 = \frac{\$100}{\$500} = 20\%$$

何资源的预期年利润按公司所要求的收益率贴现后，低于其出售所能实现的现金，那么这项资产就应该剥离。）用利润与投资对比的目的在于激励经营单元的管理者实现这些目标。正如我们将要看到的，建立一个不仅聚焦在利润上而且聚焦在所运用的资产上的系统，在实践中存在重大困难。

图表 7.1 是一套虚构的、简化的经营单元财务报表，它将用于整个分析。（为了简化起见，表中省略了所得税，在本章的讨论中一般也不予以考虑。涵盖所得税会改变计算的数额大小，但是不会改变结论。）图表中表明了利润与所运用的资产对比的两种方式，即投资报酬率和经济增加值。

投资报酬率（ROI）是一个比率。分子是损益表中所报告的收益，分母是所运用的资产。在图表 7.1 中，分母反映公司在经营单元中的权益。这个数额相当于独立公司资产负债表中非流动负债与股东权益的总和。从数学角度计算，等于资产总额减去流动负债，也等于非流动资产加营运资本（您可以利用图表 7.1 中的数字检验这项表述）。

　　经济增加值（EVA）是一个货币数额，而不是一种比率。它是用经营净利润减去资本成本计算得出。资本成本是用所运用的资产数额乘以一个比率，如图表 7.1 中所示为 10%。我们将在下一节中讨论如何计算这个比率。

　　实例　AT&T 公司采用经济增加值指标评价经营单元管理者。例如：长途业务集团由 40 个经营单元组成，分别销售诸如 800 号码、电话和公用电话之类的服务。从电话交换机设备到新产品开发，所有资本成本都分配给这 40 个经营单元。各经营单元的管理者都必须创造远远高于资本成本的经营收益。

　　拥有汉堡王（Burger King）、基尼斯和哈根达斯等众多知名品牌组合的帝亚吉欧公司，采用经济增加值帮助制定经营决策以及评价管理者行动的效果。对帝亚吉欧公司酒类品牌回报进行经济增加值分析之后，公司开始注重伏特加酒的生产和销售，因为它不同于苏格兰酒，不发生过期和储藏成本。[2]

　　基于经济增加值的财务学曾拯救过许多公司，如 Boise Cascade、Briggs & Stration、、Baxte 以及 Times Mirror。[3]

　　在对《财富》1 000 强公司进行的一次调查中，78% 的被调查者采用了投资利润中心（图表 7.2）。[4] 在采用投资中心的美国公司中，36% 根据经济增加值进行评价。其他国家的实践似乎也类似于美国（参见图表 7.2）。

　　由于后面将要阐释经济增加值从概念上优于投资报酬率，因此，我们在举例中一般采用经济增加值。但是，各种调查表明投资报酬率比经济增加值在商业领域应用更广泛。

---

2. Dawne Shand, "Economic Value Added," *Computerworld*, October 30, 2000, p. 65; Gregory Millman, "CFOs in Tune with the Times," *Financial Executive*, July–August 2000, p. 26.

3. Raj Aggarwal, "Using Economic Profit to Assess Performance: A Metric for Modern Firms," *Business Horizons*, January–February 2001, pp. 55–60.

4. Vijay Govindarajan, "Profit Center Measurement: An Empirical Survey," The Amos Tuck School of Business Administration, Dartmouth College, 1994, p. 2.

图表 7.2　评价投资中心的方法

	美 国[*]	荷 兰[※]	印 度[☆]
可用调查问卷数量	638	72	39
设立了 2 个或多个投资中心的公司	500（78%）	59（82%）	27（70%）
采用剩余收益或 EVA 的公司百分比（设立了 2 个或多个投资中心）	36%	19%	8%

[*] Vijay Govindarajan, "Profit Center Measurement: An Empirical Survey," The Amos Tuck School of Business Administration, Dartmouth College, 1994, p. 2.

[※] Elbert De With, "Performance Measurement and Evaluation in Dutch Companies," paper presented at the 19th Annual Congress of the European Accounting Association, Bergen, 1996.

[☆] V. Govindarajan and B. Ramamurthy, "Financial Measurement of Investment Centers: A Descriptive Study," working paper, Indian Institute of Management, Ahbedabad, India, August 1980.

评价所运用的资产

在决定采用哪个投资基数评估投资中心管理者时，总部会问两个问题：首先，哪些实践将促使经营单元的管理者更有效地利用资产，以及购置合理数量和种类的新资产？假设，用利润与所运用的资产对比，经营单元管理者就会尽力按这种评价方式提高业绩。高级管理层希望他们为达到这个目标而采取的措施符合整个公司的最大利益。其次，哪些实践能最好地评价经营单元作为一个经济实体的业绩？

现　金

大多数公司都集中控制现金，因为较之经营单元各自维持一定的现金余额，以备现金流入和流出的不稳定性之需，集中控制允许维持较低的现金余额。经营单元的现金余额也可以在日收入和日支出之间"浮动"。所以，经营单元层面的实际现金余额往往远低于经营单元作为独立公司所要求的实际现金余额。因此，许多公司都利用一个公式计算包含在投资基数内的现金。例如：据报告，通用汽车现金余额是年度销售收入的 4.5%；杜邦公司的现金余额是两个月的销货成本减去折旧。

所计入的现金之所以高于一个经营单元正常维持的余额，原因在于，它是与外部公司进行对比所必要的。如果只反映实际现金，那么内部经营单元的投资报酬率看起来就会异常的高，可能误导高级管理层。

有些公司在投资基数中不包含现金。这些公司的理由是，现金数额近似于流动负债。如果的确如此，那么应收账款和存货的总和就近似于营运资本。

应收账款

经营单元管理者不仅能通过创造销售收入的能力间接影响应收账款的水平，而且能通过制定信用条件和审批个人信用账户和信用额度，以及回收逾期账款的能力，直接影响应收账款水平。为了简化起见，应收账款经常按期末实际余额计入投资基数，尽管从概念上讲，期间平均余额是反映应该与利润对比的数额的更好指标。

对于应收账款，是按销售价格计还是按销货成本计，一直争论不休。一方面，人们可能认为经营单元在应收账款上的实际投资只是销货成本，对这项投资获得一个令人满意的回报就可以了。另一方面，人们也可能认为经营单元可以把回收的应收账款再投资，因此，应收账款应该按销售价格计。通常的惯例是采取一种更简单的方法，也就是说，应收账款按账面价值计，即：销售价格减去坏账准备。

如果经营单元不控制信用和货款回收，就可以根据公式计算应收账款。这个公式应该与正常的付款期保持一致，例如：若是 30 天的销售收入，则通常在发货后 30 天付款。

存　货

存货一般与应收账款的处理方式相似——也就是说，他们经常按期末余额计，尽管从概念上讲，期间平均余额更适宜。如果公司在财务会计中采用后进先出法，那么在报告经营单元的利润时，通常就采用不同的计价方法，因为后进先出法的存货余额在通货膨胀期间往往会超乎现实的低。在这类情况下，存货应该按标准成本或平均成本计价，并且应采用同样的成本计量损益表中经营单元的销货成本。

如果在产品存货由客户的预付款或分期付款融资，譬如制造周期长的商品一般都是这样，那么要么从存货总值中减去这些款项，要么记为负债。

实例　由于制造周期为一年或一年以上，所以波音允许分期付款销售飞机，并记为负债。[5]

有些公司从存货中减除了应付账款，其根据是，应付账款反映供应商为部分存货提供的融资，经营单元不承担任何成本。存货所要求的公司资本只是存货总额与应付账款之间的差额。如果经营单元能够影响供应商所允许的付款期，那么在计算中包含应付账款就会鼓励管理者争取最有利的条件。在利率高或信用紧缩时期，可能会鼓励管理者放弃现金折扣，从而实际上利用供应商所提供的额外融资。另一方面，为了降低流动资产净额而不当地拖延付款可能并不符合公司的最大利益，因为这会损害公司的信用评级。

一般意义上的营运资本

正如我们所看到的，营运资本项目的处置方式截然不同。在一个极端，公司把全部流动资产都纳入了投资基数，未抵销任何流动负债。如果经营单元无法影响应付账款或其他流动负债，那么从激励的角度来看，这种方法是合理的。但是，它也的确高估了为经营单元融资所需要的公司资本数额，因为流动负债是一种资本来源，而且经常是零利息成本。在另一个极端，如同图表 7.1 中计算投资基数时所做的那样，全部流动负债都从流动资产中扣除。这种方法很好地反映了公司提供的资本，并且期望经营单元获得回报。但是，它可能表示经营单元管理者要对某些他们无法控制的流动负债负责。

不动产、厂房及设备

在财务会计中，固定资产最初按购置成本记账，然后通过折旧在资产使用寿命期限内冲销购置成本。大多数公司在评价经营单元的资产基数的盈利能力时都采用类似的方法。在采用这种控制系统实现其原本目的时，这却造成了一些严重问题。我们将在下一节中考察这些问题。

新设备购置

假设一个经营单元能以 10 万美元购置一台新设备。估计设备能

---

5. 波音公司 2002 年年度报告。

图表 7.3
资产购置产生的
不当激励（千美元）

A. 经济计算		
设备投资	$100	
使用寿命，5 年		
现金流入，每年$27 000		
现金流入的现值		
（$27 000×3.791）*	102.4	
净现值	2.4	
决策：购置设备		

B. 经营单元损益表上所反映的

	如图表 7.1		购置设备第一年	
收　入		$1 000		$1 000
费用（除折旧外）	$850		$823	
折　旧	50	900	70	893
税前收益		100		107
减去资本成本 10%※		50		60
经济增加值		50		47

注：为了简化起见，未单独列示所得税。假设他们已涵盖在现金流量的计算中。

* 3.791 是每年 1 美元，5 年期，10%贴现率的年金现值。

※ 新设备的资本成本按最初的账面价值计算，第一年为 100 美元×10% = 10。为了简化
起见，我们采用了期初账面价值。许多公司都采用平均账面价值——（100 + 80）÷2
= 90。结果相近。

在 5 年内每年节约现金 2.7 万美元。如果公司要求投资报酬率为
10%，那么投资就具有吸引力，计算如图表 7.3 所示。这项投资的净
现值是 2 400 美元，因此，应该执行投资。但是，如果设备购置了，
经营单元如图表 7.1 所示的那样计量资产基数，那么在第一年，经营
单元报告的经济增加值就会减少，而不是增加。图表 7.3 的 B 部分列
示了不含这项设备的损益表（如图表 7.1），以及如果购置设备的损
益表（在使用第一年）。请注意，购置设备会增加税前收益，但是税
前收益的增加远远被资本成本的增加所抵销了。因此，经济增加值
的计算表明盈利能力下降了，而经济事实则是利润增加了。这种情
况下，经营单元管理者就可能不愿购置这台设备。（在图表 7.3 中，
折旧是根据直线法计算的。如果根据加速折旧法计算也很常见——
经济事实和报告结果之间的差异甚至会更大。）

　　图表 7.4 表明了在接下来的几年经济增加值如何随设备账面价值
的下降而增加，即从第一年的−3 000 美元增加至第 5 年的+5 000 美

图表 7.4
新设备购置对所报告
的年度利润的影响
(千美元)

年 份	期初账面价值 (a)	增量收益 * (b)	资本成本※ (c)	经济增加值 (EVA) (b–c)	投资报酬率 (ROI) (b÷a)
1	100	7	10	–3	7%
2	80	7	8	–1	9
3	60	7	6	1	12
4	40	7	4	3	18
5	20	7	2	5	35

注：真正的投资报酬率 ≈ 11%。

* 27 000 美元现金流入 – 20 000 美元折旧 = 7 000 美元。

※ 期初账面价值的 10%。

元。每年经济增加值的增加并不反映实际经济变化。尽管盈利能力
看上去在不断地提高，但事实上，在设备购置后，盈利能力并没有
真正变化。把这个例子推而广之，很显然，如果经营单元拥有的旧
资产几乎计提完了折旧，那么它报告的经济增加值往往会大于拥有
较新资产的经营单元。

　　如果用投资报酬率评价盈利能力，那么就会存在同样的不一致，
如图表 7.4 的最后一列所示。尽管我们从现值计算中知道真正的投资
报酬率约为 11%，但是经营单元的财务报表报告第一年的投资报酬
率不到 10%，之后有所增加。而且，5 年平均投资报酬率为 16%，
远远超过了我们所知道的真正的年投资报酬率。

　　显然，如果可折旧资产按账面净值计入投资基数，那么经营单
元的盈利能力就虚报了，也不会激励经营单元的管理者制定正确的
收购决策。

　　实例 桂格公司发现，由于百年之久的厂房账面价值低，造成投资不
足。正如一名经理所观察到的："我们已经在这个行业经营了 100 多
年，因此，我们所拥有的许多厂房和设备，较之我们的新品牌，账面价
值都低。虽然我们有幸继承了一个百年企业，但并不意味着我们不应该
从实质上逐年提高企业的可控收益。"[6]

_____

6. McWilliams， "Creating Value."

账面价值总值

如图表 7.4 所示，通过把折旧资产按账面价值总值而不是净值计入投资基数，就可以避免经济增加值和投资报酬率的逐年波动。有些公司就采取这种方法。如果在本案例中也这么做，那么每年的投资就会是 10 万美元（原始成本），增加的收益就是 7 000 美元（现金流入 27 000 美元－折旧 20 000 美元）。但是，经济增加值会减少 3 000 美元（7 000 美元－10 000 美元利息），投资报酬率就是 7%（7 000 美元÷100 000 美元）。这两个数字均表明经营单元的盈利能力下降了，但事实上并不是这样。根据账面价值总值计算的投资报酬率总是会低估真正的回报。

资产处置

如果正在考虑以新设备更新现有设备，而且现有设备尚有折余价值，我们知道这项折余价值与设备购置建议的经济分析无关（但它会间接地影响所得税）。但是，去除旧设备的账面价值会对经营单元盈利能力的计算产生实质影响。账面价值总值只增加新设备第一年后的净值与旧设备的账面净值之间的差额。在任何一种情况下，新增投资的相关数量都会被低估，而经济增加值也会相应地被高估。这样就会鼓励管理者用新设备更新旧设备，即使设备更新在经济上不合理。而且，设备更新最多的经营单元，所反映的盈利能力的提高也最大。

总而言之，如果资产按原始成本计入投资基数，那么就会激励经营单元管理者报废资产——即使资产尚有一些使用价值，因为会按资产总成本减少经营单元的投资基数。

年金折旧

如果折旧采用年金方法，而不是直线法，那么经营单元盈利能力的计算就会反映正确的经济增加值和投资报酬率，如图表 7.5 和图表 7.6 所示。这是因为年金折旧方法实际上与隐含于现值计算中的投资回收相吻合。年金折旧与加速折旧相对，因为在最初几年投资额高时年折旧额低，随着投资额的减少，年折旧额逐年增加。投资报酬率保持不变。

图表 7.5 和图表 7.6 显示了各年现金流入稳定在同一水平时，如

图表7.5　采用年金折旧法计算盈利能力——平抑经济增加值（千美元）

年　份	期初账面价值	现金流入量	经济增加值*(EVA)	资本成本※	折　旧☆
1	$100.0	$27.0	$0.6	$10.0	$16.4
2	83.6	27.0	0.6	8.4	18.0
3	65.6	27.0	0.6	6.6	19.8
4	45.8	27.0	0.6	4.6	21.8
5	24.0	27.0	0.6	2.4	24.0
合　计		$135.0	$3.0	$32.0	$100.0

* 年金折旧通过改变折旧额使每年的经济增加值相同，我们必须估计 5 年内获得经济增加值总额。10 万美元按 10%的投资报酬率，则 5 年期、年现金流入量必须为 26 378 美元。实际现金流入量为 27 000 美元。因此，经济增加值（超过 26 378 美元的部分）就是每年 622 美元。

※ 为期初余额的 10%。

☆ 折旧额就是使每年的经济增加值（扣除资本成本和折旧后的利润）等于 622 美元（此处四舍五入为 600 美元）所要求的数额。其计算如下：

$$27.0\ 美元 - 资本成本 - 折旧 = 0.6$$

因此，

$$折旧 = 26.4\ 美元 - 资本成本$$

图表7.6　采用年金折旧法计算盈利能力——平抑投资报酬率（千美元）

年　份	期初账面价值	现金流入量	净利润*	折　旧※	期初投资报酬率
1	$100.0	$27.0	$11.0	$16.0	11%
2	84.0	27.0	9.2	17.8	11
3	66.2	27.0	7.3	19.7	11
4	46.5	27.0	5.1	21.9	11
5	24.6	27.0	2.4	24.6	10☆
合　计		$135.0	$35.0	$100.0	10%

* 投资额 10 万美元，5 年期，年收益 27 000 美元，所提供的回报近似于期初投资额的 11%。因此，为了保持每年 11%的投资报酬率，净利润必须等于期初投资的 11%。

※ 折旧是现金流量与净利润之间的差额。

☆ 之所以产生差异，是因为投资报酬率并非恰恰等于 11%。

何计算。此外，还有计算其他现金流模式的折旧的等式，如现金流量随着维修成本的增加递减的模式，或者随着新产品赢得市场认可现金流量递增的模式。

但是，没有几个管理者接受折旧额随资产老化而增加的观念。他们把会计折旧想像为反映物理损耗或经济价值损失。因此，他们认为加速折旧或直线折旧有效地反映了所发生的一切。所以，很难让他们接受用年金折旧法评价经营单元的利润。

年金折旧法还反映出一些实践问题。例如：图表 7.5 和图表 7.6 中的折旧表都基于估计的现金流模式。如果实际现金流模式不同于假设，即使总现金流量可能产生相同的投资报酬率，预期利润也会在某些年份高，而在其他年份低。折旧表应该每年都变动，以符合实际现金流模式吗？这可能不太实际。当然，在计算所得税时，年金折旧法是不可行的，尽管作为一种"系统和理性"的方法，它在财务会计中显然是可以接受的，但公司也不采用它编制财务报告。实际上，关于公司如何评价经营单元的盈利能力的一项调查表明，在实践中没人采用年金折旧法（参见图表 7.7）。

其他价值评估方法

有些公司采用账面净值，但是设定了一个较低的限额，通常为 50%，以此作为可以摊销的原始成本。这样就减轻了拥有相对旧的资产的经营单元所发生的扭曲。这种方法的一个难点在于，若经营单元的固定资产的账面净值低于账面价值总值的 50%，那么它就可以通过报废掉完好无损的资产来减少投资基数。其他公司完全偏离了会计记录，并采用资产的近似现值。为了获得这个数额，他们会定期评估资产（如：每 5 年或经营单元新管理者上任时），或者利用设备价格变化指数调整原始成本，或者运用保险价值。

采用非会计价值的一个主要问题在于，他们往往是主观的，相比之下，会计价值则似乎是客观的，一般不会引发争议。因此，会计数据对经营管理者而言萦绕着现实的光环。尽管这种情绪在不同的管理者中程度不同，但是，在评价财务业绩时，人们对会计数字

图表 7.7

厂房及设备的估值

	采用这种方法的调查者百分比		
	美　国[*]	荷　兰[※]	印　度[☆]
账面价值总值	6%	9%	17%
账面价值净值	93	73	79
更新成本	1	18	4
	100%	100%	100%

[*] Govindarajan, "Profit Center Measurement," 1994, p. 2.

[※] De With, "Performance Measurement and Evaluation in Dutch Companies."

[☆] Govindarajan and Ramamurthy, "Financial Measurement of Investment Centers."

偏离的越远，经营单元的管理者和公司高层管理者就越有可能认为
管理控制系统是在玩数字游戏。

在内部系统中采用非会计数据的一个相关问题是经营单元的盈
利能力与向股东报告的公司盈利能力不一致。尽管管理控制系统不
一定与外部财务报告保持一致，但是，实事求是地讲，有些管理者
把财务报表中报告的净收益视作"游戏名称"的构成。因此，不管
在理论上多么可行，他们不支持采用不同记分方法的内部系统。采
用现行市场价值的另一个问题是决定如何确定经济价值。从概念上
讲，一类资产的经济价值等于这些资产在未来所能创造的现金流的
现值。实事求是地讲，这个数额无法确定。尽管可以采用公开的厂
房及设备重置成本指数，但是大多数价格指数并非完全相关，因为
他们未考虑技术变革的影响。

在任何情况下，包括按从会计记录以外的来源获得的数字，将
固定资产计入投资基数都极少发生，它只不过是学术兴趣而已（图
表 7.1）。

租赁资产

假设经营单元的财务报表如图表 7.1 所示，经营单元按账面价值
30 万美元出售了固定资产，把收入上缴给公司总部，然后以每年 6
万美元的租金把资产租赁回来。如图表 7.8 所示，经营单元的税前收
益就会减少，因为新的租赁费用高于冲销的折旧费。但是，经济增
加值会增加，因为资本成本的减少远不止抵消成本的增加。正因为
如此，只要租赁成本所隐含的利息费用低于适用于经营单元投资基
数的资本成本，就会诱使经营单元管理者租赁，而不是拥有资产。
（在这里，如同其他地方一样，这种一般化过于简化了，因为在现实
世界中，所得税的影响也必须予以考虑了。）

许多租赁都是融资安排，也就是说，他们为获得资产的使用权
提供了另外一种方式，否则就必须用债务性融资或权益性融资获得
的资金收购。融资租赁（即：等于租赁费流的现值的长期租赁）类
似于借债，在资产负债表上也记为负债。融资决策通常由公司总部
制定。由于以上原因，通常会对经营单元管理者租赁资产的自由施
加约束。

图表 7.8

租赁资产的影响

	损益表（千美元）			
		如图表 7.1 所示		如果租赁资产
收　入			$1 000	$1 000
除下列费用之外的费用		$850		$850
折　旧		50	900	
租赁费用		＿＿		60　910
税前收入			100	90
资本成本 $500 × 10%			50	
$200 × 10%				20
经济增加值			50	70

闲置资产

　　如果经营单元拥有闲置资产，可供其他经营单元使用，那么在将其划归可用资产之后，它就可以不把他们计入投资基数。之所以允许这样处理，目的是为了鼓励经营单元管理者释放未充分利用的资产，供其他可以充分利用他们的经营单元使用。但是，如果固定资产无法供其他经营单元使用，允许经营单元管理者从投资基数中去除他们，就会造成功能紊乱。例如：它可能会鼓励经营单元管理者闲置那些收益未达到经营单元利润目标的部分利用的资产。如果设备不能挪作他用，那么这台设备所做的任何贡献都会提高公司利润。

无形资产

　　有些公司是研发密集型的（如：像 Novartis[7] 之类的医药公司花费巨额资金开发新产品）；另外一些公司则是营销密集型的（如：像联合利华之类的消费品公司花费巨额资金做广告）。把诸如研发和营销之类的无形资产资本化，然后在选定的寿命期限内摊销，这样对公司很有利。[8] 这种方法应该转变经营单元管理者对这些支出的观念。[9] 通过把这些资产核算为长期投资，经营单元管理者的短期获利

7. 译者注：诺华公司是一家总部位于瑞士巴塞尔的制药及生物技术跨国公司。它的核心业务为各种专利药、消费者保健、非专利药、眼睛护理和动物保健等领域。

8. Joel M. Stern, "The Mathematics of Corporate Finance—or EVA = $NA［RONA–C］," pp. 26–33.

9. Shawn Tully, "The Real Key to Creating Wealth," *Fortune*, September 20, 1993, pp. 38–50.

就会减少，因为降低了这些项目的支出。例如：如果研发支出立即计入费用，那么研发支出每削减一美元，税前利润就增加一美元。另一方面，如果研发费用资本化，那么每削减一美元，所运用的资产就会下降一美元。因此，资本支出只降低了一美元乘以资本成本，它对经济增加值的影响小得多。

非流动负债

　　一般而言，经营单元是从公司的资金储备中获得永久性资本的。公司则是从债务提供者、股权投资者和留存收益中获得这些资金的。对于经营单元而言，相关的是这些资金的总额，而不是获取资金的来源。但是，在特殊情况下，经营单元的融资可能是特有的。例如：如果经营单元建造或管理民用住房或办公建筑，那么它所运用的债务资本就会远远超过一般的制造或营销单元。因为这种资本是通过以经营单元资产为抵押的抵押贷款获得的，所以正确的方法应该是单独核算借入资金，根据从一般公司来源获得的资产计算经济增加值，而不是根据总资产。

资本成本

　　公司总部制定计算资本成本的投资报酬率。它应该高于公司债务融资的利率，因为所募集的资金是负债和较高成本的权益的组合。通常投资报酬率应制定得略低于公司估计的资本成本，从而可以使一般经营单元的经济增加值都大于零。

　　有些公司对营运资本适用的投资报酬率低于固定资产。它所反映的判断是，营运资本的风险低于固定资产，因为资金只是在较短期间内占用。在其他情况下，较低的投资报酬率也是一种补偿方式，因为事实上，公司把存货和应收账款按总额计入了投资基数（即：未扣除应付账款）。这表明它认可从应付账款中获得的资金利息成本为零。

实践调查

　　关于投资中心的管理实践总结在图表 7.7、图表 7.9 和图表 7.10 中。大多数公司都把固定资产按账面净值计入投资基数。他们之所

图表 7.9

计入投资基数的资产

	把资产计入投资基数的调查者百分比	
	美 国 *	荷 兰 ※
流动资产		
现　金	47%	59%
应收账款	90	94
存　货	95	93
其他流动资产	83	79
固定资产		
本利润中心专用的土地和建筑物	97	82
两个或多个利润中心共用土地和建筑物的分配	49	47
本利润中心专用的设备	96	88
两个或多个利润中心共用设备的分配	48	46
总部集中研发的资产分配	19	16
其　他		
投　资	53	N/A
商　誉	55	N/A

* Govindarajan, "Profit Center Measurement," p. 2.

※ De With, "Performance Measurement and Evaluation in Dutch Companies."

图表 7.10

在计算投资基数时扣除负债

	从投资基数中扣除负债的调查者百分比	
	美 国 *	荷 兰 ※
应付账款	73%	91%
公司内部应付账款	46	57
其他流动负债	68	69
递延所得税	28	N/A
其他非流动负债	47	48

* Govindarajan, "Profit Center Measurement," p. 2.

※ De With, "Performance Measurement and Evaluation in Dutch Companies."

以这样做，是因为这也是财务报表中所反映的数额，因此，根据这些报表，也反映了公司投入经营单元的资本数额。高层管理者承认这种方法会提供误导信号，但是他们认为个人在解读经营单元利润报告时应该考虑这些误差，而且认为计算投资基数的替代方法不可靠，因为他们过于主观。他们拒绝采用年金折旧法，其根据是，它与财务报表中折旧的计算方法不一致。

经济增加值与投资报酬率

如图表 7.2 所示，大多数采用投资中心的公司都根据投资报酬率评估经营单元，而不是根据经济增加值。采用投资报酬率指标有三个明显的好处。首先，它是一个综合指标，因为任何影响财务报表的事项都反映在这个比率中。其次，从绝对意义上讲，投资报酬率计算简便，易于理解，更有意义。例如：按绝对数来讲，若投资报酬率低于 5%，则被认为低；若投资报酬率高于 25%，则被认为高。最后，它是一个普遍的标准，适用于任何对盈利能力负责的组织单元，而无论企业的规模和类型是什么。不同经营单元的业绩可以与另一个单元直接比较。此外，竞争者的投资报酬率数据也可以获得，可用作比较的基础。

经济增加值的绝对数额并不能提供这种比较的基础。但是，经济增加值方法具有一些内在优势。有四个明显理由迫使我们采用经济增加值，而不是投资报酬率。

首先，采用经济增加值，所有经营单元的可比投资就都具有相同的利润目标。另一方面，投资报酬率方法则为各经营单元提供了不同的激励。例如：若经营单元目前的投资报酬率达到了 30%，则它就不愿意再扩建，除非新增资产能获得 30% 或者更高的投资报酬率。如果回报较低，就会使总体投资报酬率降至低于 30% 的水平。因此，这个经营单元可能会放弃那些投资报酬率高于资本成本，但低于 30% 的投资机会。

> ***实例***　根据投资报酬率，自 20 世纪 80 年代末以来，沃尔玛本来会选择停止扩建，因为新商店的投资报酬率从 25% 下滑到了 20%——尽管这两个比率实质上都超过了资本成本。[10]

同样，若经营单元目前实现的投资报酬率较低，比如 5%，那么任何投资报酬率高于 5% 的新增资产都会使其受益。因此，投资报酬率会对高利润经营单元的少扩建或不扩建产生偏见，但同时低利润经营单元却在进行那些投资报酬率低的投资，而这些投资回报远低于高利润单元所否决的投资。

---

10. G. Bennett Stewart III, "Reform Your Governance from Within," *Directors and Boards*, Spring 1993, pp.48–54.

其次，即使一项决策能增加投资中心投资报酬率，也可能会降低它的总体利润。例如：一个投资中心目前的投资报酬率是 30%，管理者就可以通过处置那些投资报酬率为 25% 的资产来提高总体投资报酬率。但是，如果投资中心的资本成本低于 25%，那么投资中心扣除资本成本后的利润绝对数额就会减少。

若采用经济增加值指标，则可以同时解决这两个问题。他们关系到投资报酬率介于资本成本和投资中心目前的投资报酬率之间的资产投资。如果一个投资中心的业绩按经济增加值评价，那么能创造超过资本成本的利润的投资就会增加经济增加值，因此，从经济上讲，就对管理者具有吸引力。

经济增加值的第三个优势在于，不同类型的资产可以采用不同的利率。例如：存货可以采用低利率，而固定资产投资则可以采用相对较高的利率。而且，还可以考虑不同的风险程度，对不同类型的固定资产适用不同利率。简而言之，管理控制系统可以符合资本投资和资源分配的决策框架。由此可以推出，公司内部同一类型的资产必须获得相同的回报，而无论经营单元的盈利能力如何。因此，各经营单元的管理者应该在新资产投资决策中行动一致。

较之投资报酬率，经济增加值的第四个优势在于，经济增加值与公司市值的变化具有更显著的正相关性。[11] 股东是公司重要的利益相关者。对于公司而言，创造股东价值之所以至关重要，原因有以下几种：（a）它降低了收购风险；（b）它为并购中的主动性创造了资本；（c）它降低了资本成本，促使更快的投资，实现未来增长。因此，股东价值最大化是企业的一个重要目标。但是，因为股东价值衡量合并后的企业作为一个整体的价值，所以几乎不可能用它作为一个组织的单个责任中心的业绩标准。在经营单元层面，股东价值的最佳替代就是让经营单元管理者创造经济增加值，并实现经济增加值的不断增长。实际上，《财富》杂志根据公司创造股东财富的能力所进行的 1 000 强年度排名表明，经济增加值高的公司，往往市值增加值就高，或者股东回报就高（参见图表 7.11）。若用作业绩标准，则经济增加值就会激励管理者通过采取与提高股东价值一致的行动来增加经济增加值。让我们来看一看经济增加值是如何

---

11. Joel M. Stern, *EVA and Strategic Performance Measurement* (New York: The Conference Board, 1996).

图表 7.11
《财富》杂志年度
财富创造者名单
（百万美元）

2001年排名	公司名称	市值增加值 *	经济增加值※
排名前五位			
1	通用电气	$312 092	$5 943
2	微软	296 810	5 919
3	沃尔玛	198 482	1 596
4	IBM	142 625	1 236
5	花旗银行	140 426	4 646
排名最后五位			
996	Qwest 通信	($24 919)	($1 800)
997	世通公司	(33 578)	(5 387)
998	通用汽车	(34 456)	(1 065)
999	朗讯	(41 987)	(6 469)
1000	AT&T	(94 270)	(9 972)

资料来源："America's Greatest Wealth Creators," *Fortune*, December 10, 2001.
* "市值增加值" 表示资本投资者投入公司的资金与从公司获取的回报之间的差额。
※ 经济增加值是税后经营利润减去资本成本。

计算的，就很容易理解这一点。经济增加值的计算方法如下：

经济增加值 = 净利润 – 资本使用费

其中：

资本使用费 = 资本成本 × 所使用的资本　　　　　　　　（1）

等式（1）的另一种表述方法是：

经济增加值 = 所使用的资本 ×（投资报酬率 – 资本成本）　　（2）

下列行动会增加经济增加值，如等式（2）所示：（1）通过企业工艺再造以及提高劳动生产率，但不增加资产基数，来提高投资报酬率；（2）剥离那些投资报酬率低于资本成本的资产、产品和/或业务；（3）对投资报酬率超过资本成本的资产、产品和/或业务，积极增加新投资；（4）增加销售收入、利润边际、资本使用效率（销售收入与所运用的资本之比）或降低资本成本，但不影响等式（2）的其他变量。这些行动显然符合股东的最大利益。

　　实例　1996 年 1 月，通用电气的一位前任经理约翰·贝斯通接任 SPX 公司的首席执行官，SPX 是一家价值 11 亿美元汽车零部件制造商，生产的产品包括各种型号的发动机用的滤清器。到 1995 年，SPX 公司的销售收入正在下滑，公司的股价也处于下降螺旋。作为扭转经营形势的措施之一，约翰·贝斯通采用了经济增加值，作为评价和奖励经营单元的基础，这就发出一个强烈的信号，如果回报超出了资本成本，管理者就应该扩建、维持、受益于或剥离各自的业务。在他任期的头两年，SPX 公司的销售收入有所增长，经济增加值也随之提高。在 1996 年 1 月至 1997 年 12 月期间，公司的股票从 15.62 美元涨到了 66 美元。[12]

投资报酬率与经济增加值之间的差额如图表 7.12 所示。假设公司要求固定资产投资报酬率为税后 10%，整个公司的存货和应收账款的资本成本都是税后 4%。图表 7.12 的上半部分表明了投资报酬率的计算；第（1）~（5）栏表示各经营单元来年预算中在资产上的投资额；第（6）栏是预算利润；第（7）栏是预算利润除以预算投资；因此，这一栏表示各经营单元来年的投资报酬率目标。

只有在经营单元 C，投资报酬率目标才符合整个公司所要求的临界投资报酬率。在任何一个经营单元，投资报酬率目标都不符合整个公司维持流动资产的 4% 的成本。如果流动资产或固定资产的新增投资无法获得至少 20% 的投资报酬率，那么经营单元 A 实现利润目标的机会就会下降，而经营单元 D 和 E 则会从回报低得多的投资中受益。

经济增加值纠正了这些不一致。用投资乘以适用报酬率（反映整个公司的投资报酬率），然后再从预算利润中减去这个数字。计算出的数额就是预算经济增加值。用实际利润减去实际投资乘以适当报酬率，来定期计算实际经济增加值。图表 7.12 的下半部分表明了如何计算预算经济增加值。例如：如果经营单元 A 赚了 28 000 美元，运用的流动资产平均余额为 65 000 美元，固定资产平均余额为 65 000 美元，那么它的实际经济增加值就计算如下：

$$经济增加值 = 28\,000 - 0.04 \times (65\,000) - 0.10 \times (65\,000)$$
$$= 28\,000 - 2\,600 - 6\,500$$
$$= 18\,900$$

这就比它的目标高出 3 300 美元（18 900 美元 – 15 600 美元）。

---

12. "Another GE Veteran Rides to the Rescue," *Fortune*, December 29, 1997.

图表 7.12　**投资报酬率与经济增加值之间的差异（千美元）**

	(1)	(2)	(3)	(4)	(5)	(6)	(7)
	投资报酬率方法						
经营单元	现　金	应收账款	存　货	固定资产	投资总额	预算利润	ROI 目标 (6) ÷ (5)
A	$10	$20	$30	$60	$120	$24.0	20%
B	20	20	30	50	120	14.4	12
C	15	40	40	10	105	10.5	10
D	5	10	20	40	75	3.8	5
E	10	5	10	10	35	(1.8)	(5)

	经济增加值方法						
		流动资产			固定资产		
	(1)	(2)	(3)	(4)	(5)	(6)	(7)
经营单元	利润潜力	数　额	报酬率	所要求收益	数　额	报酬率	所要求收益	预算 EVA (1) − [(4) + (7)]
A	24.0	$60	4%	$2.4	$60	10%	$6.0	$15.6
B	14.4	70	4	2.8	50	10	5.0	6.6
C	10.5	95	4	3.8	10	10	1.0	5.7
D	3.8	35	4	1.4	40	10	4.0	(1.6)
E	(1.8)	25	4	1.0	10	10	1.0	(3.8)

请注意，如果任何经营单元新增资产获得高于10%的投资报酬率，那么它就会增加经济增加值（如果是经营单元 C 和 D，新增利润就会减少负经济增加值的数额，但性质相同）。流动资产也会发生类似结果。存货决策原则将基于4%的财务成本（当然，实物储存存货也会增加成本）。如果按照这种方式，各经营单元的财务决策原则就会与公司的原则保持一致。

经济增加值解决了不同经营单元同一资产的不同利润目标，以及同一经营单元不同资产的相同利润目标问题。经济增加值方法可以把计划过程中使用的相同的决策规则纳入评价系统中：计划过程越复杂，经济增加值的计算就越复杂。例如：假设资本投资决策规则要求一般用途资产的投资报酬率为10%，专用资产为15%。经营单元的固定资产就可以相应地分类，在评价业绩时，就适用不同的

图表 7.13　经济增加值在计划和控制中的运用

战略方向：IBM应用经济增加值评估主要的拉美市场的战略计划，如墨西哥、巴西和阿根廷。

收购：在一个最大的收购交易中，AT&T在对McCaw Cellur价值126亿美元的收购决策中就利用了经济增加值。

改善经营：Briggs & Stratton公司发现它的资本回报很差，而且有走低的趋势。于是进行了重组，采用经济增加值作为引导管理者关注如何运用资本的一种方式。经济增加值成为公司各项活动的标杆，如产品引入、设备购置、供应商安排、质量倡导，以及工艺改进。

终止产品线：经济增加值帮助可口可乐公司明确并出售了未弥补资本成本的业务。

聚焦营运资本：桂格公司采用经济增加值核算成品和包装材料存货所占用的大量资金。

聚焦资本成本：Dow Chemical 公司采用经济增加值说明经营企业的成本和盈利。

激励薪酬：在Transamerica公司，CEO和CFO的年度奖金全部基于经济增加值。

资料来源：Excerpted from I. Shaked, A. Michel, and Pierre Leroy, "Creating Value through EVA—Myth or Reality," *Strategy & Business,* Fourth Quarter, 1997, p. 44.

投资报酬率。如果管理者认为不盈利，就可能不愿意投资来改善工作条件，不愿投资于污染控制措施，或者其他社会目标。如果管理者预期回报会有所降低，这类投资就可能更容易被接受。

> **例如**：1996 年，日本的跨国公司——三菱公司，销售收入为 1 760 亿美元，并运用投资中心作为管理控制工具。它把公司分为 7 个集团公司，各集团公司分别制定不同的目标。例如：信息技术集团的目标低，因为它在快速增长的多媒体领域运营。而食品集团的目标则非常高。[13]

图表 7.13 举例说明了不同公司在计划和控制中如何运用经济增加值。

评价管理者需考虑的其他因素

鉴于投资报酬率的劣势，它还被如此广泛地应用，似乎令人惊讶。从个人的经验表明，计量业绩的投资报酬率在概念上的瑕疵是真实存在的，它促成了经营单元管理者的无效行为。但是，我们无法确定这些无效行为的程度和范围，因为管理者都不可能承认它的存在，即使的确存在，许多管理者也不知道。

我们大力提倡采用经济增加值作为一项业绩计量工具。但是，

---

13. Joel Kurtzman, "An Interview with Minoru Makihara," *Strategy & Business*, Issue 2, Winter 1996, pp. 86–93.

经济增加值并不能解决投资中心盈利能力评价中的所有问题。特别是如上所述，它不会解决固定资产的核算问题，除非也采用了年金折旧法，而这在实践中很少发生。如果采用账面价值总值，那么一个经营单元就会通过采取与公司利益相悖的行动来增加经济增加值。如果采用账面净值，经济增加值就只会由于时间的流逝而增加了。而且，经济增加值还会受到新投资的暂时压制，因为早期账面净值较高。经济增加值确实解决了因不同利润潜力而造成的问题。如果一项潜在投资的报酬率超过了评价系统规定的标准，那么无论盈利能力如何，都会激励所有经营单元去增加投资

而且，有些资产的价值可能会在资本化时被低估，而其他资产则可能在费用发生时被低估。尽管固定资产的购置成本一般会被资本化，但是，相当大一部分投资，如创办费、新产品开发支出、交易商组织费用等，都可以作为费用冲销，因此不会出现在投资基数中。这种情况尤其适用于营销经营单元。在这类经营单元中，投资额仅限于存货、应收账款、办公家具和设备。若对一组营销责任范围不同的单元排序，则营销规模较大的单元，往往经济增加值最高。

考虑到这些问题，有些公司决定不把固定资产纳入投资基数。这些公司只对可控资产计收利息，他们通过不同的机制控制固定资产。可控资产实质上就是营运资本项目。经营单元管理者可以制定影响这些资产水平的日常决策。如果这些决策错了，就会很快产生严重后果。例如：如果存货太高，就会占用不必要的资本，报废的风险就会增加。如果存货太低，就会因脱销造成生产中断或损失客户。

固定资产投资由资本预算过程和事后审计控制，以决定预期的现金流是否真正实现了。这远远不能令人完全满意，因为固定资产购置所造成的实际节约或收入可能无法明确。例如：如果一台新设备生产各种产品，那么成本核算制度通常无法确定应归属给各项产品的节约。

评估实体的经济业绩

至此，我们的讨论一直集中在经营单元的业绩评价上。正如第 5 章中所指出的，经营单元经济业绩的报告是截然不同的。管理报告

按月或按季编制，而经济业绩报告则不定期编制，通常几年编制一次。由于我们前面提到的种种原因，管理报告往往利用关于实际成本的历史信息，而经济报告则利用迥然不同的信息。在这一节中，我们将讨论经济信息的目的和性质。

经济报告是一种诊断工具。他们表明经营单元目前的战略是否令人满意，如果不满意，是否应该制定决策对经营单元采取一些措施——扩建、缩小规模、改变经营方向，或是出售。对单个经营单元进行经济分析，可以揭示出对目前的新产品、新厂房及设备或者新战略的计划，尽管单独看，每项决策似乎都很合理，但若作为一个整体考虑，则不会创造令人满意的未来利润。

经济报告也可以作为计算公司整体价值的基础。这种价值称为拆分价值（breakup value），即：如果单个经营单元单独出售，估计股东可获得的数额。对于一个正在考虑收购公司的外部组织而言，拆分价值用处很大，当然，对于公司管理层评估收购交易的吸引力也同样有用。经济报告表明经营单元的相对吸引力，也可能表明高级管理层在错误的分配稀缺时间，即：在不可能为公司总体盈利能力做出重大贡献的经营单元上花费过多的时间。目前盈利能力与拆分价值之间的差额表示需要采取一些变革（或者，目前的盈利能力可能会受到提高未来盈利能力的成本的压制，比如前面所提到的新产品开发和广告）。

这两类报告之间最重要的差别在于，经济报告聚焦在未来盈利能力，而不是目前或过去的盈利能力上。尽管知道具有局限性，在管理者的业绩报告中还是使用资产的账面价值，以及基于资产的历史成本的折旧。这项信息在估计未来的报告中是无关的，在这些报告中重点是重置成本。

从概念上讲，经营单元的价值是未来收益流的现值。这是通过估计未来各年的现金流，然后按规定收益率贴现而计算出来的。分析一般跨未来 5 年或 10 年。假设在分析期末持有的资产具有一定的价值——终值，它也被贴现，并加在年现金流量之上。尽管这些估计有些粗略，但是他们能提供一种不同于业绩报告的方法，从另外一个角度审视经营单元。

小 结

投资中心具有我们在第 4~6 章中所讨论的定义费用和收入所涉及的所有评价问题。投资中心还会产生其他问题，如何评价所运用的资产，具体而言，就是应该包括哪些资产，如何评估固定资产和流动资产的价值，固定资产应该采用哪种折旧方法，应该分配哪项公司资产，以及应该剔除哪项负债。

企业组织的一个重要目标是股东价值最大化（即未来现金流的现值）。用这样一个指标按月或按季评价经营单元管理者的业绩，不太实际。会计投资报酬率是评价经营单元管理者业绩的最佳替代指标。从概念上讲，在评价经营单元管理者方面，经济增加值优于投资报酬率。

在制定年度利润目标时，除了通常的损益表项目外，还应该对可控营运资本项目的预测余额明确计收利息，主要是应收账款和存货。关于固定资产的正确管理控制方法，存在很大争议。报告一个投资中心的经济业绩与报告负责投资中心的管理者的业绩截然不同。

推 荐 读 物

Aggarwal, Raj. "Using Economic Profit to Assess Performance: A Metric for Modern Firms." _Business Horizons_, January–February 2001, pp. 55–60.

Len, Kenneth, and Anil K. Makhija. "EVA & MVA: As Performance Measures and Signals for Strategic Change." _Strategy & Business 24_, no. 3 (May–June 1996), pp. 34–38.

Shaked, I., A. Michel, and Pierre Leroy. "Creating Value through EVA—Myth or Reality." _Strategy & Business 9_, Fourth Quarter, 1997, pp. 41–52.

Stern, Joel M. _EVA and Strategic Performance Measurement._ New York: The Conference Board, 1996.

Stewart, G. Bennett, III. "EVA: Fact and Fantasy." _Journal of Applied Corporate Finance_, Summer 1994.

第 2 编

管理控制过程

在实践中，管理控制过程是行为活动，体现在管理者之间，以及管理者与其下属之间的相互作用中。因为管理者在技术能力、领导风格、人际交流技巧、经验、决策方法、对数字的喜好程度等许多方面都彼此不同，所以公司与公司之间，以及公司的各责任中心之间的管理控制过程的细节也各异。差别主要在于控制系统的使用方法。但是，为了有效地发挥作用，整个组织的正式管理控制系统必须基本相同。

在第 2 编，我们将讨论在实践中管理控制过程依次发生的步骤：战略计划（第 8 章）、预算编制（第 9 章）、分析财务业绩（第 10 章），以及建立平衡计分卡（第 11 章），它既包含财务指标，又包含非财务指标。在第 12 章，我们将触及与管理控制过程相关的管理层薪酬。

第 8 章

战 略 计 划

这是介绍管理控制过程的 5 章中的第 1 章。第 8 章介绍战略计划，它是管理控制过程中依次进行的第一项活动。第 8 章的第一部分介绍战略计划的性质。第二部分讨论适用于新计划项目分析和决策的技术。第三部分介绍有助于持续计划项目分析的技术。最后一部分介绍战略计划过程的几个步骤。

我们假设所讨论的是一个中型组织，一般由一个总部和几个分权制的经营单元构成。在这样一个组织中，战略计划既发生在总部，也发生在经营单元。如果组织小，尤其是如果没有经营单元，那么战略计划就只涉及高层管理者和计划人员。如果组织非常小，战略计划就可能只涉及首席执行官。

战略计划的性质

大多数精明能干的管理者都花费大量时间思考公司未来。结果可能是对企业未来发展方向的非正式理解，或者是对发展的具体计划的正式表述。我们把对计划的正式表述称为战略计划方案，制定和修订这项正式表述的过程称为战略计划（有些地方称为长期计划)。战略计划就是指决定组织在未来几年要从事的计划项目，以及大致分配给每个计划项目的资源数量的过程。

与战略制定的关系

我们严格区分两种管理程序——战略制定和战略计划。因为这两个术语中均使用了"战略"一词，所以可能会产生混淆。二者的区别在于，战略制定是决定新战略的过程，而战略计划则是决定如何实施战略的过程。在战略制定的过程中，管理层确定组织的目标，并制定实现这些目标的主要战略。然后，战略计划在既定目标和战略下制定有效实施战略和实现目标的计划。一个工业品制造商决定多元化经营消费品就是战略制定，即战略决策，之后必须解决一系列实施问题：是通过收购多元化，还是通过组织增长实现多元化；应该注重哪个产品线；是自制还是外购；适用哪种营销渠道。描述如何实施战略决策的文件就称为战略计划（书）。

在实践中，战略制定和战略计划之间存在大量重叠。在战略计划过程中进行的研究能表明改变目标和战略的可行性。相反，战略制定通常也要把实现目标所采纳的计划纳入基本考虑范围之内。但是，从概念上区分战略制定和战略计划至关重要，原因之一在于计划过程趋向于制度化，从而抑制了纯粹创造性的活动。把战略制定单独列为一项独立的活动，至少在最高管理层看来，可以抵消这种趋势。战略制定应该是积极鼓励创造性、创新性思想的一种活动。

战略计划是系统性的，年度战略计划过程按规定程序和时间表进行。战略制定是非系统性的。战略要根据所预见的机会或威胁重新审查。因此，从理论上讲，战略建议可能由组织的任何人在任何时间提出。如果认为战略建议值得深究，就应该立即分析，而不必按部就班地遵循规定的时间表。一旦接受了一项战略，就要按系统方法计划战略。

遗憾的是，在许多公司，目标和战略表述得不明确，或者未向需要利用他们作为自身计划项目决策框架的管理者清晰地传达。因此，在正式的战略计划过程中，重要的第一步经常是必须说明组织的目标和战略。这项任务可能令人生畏，因为，尽管最高管理层从直觉上大概能感到目标和战略是什么，但是他们未必能按制定合理计划项目决策所必要的方式将他们具体描述出来。计划者第一步可能必须先阐释管理思想。

战略计划的演变

50 年前，在大多数组织中，战略计划过程都是非系统性的。即使管理层思考了长期计划，也不是按协调一致的方式。在 20 世纪 50 年代末，个别公司启动了正式的战略计划系统，但是大部分早期努力都无果而终。他们只不过是对现行预算编制系统略作调整。所要求的数据与其说恰当，不如说详细。不是直线管理人员，而是辅助管理人员做了大部分工作。参与者花在填表上的时间，远远多于深入思考替代方案和选择最佳方案的时间。随着时间的流逝，管理层逐渐吸取了教训——目标应该是在替代方案之间进行艰难抉择，而不是像预算那样详细地推断数字；时间和精力应该用在分析和非正式讨论上，用在文书工作上的应该相对少些。关注点应该放在计划项目本身，而不是实施计划项目的责任中心上。

目前，许多组织都理解了制定未来 3~5 年的计划的好处。以正式文件的形式表述这项计划的做法已获得了广泛接受，但决没有被普遍接受。较之 20 世纪 50 年代末的战略计划，不再那么详细了。

实例 在 1956~2005 年期间，艾默生电气这个价值 270 亿美元的电气和电子产品公司，遵循了一项成本领先战略，在整整 50 年的时间里保持了利润的持续增长。公司把它非凡的成功归因于计划过程。公司的 CEO 把 60% 的时间都花在了计划会议上。65 个分部的领导都把各自的计划提交 CEO。计划会议围绕着关于假设和降低成本的备选方案的各种问题，可谓明察秋毫，一针见血。计划文件集中在四个关键指标上：自由现金流量、资本收益率、新产品销售收入百分比，以及利润边际。[1]

战略计划的优势和局限

正式的战略计划过程可以为组织提供：（1）编制年度预算的框架；（2）管理者发展工具；（3）强迫管理者长远考虑的机制；（4）协调管理者与公司长期战略的手段。

---

1. www.gotoemerson.com/investor-relations; "The Spirit of St. Louis," *The Economist*, March 9, 2002, p. 17.

图表 8.1

公司没有战略计划过程

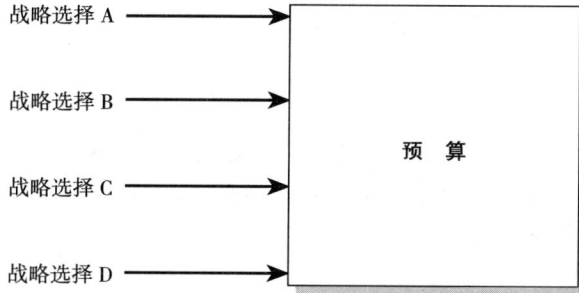

图表 8.2

公司有战略计划过程

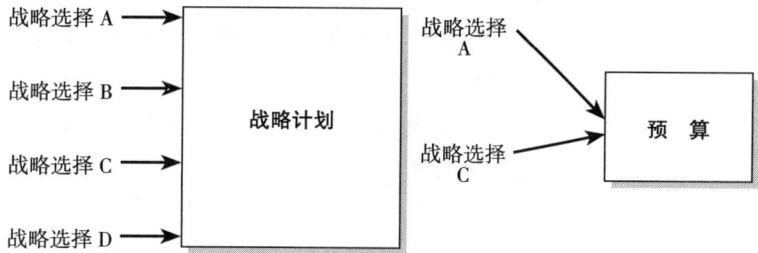

编制预算的框架

经营预算要求在下一年占用资源。管理者在保证这类资源占用时要明白组织在未来几年的发展方向，这一点至关重要。战略计划就提供了这样一个广泛的框架。因此，制定战略计划的一个重要优势就在于它为编制有效的经营预算提供了便利。

如图表 8.1 所示，如果公司没有战略计划过程，就要在预算编制阶段考虑太多的战略问题，这可能会导致信息过载，未充分考虑一些战略选择，甚至完全忽略了一些选择——这种功能紊乱的环境会严重影响资源分配决策的质量。战略计划的一个重要优势就是促使制定支持主要战略选择的最优资源分配决策。图表 8.2 说明了战略计划过程如何缩小选择范围，从而使计划者可以在预算过程中制定明智的资源分配决策。因此，战略计划有助于组织理解战略决策对短期行动计划的意义。

管理发展工具

正式战略计划是一项优秀的管理教育和培训工具，能为管理者提供一个思考战略及其实施的过程。可以毫不夸张地说，在正式战略计划中，过程本身远远比过程的结果，即计划文件更重要。

强迫管理者做长远考虑的机制

管理者往往更关心企业的战术问题，关心管理目前的日常事务，而不是创造未来。正式的战略计划迫使管理者花时间思考重要的长期问题。

协调管理者与公司战略的手段

在战略计划过程中发生的争议、讨论和协商可以使公司战略更清晰，使管理者与这些战略协调一致，同时可以揭示公司战略对管理者个人的意义。

正如我们将要说明的，计划项目决策是一个一个制定的，而战略计划则把他们综合起来。制定战略计划可能揭示出单个决策综合起来并不是一个令人满意的整体。计划的新投资可能在某些年度要求的资金超出了公司在那些年度所能获得的。直接计划项目的变化可能要求辅助计划项目的规模也做相应变化（如：研发、管理等），但是在单独考虑这些变化时，可能并未予以考虑。单个计划项目的预期利润综合起来未必就能使整个组织获得令人满意的利润。

> **实例**　1996 年，大型复杂的石油、天然气生产商——Texaco，制定了 36 亿美元的资本支出和勘探预算。公司 1996 年的部分项目包括"北海、尼日利亚、安哥拉、澳大利亚和东南亚近海开发项目。继续增加沙特阿拉伯和科威特中立地区的产量。"鉴于不同项目的风险水平和可获得的资源数量，战略计划是 Texaco 选择项目时所必要的。[2]
>
> 在 2001 年 9 月 11 日恐怖分子袭击美国之后，美国公司的战略计划又补充了一项灾难计划因素。受灾难计划影响的战略决策包括：人员和资源的地域分布、完全丧失企业职能后的或有计划、公司灾难恢复资金的融资水平。[3]

局限性

正式战略计划也存在几项潜在的缺陷或局限。首先，总是存在

---

2. "More U.S. Companies Map 1996 Spending Plans," *Oil & Gas Journal*, January 29, 1996, p. 39.

3. Richard Oliver, "Cold Strategy, Hot Strategy," *The Journal of Business Strategy*, January–February 2002, p. 6.

计划最终变成"填写表格"、官僚过场、缺乏战略思考的危险。为了使官僚化的风险最小化，组织应该定期问一问："我们从战略计划过程中获得新鲜创意了吗？"

第二种危险是组织可能会建立一个大型的战略计划部门，授权它编制战略计划，从而丧失了直线管理人员的意见，也丧失了计划过程的教育意义。战略计划是一项直线管理人员职能。战略计划部门的人员应该维持在最低水平，他们应该发挥催化剂、教育者、计划过程协调员的作用。

最后，战略计划耗时、耗资金。最大的费用是高级管理层和组织其他层级的管理者倾注的时间。

如果组织具有下列特征，那么制定正式战略计划就是可行的：

1. 最高管理层坚信战略计划至关重要。否则，战略计划就可能只是一项人员锻炼，对实际决策不会产生任何影响。

2. 组织相对较大，较复杂。在小型、简单的组织中，对组织未来发展方向的非正式理解对于制定资源分配决策就足够了，这也是制定战略计划的主要目的。

3. 虽然对于未来存在极大的不确定性，但是组织具有灵活性，能针对变化的环境进行调整。在一个相对稳定的组织中，战略计划是不必要的。因为未来酷似过去，所以战略计划就只不过是一项推断练习（如果一个稳定的组织预见方向需要改变，如市场下滑，或者材料成本猛增，它就可以制定或有计划，说明在这些新条件下应采取的行动）。另一方面，如果未来太不确定，无法做出可靠的估计，那么制定正式战略计划简直就是浪费时间。

总而言之，在小型、相对稳定的组织中，不需要正式战略计划过程，在无法对未来做出可靠估计的组织，或者高级管理层不喜欢按这种方式管理的组织，也不值得制定正式战略计划。

计划项目体系和内容

在大多数工业组织中，计划项目就是产品或产品系列，还有研发、一般管理活动、计划的收购或者不属于现有产品线的任何其他重要活动。例如：在宝洁公司，每个产品都是一个计划项目。相比之下，通用电气公司则按利润中心，即经营单元，建立计划项目体系，每个经营单元都负责一定数量的产品线。

在服务性组织中，计划项目体系往往依企业提供的服务类型而定。联邦政府把活动分为 10 个主要计划项目。在多单元的服务性组织中，如连锁酒店，每个单元或者每个地区就构成一个计划项目。

一般的战略计划都跨未来 5 年。5 年是一个足够长的期间，足以估计目前制定的计划项目决策的后果。一项开发和营销新产品决策的后果，或者一项收购重大新资本性资产的决策的后果可能不会在短期内完全感受到。如果所跨期间超过 5 年，可能就太模糊了，所以不值得制定更长期间的计划。许多组织也编制 5 年以上的非常粗略的计划。在有些组织中，战略计划仅跨期 3 年。

每个计划项目的金额都大致反映了收入、费用和资本支出规模。由于所跨期间相对较长，所以只有粗略地估计才是可行的。用这种估计作为反映组织总体发展方向的基础是令人满意的。如果战略计划按经营单元制定，那么也会制定"章程"，规定经营单元的经营范围。

组织关系

战略计划过程涉及高级管理层和经营单元或其他主要责任中心的经理，并由辅助管理人员协助。基本目的是通过安排活动的先后顺序，改善公司高级管理层和经营单元经理之间的沟通，藉以实现共同商定的一系列目标和计划。单个部门的管理者通常不参与战略计划过程。

在有些组织中，财务总监机构制定战略计划。还有一些组织，安排了专门的计划人员。战略计划要求分析技术，还要求视野广阔，而财务总监机构可能不具备。财务总监机构可能主要擅长细节性的分析技术，它只适用于年度预算的调整，以及分析实际和预算金额之间的差异。

正如我们将在后面一小节中介绍的，即使配备了专门的计划人员，财务总监机构通常也肩负着下达指南、组织所建议的数字的任务。战略计划中的数字，在年度预算及会计系统中必须彼此保持一致。确保一致性的最好方法就是把三项职责全部分派给同样的人。而且，有些公司把三个系统的数字全部纳入一个计算机模型中。

总部人员协调战略计划过程，但是他们不应该过于干涉。总部人员的最佳角色是充当催化剂。他们确保计划过程的正确开展，但是不制定计划决策。特别是，如果经营单元经理认为总部人员在决策过程中过于有影响力，这些经理就不愿意与总部人员坦诚地交流，而这恰恰是制定合理战略计划的关键（当然，经营单元经理也有自己的下属，大概会对他们很忠诚）。

最高管理层的管理风格

战略计划是一个管理过程，一个公司制定战略计划的方式严重依赖于首席执行官的管理风格。有些首席执行官喜欢不借助于正式计划机制制定决策。如果这种公司的财务总监试图引入一个正式系统，他或她可能不会成功。除非首席执行官实际使用它，否则任何一个系统都不会有效发挥作用。如果其他管理者认为系统不是管理过程至关重要的部分，他们就只会给出口头承诺。

在有些公司中，由于上述理由，首席执行官想要某种形式的总体计划，但是从性格上讲又讨厌文书工作。在这种公司中，系统可以获得我们后面将要讲到的所有要素，但是可以把书面文件的详细程度压至最低水平，更多地强调非正式讨论。在其他公司中，高级管理层则喜欢详尽地分析和编纂计划，所以，在这些公司中，就可以更详细地阐述系统的正式部分。

系统的设计者必须正确诊断高级管理层的管理风格，确保系统适宜这种风格。这项任务很难，因为正式战略计划已经成了一种时尚，有些管理者认为，如果不信奉它的所有虚饰，就可能被认为落伍了。因此，他们可能指示员工或者允许员工建立一个详尽的系统，但后来又觉得用起来蹩脚。

分析新计划项目建议

关于新计划项目的创意可以从组织中任何一个地方产生：由首席执行官提出，由总部计划人员提出，或者在经营机构的任何一个部门产生。例如：在 3M 公司，"报事贴"的创意就是从组织的基层产生的，而不是 CEO 提出的。由于某些显而易见的原因，有些经营单元可能比其他单元更易产生新创意。研发机构就负责创造新颖产品或工艺的创意，营销机构就负责营销创新，生产设计机构就负责设计更好的设备和制造方法。

从本质上讲，计划项目建议要么是主动的，要么是被动的——他们要么是对所预见的威胁的被动反应，如关于竞争者推出新产品的谣言；要么是主动把握机会。因为公司的成功在部分程度上取决于发现和实施新计划项目的能力。而且，因为这些计划项目创意可以产生于各种各样的来源，所以需要营造一种能产生创意并赢得管理层注意的氛围。一个严密架构的正式系统可能会产生出错误的氛围，不符合这种目的。系统应该灵活，并且具有包容性，只有这样，好的新创意才不会在引起决策者注意之前就被枪毙了。

计划者不应该把采纳新计划项目视作一个全盘接受或全盘否定的决策，而应该视作一系列决策，每一个决策都是测试和发展计划的一小步。只有测试表明建议有很大的成功机会，计划者才应该决定全面实施，并承担随之而来的巨额投资。大多数新计划项目都不像"埃德塞尔"车[4]那样，在一项决策上投入了几亿美元。相反，他们都包括许多相继的决策：认可最初的产品创意值得追随；在实验室考查它的技术可行性；考查试生产工厂的生产问题和成本特性；在测试市场检验消费者的接受程度；只有在这之后才做出全面投产和营销的重大承诺。系统必须提供这些连续的步骤，提供对每个步骤的结果的评估，以作为制定下一步决策的基础。

资本投资分析

大多数建议都要求巨额新资本。分析资本投资建议的技术所要做的是得出：（1）项目的净现值，即估计现金流入量的现值超过投资额的部分；或者（2）在现金流入和流出之间的关系中所隐含的内部收益率。重要的一点是，这些技术只用于从概念上讲适用的约半数的情况。[5] 至少有四种理由，让我们不要采用现值技术分析所有投资建议。

1. 建议显而易见地具有吸引力，没必要计算净现值。例如，一种

---

4. 译者注：福特公司的一款豪华车。是世界营销史上最大的单项产品失败案。

5. 关于实践中盛行的各种技术的信息，请参见 Thomas Klammer, Bruce Koch, and Neil Wilmer, *Capital Budgeting Practice: A Survey of Corporate Use* (Denton, TX: University of North Texas Press, 1990) .

能大幅降低成本的新型设备本身就能弥补支出。

2. 建议中的估计具有很大的不确定性，不值得耗费精力计算净现值——人们无法从不可靠的数据中得出可靠的结论。若结果十分依赖于新产品销量的估计，但却不存在合理的市场数据，则这种情况就司空见惯。在这种情况下，常常使用"回收期"标准。

3. 建议所根据的基本原理不是提高盈利能力。净现值方法假设"客观的作用"是增加利润，但是许多投资建议之所以获得批准，是根据他们能提高员工士气、公司形象或安全保障。

4. 没有可行的替代方案可供采纳。例如，环境法可能要求投资一个新项目。

管理控制系统应该提供一种决定无法利用量化技术来分析建议的有序方法。试图按盈利能力对无法量化的项目排序的管理控制系统行不通。许多项目都不适宜机械的排序。

我们将简要介绍一下有助于实施资本支出评估系统的一些因素。

规 则

公司通常会颁布各种规模的资本支出建议的审批规则和程序。小规模资本支出建议可以由工厂经理审批，但会对一年内的支出总额做出限制；较大规模的资本支出建议依次由经营单元经理、首席执行官审批，若是非常重要的资本支出建议，则由董事会审批。

规则中还包含编制建议的指南，以及审批建议的一般标准。例如，小规模成本节约建议可能要求最长回收期为 2 年（有时是 3 年）。对于较大的建议，通常要求最低的收益率，用于净现值分析，或者内部收益率分析。可能所有建议所要求的收益率都是统一的，也可能具有不同风险特征的项目，所要求的收益率不同。此外，要求追加营运资本的建议采用的收益率可能低于固定资产建议。

避免操纵

虽然知道具有负的净现值的项目不可能获得批准，但是项目发起人可能还是从内心里觉得应该上这个项目。在有些情况下，他们可能会调整原始估计，或许通过销量的乐观估计，或者通过降低一些成本要素的或有准备，使项目满足数字标准，从而使建议具有吸引力。项目分析师最艰巨的任务之一就是探查这类操纵。项目发起人的声誉可以提供一种担保，分析师可以更多地依赖拥有良好记录的发起人提供的数字。由于这个原因，在许多情况下，尽管提请审批的所有建议都可能满足正式标准，但是并非所有建议都真正具有吸引力。

模　型

除了基本资本预算模型外，还有专门技术，如风险分析、敏感性分析、模拟、情景规划、概率论、选择定价模型、或有要求权分析以及决策树等。其中有些有点儿言过其实，但是有些还是具有实践价值的。计划人员熟悉这些技术，并在获得了必要数据的情况下加以运用。

分析组织

一个团队可能评估规模极大、极其重要的建议，评估过程可能需要一年或更长时间。即使规模小的建议，建议发起人和总部人员之间通常也会发生大量讨论。在一项重要建议提交首席执行官之前，可能需经十几个职能经理和直线经理签字同意。CEO 在制定最终决策，批准或者否决项目之前，会把建议退回来几次，要求进一步分析。正如前面所指出的，正在进行的决策可能要求跨越全面实施前的一系列开发和测试障碍。

近来，在飞速发展的专家系统领域的工作采用计算机软件分析项目建议。新的软件允许建议审查团队的每位参与者投票选择评估项目所使用的每项标准，并明确排序。计算机对结果制表，揭示任何不一致或误解，并就其提出质疑。对标准的连续投票所得出的结论能反映团队的共识。

分析投资建议没有规定的时间表。只要人员齐备，就开始分析。计划者收集本年度批准的项目，纳入资本预算。从下一年度的资本预算有期限这个意义上讲，计划也有期限（通常在预算年度开始之前）。如果一项建议错过了这个期限，就可能要等到下一年再正式审批，除非有特殊情况。资本预算包含本预算年度经批准的资本支出，如果批准追加预算，就必须修订现金计划。但为追加的预算融资可能存在问题。

分析持续计划项目

除了发展新计划项目之外，许多公司还采用系统方法分析持续计划项目。几种分析技术有助于这个过程。本小节将介绍价值链分析和作业成本核算制度。

价值链分析

正如第 2 章所介绍的，任何一个公司的价值链都是一系列联系在一起的价值创造活动的一部分，从向供应商采购基本原材料，一直到制造终端产品，交付给终端消费者。我们必须根据公司在价值链上的位置去理解每个公司。

从战略计划的角度来看，价值链概念突出了三个可能有用的领域：

1. 与供应商的联系。
2. 与客户的联系。
3. 公司价值链内各流程之间的联系。

与供应商的联系

如图表 8.3 所示，与供应商的联系应该妥善管理，以便使公司和供应商均受益。利用这种机会可以显著降低成本，增加价值，或二者兼而有之。

实例 在大宗巧克力开始以液态形式用油罐车配送，而不是以浇铸的 10 磅装的巧克力棒的形式配送时，工业巧克力公司（即供应商）就可以消除浇铸和包装巧克力棒的成本，糖果制造商（即公司）就可以节约拆包装及溶化巧克力的成本。[6]

与客户的联系

如图表 8.4 所示，客户联系与供应商联系同样重要。有许多例子都可以说明公司与客户之间的互惠联系。

---

6. M. Hergert and D. Morris, "Accounting Data for Value Analysis," *Strategic Management Journal 10* (1989), pp. 175–88.

图表 8.3

利用与供应商的联系
提高利润的机会

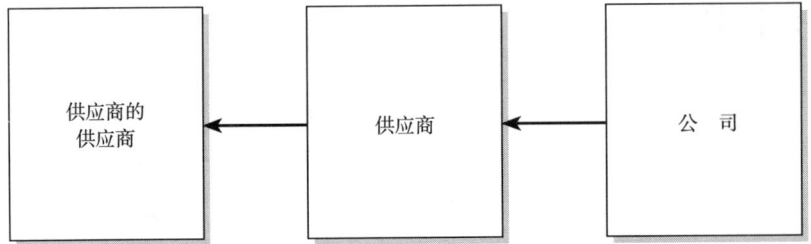

图表 8.4

利用与客户的联系
提高利润的机会

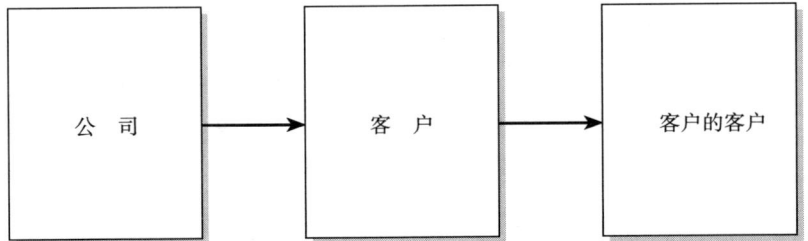

实例 有些包装容器生产商（即公司）紧挨着啤酒制造商（即客户）建设了制造厂，通过传送带把包装容器直接送到客户的装配线。这样，通过加速既大又笨重的空包装容器的运输，包装容器生产商及其客户的成本都显著下降。[7]

公司价值链内各流程之间的联系

价值链分析明确承认一项事实，即：公司内部各个价值创造活动并不是独立的，而是相互依赖的。

实例 在麦当劳，促销活动（一项价值创造活动）的时间就会显著影响生产（另一项价值创造活动）能力的利用率。如果要充分发挥促销活动的作用，就必须协调这些相互联系的活动。

公司可能希望分析价值链内各流程之间的联系，力求提高效率。这项分析的总体目标是使材料以最低的成本、最短的时间和可接受的质量从供应商转到生产，再转到客户。

价值链的设计部分的效率，可以通过减少独立零部件的数量、增加制造的灵活性来提高。

---

7. 同上。

实例 日本的录像机生产商通过大幅减少录像机的零部件数量，强调价值链前面的步骤（生产设计）对后面步骤（生产）的影响，把价格从1977 年的 1 300 美元降至了 1984 年的 295 美元。[8]

公司还应该更好地理解控制每项活动的成本和价值的动因，努力提高价值链内每项活动的效率。

价值链的采购部分的效率（即生产之前的部分）可以通过减少供应商的数量来提高，也可以通过建立计算机系统自动处理订单，或者通过把配送数量限定为"准时制"配送的数量（从而降低存货），或者通过让供应商负责质量，以降低或消除检验成本。

价值链的生产部分的效率可以通过提高自动化程度，或许通过利用机器人来提高，也可以通过把设备重新编组，每个设备单元执行一系列相关的生产步骤，或者通过改进生产控制系统来提高。

价值链的销售部分的效率（即从厂门到客户）可以通过让客户下电子订单（现在在医院供应公司和某类零售业中很普遍）来提高，也可以通过变迁仓库的地址，或者改变分销渠道，更多或更少地强调分销商和批发商，或者通过提高仓库运转的效率，或者通过改变公司自营的运输车辆和外部机构提供的运输之间的组合。

实例 宝洁公司在沃尔玛商店配置了订单输入计算机终端，从而消除了过去沃尔玛的消费者向宝洁公司的订单输入员传递订单时经常发生的错误，降低了两家公司的运营成本，缩短了从下订单到发货之间的时间。Levi Strauss 公司[9]在自己的零售店也安装了类似的系统。

这些以效率为导向的倡议通常也需要权衡。例如，客户直接下订单可以加速配送、减少文书工作，但是也会由于订单数量小而增加配货成本。因此，重要的是综合分析价值链的所有相关部分。否则，一个环节的改进可能会因另一个环节成本增加而被抵消。

作业成本核算制度

工厂计算机化和自动化水平的提高引发了成本信息采集和利用系统的重要变革。60 年前，大多数公司利用基于直接人工小时或工

---

8. 同上，第 320 页。

9. 译者注：Levi Strauss 是美国著名的牛仔裤生产商，它也是世界上第一条牛仔裤的发明人的名字。

资的工厂统一标准分配管理费用。而今，越来越多的公司把与材料相关的成本（如运输、仓储）同其他制造成本区分开来，单独采集。他们按单个部门、单台设备或者设备单元（由执行一项产品的一系列相关操作的一组设备构成）采集制造成本。在这些成本中心中，直接人工成本可以与其他成本综合起来，得出转换成本，即把原材料和零部件转换为产成品的人工和车间管理费用。除了转换成本之外，较新的系统还把研发、一般管理费用及销售费用分配到产品上。较新的系统还采用多重分配基础。在这些较新的系统中，经常使用活动一词，而不是成本中心；使用成本动因，而不是分配基础。这种成本制度称为作业成本核算制度（activity based cost system，缩写为 ABC）。[10]

每个成本中心的分配基础，或者称成本动因，都反映成本发生的原因，即说明成本中心或活动为什么发生这么多成本的要素。例如，在采购中，成本动因可能是订单数量；对于内部运输而言，可能是运输的零部件的数量；对于生产设计而言，可能是产品各种零部件的个数；对于生产控制而言，可能是生产准备的次数。请注意，这里的"原因"是指各成本中心成本形成的因素。

实例 通用汽车公司采用 ABC 分析，制定一个零部件的自制还是外购战略。在一个工厂中，它的 ABC 系统有 5 000 多项作业成本集，100 多个不同的成本动因（即：把作业成本集追溯到产品的动因）。[11]

Scovill 公司的一个分部 Schrader Bellows 采用 ABC 分析重新评估营销和产品线战略。它的 ABC 分析拥有 28 个作业成本集和 16 个成本动因。在它以前的系统中，5 个生产部门各有一个成本集，并且使用同一个成本动因（直接人工）把成本集分配到产品上。[12]

由于捐赠者和投资者不断叫嚣小额贷款机构（MFI）在发展中国家的可持续发展，所以，对于小额贷款机构而言，审查产品组合的成本就变得日益紧迫。总部位于孟加拉的一个小额贷款机构 SafeSave，采用

10. 我们使用传统一词指许多公司采用的系统，但决不是所有公司。正如 Shank 所指出的，作业成本核算制度的许多基本要素都可以追溯到 J.M. Clark 1923 年的一本书 *Studies in the Economics of Overhead Costs*；John K. Shank, "Strategic Cost Management: New Wine or Just New Bottles," *Journal of Management Accounting Research*, Fall 1989, p. 48.

11. George Beaujon and Vinod Singhal, "Understanding the Activity Costs in an Activity–Based Cost System," *Journal of Cost Management for the Manufacturing Industry*, Spring 1990, pp. 51–72.

12. Robin Cooper, "Schrader Bellows," Harvard Business School case 186–272.

ABC 分析，为三项储蓄产品分别建立了真正的成本。一项定期储蓄产品扩张得比高收益的投资机会所能提供的还快。因而，SafeSave 决定缩减向富裕客户推销这项产品的规模。[13]

ABC 概念并不难以理解，也没有违背直觉。事实上，它非常符合常识。但是，在初期，工厂往往生产的产品种类较少，成本是以人工为主导的（人工成本相对于管理费用高），产品往往在辅助服务数量消耗方面也无太大的差异。因此，基于活动作业分配管理费用，不可能使产品成本显著区别于基于与人工成本挂钩的单一数量动因的分配。

当今，许多公司的人工成本不仅重要性显著下降，而且越来越不被视作随产量变化而变化的成本。现在在许多公司中间接成本成了主导部分。在一个典型的"弹性工厂"中，原材料是惟一依产量变化的成本，也是惟一与产品直接相关的成本。ABC 制度的倡导者坚持认为，现在要对完全成本进行有意义的评估，就必须把管理费用按比例分配给长期产生成本的活动作业。

利用 ABC 信息

若用作战略计划过程的一部分，则 ABC 制度可以提供有用的洞见。例如，它可能表明拥有许多不同零部件的复杂产品设计和生产成本高于较简单的产品，也可能表明产量低的产品单位成本高于产量高的产品，或者需要许多生产准备或许多工程变化指令的产品单位成本高于其他产品，还可能表明生命周期短的产品单位成本高于其他产品。关于这些差异大小的信息可能会导致政策的变动，涉及利用全系列产品线还是单一产品线；产品定价；自制还是外购决策；产品组合决策；增添产品还是削减产品；去除不增加价值的活动作业；强调改进工厂设计和简化产品设计。

实例　1992 年，克莱斯勒因在试验项目上采用 ABC 分析而受益匪浅，它考查了公司畅销的小型货车的线束设计。电汽配线把一束束的线连接在一起。9 个部门，从设计到装配到融资，都开始估算最优线束数量。装配人员希望只用 1 种线束，而设计团队则想用 9 种，等等。采用 ABC 分析汽车整个生产流程的作业成本之后，每个人都认为最优数量是 2 种。

---

13. www.cgap.org/product costing.

惠普的成功产品，新款 HP3000 和 HP9000 中等计算机，就是得益于高质量的成本信息。当 ABC 分析表明测试新设计和零部件的成本极其高昂时，工程师们便改变了计划，转而采用需要较少测试的零部件，从而降低了成本。[14]

在 ABC 实施项目上投入了 10 万美元，耗时 6 个月之后，位于佛罗里达州杰克逊维尔市的 Naval Air Depot 公司每年节约了约 2 亿美元。通过运用 ABC 分析，飞机零部件的移动距离缩短了 80%，操作步骤的总量减少了 91%，任务调度总变动降低了 92%。[15]

其他公司也由于降低复杂性实现了显著的成本节约。

实例　宝洁公司标准化了产品配方和包装。宝洁公司洗发水在美国只使用两种基本包装，每年节约 2 500 万美元。[16]

通用汽车公司为了简化营销，把美国的车型数量从 53 种减到了 44 种，并且合并了 Pontiac 和 GMC 分部。[17]

战略计划过程

若公司按日历年度运营，则战略计划过程就从春季开始，到秋季结束，恰好在编制年度预算之前。战略计划过程包括下列步骤：

1. 审查并更新上一年度的战略计划。
2. 决定假设和指南。
3. 新战略的第一轮迭代。
4. 分析。
5. 新战略的第二轮迭代。
6. 最终审批。

审查和更新战略计划

在一年当中，总会制定改变战略计划的决策。只要需要，管理

14. Cooper，"Shrader Bellows"．

15. www.dekkerltd.com。

16. Zachary Schiller，"Making It Simple," *BusinessWeek*, September 9, 1996, pp. 96–104.

17. 同上。

层就可以制定决策，而不是按部就班地遵循设定的时间表。从概念上讲，一制定决策，就应该把决策对未来 5 年的影响纳入战略计划。否则，正式计划就不再反映公司计划遵循的发展道路。特别是，计划就可能不再反映检验战略和计划项目建议的有效基础，而这恰恰是计划的基本价值之一。但是，从实践上讲，很少有组织不断更新战略计划。更新战略计划需要大量文书工作和计算机时间，这远远超出了管理层认为值得的限度。

因此，年度战略计划过程的第一步就是审查和更新上一年度批准的战略计划。本年度头几个月的实际经验已经反映在会计报告中，根据这些数据推断全年的最佳估计。如果计算机程序足够灵活，它就可以把当前各种力量的影响拓展到本年度以外。如果不够灵活，就可以人工粗略地估计一下。新计划项目决策对收入、费用、资本支出和现金流的影响也应纳入分析。计划人员通常执行更新。如果计划项目决策中存在必须解决的不确定性或者模糊性，管理层就可能介入。

决定假设和指南

更新后的战略计划纳入了广泛的假设，如 GDP 的增长、周期性波动、工资标准、重要原材料价格、利率、销售价格、竞争者行动之类的市场条件以及公司运营的所在国政府法令的影响等。这些假设经重新审查，如有必要，就应该予以变更，以涵盖最新信息。

更新后的战略计划涵盖了现有经营设施的收入、费用和现金流的影响，以及因新工厂开业、扩建现有工厂、关闭工厂、工厂搬迁等而产生的变化。它表明了可能通过留存收益和新融资获得的新资本数量。这些条件要予以考查，以确保他们在目前仍有效，确保资本数额可以再维持一年。

更新不必太详细。粗略的估计就足以作为高级管理层制定决策的基础，高级管理层据此制定关于计划年度要实现的目标，以及计划如何实现这些目标时要遵循的指南。目标通常按产品线分别表述，以销售收入、利润率或者资本收益率的形式表述。主要指南是关于工资增长（包括影响薪酬的新福利计划）、新增或停产的产品线、销售价格的假设。对于管理费用，可以规定人员限额。在这个阶段，他们只反映高级管理层的临时观点。在下一阶段，经营单元经理才有机会发表自己的观点。

管理会议

许多公司都召开公司和经营单元管理者年度会议（经常称为"峰会"），讨论所建议的目标和指南。这种会议一般持续几天，会议地点选在公司以外，以使干扰控制在最低限度。除了正式议程之外，会议还为公司上下的管理者提供了相互认识了解的机会。

战略计划的第一轮迭代

利用假设、目标和指南，经营单元就可以制定"粗略的"战略计划，可以包括与现行计划不同的经营计划，如改变营销战术，但要有理有据。经营单元的职员从事大部分分析工作，但是经营单元经理做最终判断。在制订计划时，经营单元的人员也可以征求总部人员的意见，不过这要取决于人际关系。在计划制订过程中，为了明确各项指南、假设和指令，总之为了协助计划制订，总部人员也经常走访经营单元。

完整的战略计划包含损益表；存货、应收账款以及其他主要资产负债表项目；员工数量；关于销售和生产的数量信息；工厂及其他资本收购支出；任何其他非正常现金流；以及解释和说明。明后两年的数字相当详细（但不如年度预算详细），之后诸年就只是总结性信息。

分　析

总部收到经营单元的计划后，便汇总成公司总体战略计划。计划人员和总部的营销、生产及其他职能经理一起深入分析计划。经营单元X计划了一项新的营销策略，销售收入会像计划所表明的那样吗？经营单元Y计划增加一般管理人员，真的需要增加的人员吗？经营单元Z假设劳动生产率大幅提高，它列举的理由现实吗？研发部门承诺研制出一项重要的新产品，经营单元能随时制造和销售这些产品吗？有些经营单元经理往往在估计时留有余地，以便更轻松地实现目标，能查出并消除它们吗？

总部人员还检查经营单元计划的一致性。如果一个经营单元为另一经营单元制造产品，那么制造单元计划发货量等于销售单元规划销售量吗？特别是，对海外子公司的计划发货量与这些子公司的计划销售量一致吗？

总部人员及其经营单元的同事通过讨论解决其中一些问题，然后把其他问题提交公司管理层，这样，他们就成了公司管理层和经营单元经理之间讨论的基础。这些讨论是正式计划过程的核心，每个经营单元一般需要几个小时，也经常持续一天，甚至更长时间。

在许多情况下，各经营单元计划的汇总会揭示出计划差距，即单个计划汇总起来不能实现公司目标。弥补计划差距的方法只有三种：（1）寻找改进经营单元计划的机会；（2）收购；（3）审查公司目标。高级管理层通常聚焦在第一种方法上。

根据计划数字，总部人员就可以编制整个组织的现金计划需求。这可能表明需要新增融资，也可能表明有望增加股利。[18]

战略计划的第二轮迭代

分析第一次提交的计划后，可能个别经营单元的计划需要修订，但这可能导致假设和指南的改变，从而影响所有经营单元。例如，所有计划的汇总可能表明因存货增加而导致现金流失，资本支出超过了公司可以安全承受的限制。如果是这样的话，就可能要求延迟整个组织的支出。这些决策就导致计划的修订。从技术上讲，修订计划比提交最初计划要简单得多，因为它只要求改动几个数字。但是，从组织上讲，它是计划制定过程中最痛苦的部分，因为它要求做出艰难的决策。

有些公司不要求经营单元正式修订计划。他们只是通过非正式的方式协商各项改动，然后在总部把结果填在计划中。

最终审批

公司高层管理者通常要召集会议，详细讨论修订后的计划。计划也可以提交董事会会议。首席执行官做最后审批。计划应在预算编制过程开始前批准，因为战略计划是编制预算的重要依据。

---

18. 关于这一点的讨论，请参见 V. Govindarajan and John K. Shank, "Cash Sufficiency: The Missing Link in Strategy Planning," *Journal of Business Strategy*, Summer 1986, pp. 88–95.

小 结

战略计划反映实施公司战略在未来几年的意义。

从战略计划制定之日起,组织就要制定资本投资决策。审批资本投资决策建议的过程并非遵照固定的时间表。一有需要,高层管理者就制定决策。计划者在战略计划中涵盖了这些决策的影响,以及关于外部力量的假设和指南,如通货膨胀、内部政策和产品定价。

经营单元和辅助单元利用这项信息提出新的战略计划建议,并与高级管理层详细讨论。如果公司计划表明盈利能力不够,就说明存在计划差距,需要通过战略计划的第二轮迭代来解决,有时还会忍痛割爱,缩减经营单元的计划。

几项分析技术有助于战略计划过程,如价值链分析和作业成本核算制度。

推 荐 读 物

Brethauer, Dale. *The Power of Strategic Costing: Uncover Your Competitors' and Suppliers' Costs.* AMACOM, 1999.

Cooper, R., and R. Slagmulder. *Supply Chain Development for the Lean Enterprise: Interorganizational Cost Management.* Productivity Press, September 1999.

Eisenhardt, Kathleen M., and Donald M. Sull. "Strategy as Simple Rules." *Harvard Business Review,* January 2001, pp. 106 - 19.

MacMillan, Ian, and Rita McGrath. "Discovery Driven Planning." *Harvard Business Review,* January 2000.

Porter, Michael E. *Competitive Advantage.* New York: Free Press, 1985.

Shank, John K., and Vijay Govindarajan. *Strategic Cost Management.* New York: Free Press, 1993.

Tucker, K. *Scenario Planning.* Association Management, April 1999.

Ulwick, A. W. *Business Strategy Formulation: Theory, Process, and the Intellectual Revolution.* Westport, CT: Quorum Books, 1999.

第 *9* 章

预 算 编 制

本章和随后两章围绕本年经营的管理控制展开讨论。第 9 章介绍在一年开始之前发生的预算编制过程。第 10 章介绍在业绩产生之后如何评价财务业绩。第 11 章集中讨论如何利用财务和非财务信息进行业绩评价。

第 9 章首先介绍预算的目的，并区分预算与战略计划、预算与预测。然后讨论几种类型的预算，以及一般经营预算的一些细节。接下来的一节介绍编制经营预算的步骤。最后讨论预算编制过程的行为意义。

预算的性质

预算是组织实现有效的短期计划和控制的重要工具。经营预算通常跨度为一年，反映当年计划的收入和费用。它具有以下特点：

- 预算估计经营单元的利润潜力。

- 它以货币形式表示，但货币金额也可能由非货币数量支持（如：销量或产量）。

- 它通常跨期一年。若本行业受季节因素的严重影响，则每年可以编制两份预算。例如：服装公司一般都编制秋季预算和春季预算。
- 它是一种管理承诺。管理者同意为实现预算目标承担责任。
- 预算建议要经预算编制单位的上级审批。
- 一旦批准后，只有在规定条件下，才能修订预算。
- 实际财务业绩要定期与预算对比，并分析和解释差异。

编制预算的过程应该区别于：（1）战略计划；（2）预测。

与战略计划的关系

正如我们在第 8 章中所讨论的，战略计划是为实施组织战略而从事的计划项目的性质和规模的决定过程。战略计划和预算编制都涉及计划，但是这两种过程所涉及的计划活动的类型有所不同。预算过程跨期一年，而战略计划则跨期几年。战略计划先于预算编制，为编制年度预算提供了框架。从某种意义上讲，预算是组织战略计划的一角，是其中的一年，但是，出于本章后面将要讨论的种种原因，预算编制过程还不仅仅是从中切下的一角。

战略计划和预算的另一个区别在于，前者实质上是按产品线或其他计划项目构建的，而后者则是按责任中心构建的。由于计划项目的这种重新安排，所以与负责执行预算的责任中心相对应，同时，这也是必要的，因为人们将利用预算，在事前影响管理者的业绩，在事后评价管理者的业绩。

与预测对比

预算在几个方面都不同于预测。预算是管理计划，隐性的假设是预算编制单位——编制预算的管理者——将采取积极的措施使实际情况符合计划；预测仅仅是对未来最有可能发生什么的一种预言，并不表示预测者努力影响各项行为，以实现预测。较之预算，预测具有以下特点：

- 预测可以以货币形式表示，也可以不以货币形式表示。
- 它可以跨任何期间。
- 预测者不承担实现预测结果的责任。

- 预测一般不须经上级审批。
- 一有新信息表明条件发生了变化，就要更新预测。
- 一般定期正式分析偏离预测的差异。

例如：司库办公室帮助现金计划制定的预测。这种预测包括估计销售收入、费用，以及其他任何影响现金流的项目。但是，司库不承担使实际销售收入、费用及其他项目符合预测的责任。现金预测无须最高管理层明确。它可以每周，甚至每天都变化，无须经上级审批。通常实际和预测之间的差异也不进行系统分析。

从管理的角度来看，财务预测仅是一项计划工具，而预算则既是一项计划工具，又是一项控制工具。所有预算都包含预测因素，因为预算单位不能为影响其实现预算目标的能力的某些事件承担责任。但是，如果预算单位每个季度都可以不经正式审批就能够改变所谓的预算，那么这样一份文件实质上就是预测，而不是真正的预算。它不能用于评价和控制，因为，在年末，实际结果总会等于修订后的预算。

预算的用途

编制经营预算具有四个主要目的：（1）修订战略计划；（2）帮助协调组织各部门之间的活动；（3）向管理者分派责任，授权管理者支出限额，告知管理者希望其实现的业绩；（4）获得一个作为评价管理者实际业绩的基础的承诺。

修订战略计划

正如我们在第 8 章中所讨论的，战略计划具有下列特点：它是在年初制定；它是根据当时可获得的最佳信息制定的；它的制定只涉及个别管理者；它是以相当广义的形式表述的。预算则是在预算年度开始之前编制完成的，它有机会利用最新的信息，并且是基于组织上下各个级别的管理者的判断。"粗略"预算可能揭示，组织或组织的一个经营单元的总体业绩不太令人满意。如果是这样，预算编制就提供了一个在承诺预算年度采取某种经营方式之前提高业绩的决策机会。

协　调

组织中每个责任中心的经理都参与预算编制。因此，当管理人员把各个预算组合成一个总体计划时，就会出现不一致。最常见的是生产部门的计划可能与计划的销售数量不一致，无论是总体销量，还是某个产品线的销量。在生产部门内部，产成品发货计划可能与工厂或工厂的一个部门为这些产品提供零部件的计划不一致。还有一个例子，就是直线部门可能预期辅助部门提供更高水平的服务，但却超出了辅助部门的计划。在预算编制过程中，要明确这些不一致，并予以解决。

分派责任

经批准的预算应该明确每个经理的责任。预算还授权责任中心经理按规定用途花费规定限额的资金，无须经上级审批。

业绩评价的基础

预算反映预算编制单位对其上级的承诺。因此，它是评价实际业绩的标杆。如果它所基于的假设发生变化，那么承诺也要相应改变，但是预算仍不失为评价业绩的最佳起点。预算为组织的每个责任中心分派责任。在最高层，预算总结把责任分派到各个利润中心。在利润中心内，预算把责任分派到各职能领域（如营销）。在职能领域内，预算又把责任分派到各个责任中心（如：营销部门的地区销售办事处）。

实例 SMH公司（Swatch和Omega手表的制造商）的首席执行官尼古拉斯·哈耶克就以奇迹般地扭转SMH公司，以及复兴瑞士钟表行业而闻名遐迩。在这个复兴过程中，尼古拉斯·哈耶克把预算作为一整套管理工具中的一部分。哈耶克说："我们坚决信奉分权制。这个公司有211个利润中心。我们为各利润中心都制定了严格的、近乎苛刻的预算。我本人也参与主要利润中心的详细预算审查。然后我们就密切追踪业绩。我们在下月6号就能获得所有利润中心的月度销售数字。我们在10~15天后就能编制出损益表。如果发现任何异常现象，我们就迅速、果断、直接地做出反应。"[1]

---

1. William Taylor, "Message and Muscle: An Interview with Swatch Titan Nicolas Hayek," *Harvard Business Review,* March–April 1993, p. 110.

图表 9.1　**计划类型及其内容**

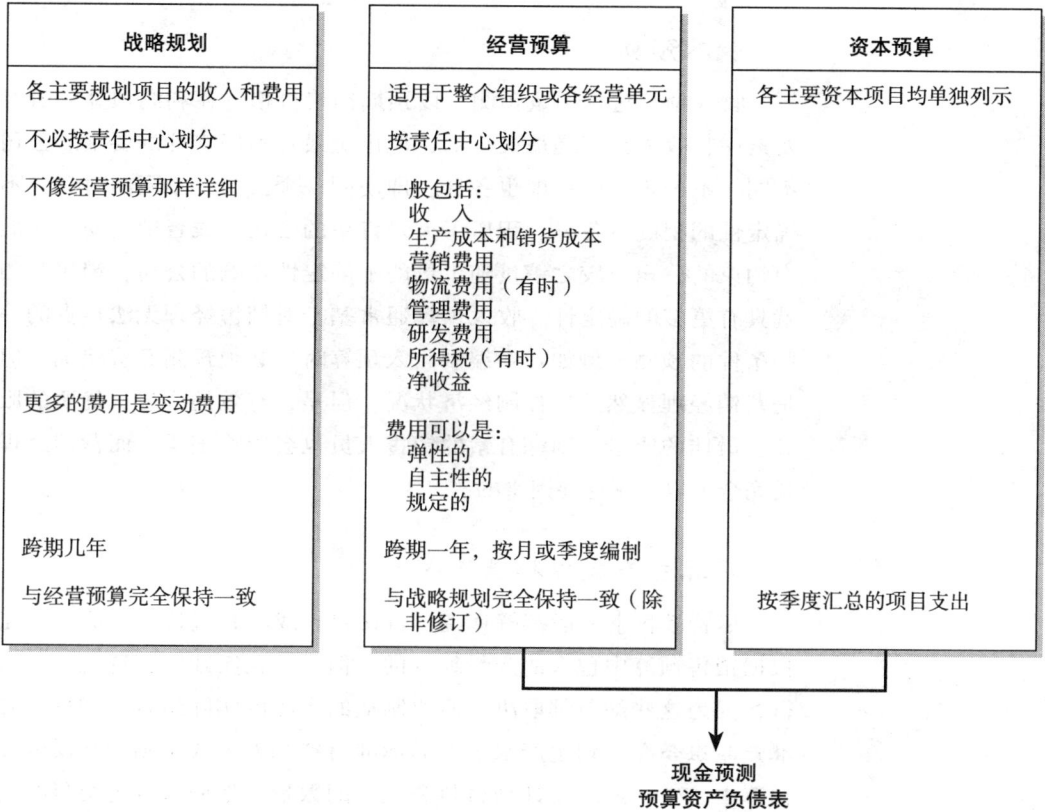

战略规划	经营预算	资本预算
各主要规划项目的收入和费用	适用于整个组织或各经营单元	各主要资本项目均单独列示
不必按责任中心划分	按责任中心划分	
不像经营预算那样详细	一般包括： 　收　入 　生产成本和销货成本 　营销费用 　物流费用（有时） 　管理费用 　研发费用 　所得税（有时） 　净收益	
更多的费用是变动费用	费用可以是： 　弹性的 　自主性的 　规定的	
跨期几年	跨期一年，按月或季度编制	
与经营预算完全保持一致	与战略规划完全保持一致（除非修订）	按季度汇总的项目支出

现金预测
预算资产负债表

经营预算内容

图表 9.1 列示了一般经营预算所包含的内容，并把经营预算与其他类型的计划文件进行对比，即战略计划和资本预算、现金预算，以及预算资产负债表（将在后面一小节中介绍）。数额就是当年的计划金额，还有数量（如员工数量）和销量。

经营预算类别

在较小的组织里，尤其是没有经营单元的组织里，整个预算可以囊括在一页纸上。但在较大的组织里，一般包括一页总结，几页各经营单元的详细预算，研发、管理费用预算。首先要列示收入项目，不仅因为它是损益表的第一项，而且因为预算收入金额影响许多其他项目的金额。

收入预算

收入预算包括销量预测乘以预期销售价格。在利润预算的所有要素中，收入预算是最关键的，但也是最具不确定性的要素。公司不同，不确定性的程度也各异；即使同一个公司，不同的时间，不确定性的程度也各异。积压了大量订单的公司，或者销量受生产能力约束的公司，较之销量随市场的不确定性影响的公司，销售预测就具有更多的确定性。收入预算通常基于对销售经理无法负责的一些条件的预测。例如：在编制收入预算时，必须预测经济状况，但是营销经理显然无法控制经济状况。但是，有效的广告、优质的服务、最佳的质量、训练有素的销售人员也会影响销量，而营销经理是完全可以控制这些因素的。

预算生产成本和销货成本

尽管教科书一般都解释说，直接材料成本和直接人工成本都是根据销售预算中包含的产量编制的，但是，在实践中，这往往不可行，因为这些细节都取决于所要制造的产品的实际组合。相反，标准产品组合在计划生产水平下的标准材料和人工成本则常常反映在预算中。生产经理要计划材料和人工的数量，他们可以为交货时间长的项目编制采购预算。他们还制定生产计划，以确保能够获得生产预算产量所需的资源。

生产经理制定的预算成本可能在产品数量上与销售预算所反映的不同。二者之间的差异反映产成品存货的增减。但是，在汇总预算中报告的销货成本是预算销售的产品的标准成本。同样，批发和零售业中的预算销货成本未必是预算年度要采购的产品的成本。对采购数量的控制是通过预算年度"准许采购"的具体授权实现的，而不是通过预算中所反映的数量控制的。正如制造业公司那样，采购和销售之间的差异反映存货的增减。

营销费用

营销费用是为了销售产品而发生的费用。预算中的大部分营销费用可能都是在预算年度开始之前发生的。如果预算计划销售机构设置一定数量的销售办事处，并配备规定数量的人员，那么就必须在预算年度开始之前做好对开办或关闭办公室，以及招募和培训新员工（或者解聘员工）的计划。广告必须在发布前几个月就事先准备好，并提前几个月与媒体签订好合同。

物流费用通常与为争取订单而发生的费用分开报告。物流费用包括订单录入、仓储和提货、向客户运货，以及回收应收账款等。从概念上讲，这些费用的性质更像生产成本，而不是营销费用，也就是说，其中许多费用都是技术性成本。但是，许多公司都把他们涵盖在营销预算中，因为他们往往是营销机构的职责。

管理费用

这些是行政管理部门的管理费用，既包括总部，也包括经营单元。从总体上讲，他们是酌量性成本，但也有一些费用是技术性成本，如会计部门的记账费用。在编制预算时，人们对这类费用给予了很高的关注，因为他们是酌量性成本，批准多少预算才恰当，总会引发很大争议。

研发费用

研发费用预算一般采用两种方法中的一种，或二者兼而有之。一种方法是聚焦在总量上。这可能是现有的支出水平，根据通货膨胀进行调整；也可能数额更大，因为人们认为，如果公司期望销售收入增长，或者如果有一个开发新产品或新工艺的良机，那么就可以在繁荣时期投入更多的研发费用。另一种方法是汇总经批准的各个项目的计划研发费用，此外还要考虑一些可能从事的工作，即使目前尚未明确。

许多公司都决定按销售收入的一定百分比投入在研发上，但是这个比例是基于长期平均值，即研发支出不会受销量短期波动的影响。让研发支出反映短期波动可能会给研发机构造成不利影响。招募和组织研发人员是一项艰难的任务，如果研发支出在短期波动，就可能造成效率低下。

所得税

尽管报表的底线是税后收益，但是有些公司在编制经营单元的预算时并不考虑所得税。原因在于所得税政策是由公司总部制定的。

其 他 预 算

尽管我们主要讨论经营预算的编制，但是完整的预算还包括资本预算、预算资产负债表和预算现金流量表。有些公司还编制关于非财务目标的报表。

资本预算

资本预算反映经批准的资本项目，以及无须高层批准的众多小项目的一揽子支出。它通常由不同人员与经营预算分开编制。在预算年度，组织各个层级都要考虑并提出资本支出建议，有些最终会获得批准。这是战略计划过程的一个组成部分。

在预算期间，经批准的项目被汇总为一个整体，综合起来考察。结果可能表明总额超出了公司打算投入资本项目的数额。如果是这样，有些项目就要砍掉，有些项目规模就要缩减，有些项目就要被延期。对于保留的项目，要估计每个季度需要花费的现金。这是编制现金流量表所必要的。

预算资产负债表

预算资产负债表反映涵盖在经营预算和资本预算中的决策对资产负债表的影响。从总体上讲，它不是管理控制工具，但是其中有些部分有助于控制。若经营经理能影响存货、应收账款、应付账款的水平，则通常要对这些项目的水平负责。

预算现金流量表

预算现金流量表反映预算年度的现金需求有多少由留存收益提供，有多少必须通过借款或其他外部来源获得。当然，这对财务计划至关重要。正如它的名称所表明的，现金流量表反映预算年度现金的流入和流出，通常按季度编制。此外，司库还必须估计月度（甚至更短的期间）现金需求，作为计划信用额度和短期借款的基础。

目标管理

管理者应该负责在预算年度实现的财务目标是由上述预算制定的。预算中还隐含着一些具体目标：设置新的销售办公室、引入新产品线、员工再培训、安装新的计算机系统等。有些公司明确了这些目标。在文献中，明确这些目标的过程称为目标管理。如同预算一样，只要有可能，就要以数量形式制定各责任中心的目标，并由负责的管理者做出承诺。如果可以以数字表述非财务目标，那么他们就能在激励管理者、评价管理者业绩方面发挥有益的作用。

遗憾的是，有些目标管理（MBO）系统与预算编制过程割裂开来。部分原因在于目标管理最初是人事管理教材和文章的作者所倡导的，而财务预算则是管理会计教材所研究的领域。目标管理和预算编制应该是同一个计划过程的两个部分。

实例 李·亚柯卡曾在福特汽车公司应用目标管理，后来又在克莱斯勒公司采用。引用亚柯卡的话说："多年来，我经常问我的核心员工——我也要求他们问他们的核心员工几个基本问题：'你在未来90天的目标是什么？你的计划是什么？你的优先安排是什么？你的希望是什么？你如何实现他们？'这种季度审查制度能够使员工对自己负责。它不仅强迫每个管理者思考自己的目标，而且也是提醒人们不要丢失梦想的有效方式。[2]

预算编制过程

组 织

预算部门

管理预算控制系统信息流的预算部门，通常（但并非总是）向公司财务总监报告。预算部门履行下列职能：

- 颁布编制预算的程序和表格。
- 协调并逐年颁布公司范围的基本假设，作为预算的基础（如：关于经济前景的假设）。

2. Lee Iacocca, Iaccoca, *An Autobiography* (New York: Bantam Books, 1984) , p. 47.

- 确保信息在相关组织单元之间恰当地交流（如：销售单元和生产单元）。
- 协助预算编制单位编制预算。
- 分析提交的预算，并提出建议，首先向预算编制单位提出，然后向高级管理层提出。
- 管理预算年度的预算修订过程。
- 协调基层预算部门的工作（如：经营单元预算部门）。
- 对比预算，分析报告的业绩，解释经营结果，并为高级管理层编制总结报告。

在计算机的帮助下，尤其是在互联网的帮助下，这些职能都可以更精确地履行，很少出现誊写和计算错误，而且更快捷。但是，仍需要制定决策，需要个人之间的互相协作，这一点始终未变。

预算委员会

预算委员会由高级管理层组成，如首席执行官、首席运营官、首席财务官等。在有些公司，首席执行官自行决定，不设委员会。预算委员会发挥着至关重要的作用。它审查每项预算，然后批准，或予以调整。在大型多元化经营的公司中，预算委员会可能只与负责运营的高层管理者接触，共同审查一个经营单元或一组经营单元的预算。但是，在有些公司，每个经营单元的经理都要与预算委员会接触，提交他或她的预算建议。通常，预算委员会必须审批在预算年度中对预算做出的重大修订。

发布指南

如果公司建立了战略计划过程，那么战略计划的第一年（通常在夏季批准）就是预算编制过程的开始。如果公司没有战略计划，那么管理层就必须按第 8 章所介绍的方式思考未来，作为编制预算的基础。

与预算编制不同，战略计划的制定通常不涉及基层责任中心的管理者。因此，无论是否有战略计划，预算编制过程的第一步都是制定管理预算编制的指南，并下发给所有管理者。这些指南是战略计划中所隐含的，并对战略计划制定以来发生的任何变化进行指导修订，尤其是对公司截止本年的业绩，以及公司目前的前景。所有责任中心都必须遵循指南中的一部分，如总体通货膨胀假设，以及对工资等具体项目的通货膨胀假设；关于可以晋升多少人的公司政策；每个工资级别的薪酬，包括员工福利；可能停止招募新员工。其他指南则是针对某些责任中心的。

预算人员制定指南，然后提请高级管理层审批。在有些情况下，在指南审批之前，基层管理者可以进行讨论。预算人员还为预算编制过程的每个步骤制定时间表。然后预算部门把这份材料下发组织的各个部门。

最初的预算建议

责任中心的管理者根据指南在预算人员的帮助下编制预算。因为大多数责任中心都是以目前拥有的同样的生产设备、人员及其他资源开始一个预算年度的，所以预算都基于现有水平，然后根据指南予以修订。现有经营水平的变化可以划分为：（1）外部力量的变化；（2）内部政策和实务的变化。他们包括，但不局限于下列因素。

外部力量的变化

- 总体经济活动水平的变化会影响销量（如：预期对产品线的需求的增长）。
- 预期购进材料和服务的价格变化。
- 预期工资水平的变化。
- 预期酌量性成本的变化（如：营销、研发以及管理费用）。
- 销售价格的变化。这些经常相当于相关成本变化的总和，它假设成本的变化能够由销售价格来弥补，因为竞争者也会经历同样的变化。

内部政策和实务的变化

- 生产成本的变化，反映新设备和新方法。
- 酌量性成本的变化，基于工作量的预期变化。
- 市场份额和产品组合的变化。

有些公司要求按照上述原因对现有支出水平的具体变化分类。

尽管这需要额外的工作，但是它却是分析变化有效性的一种有用工具。

协　商

预算编制单位要与上级讨论所建议的预算。这是预算编制过程的核心。上级力图判断每项调整的有效性。一般而言，首要的考虑是预算年度的业绩应该较本年度的业绩有所提高。上级知道自己在更高层级的预算过程中也是预算单位，因此必须准备维护最终商定的预算。

预算松弛

许多预算编制单位往往把收入预算编制得比最佳估计低些，把费用预算编制得比最佳估计高些。因此，这样编制出的预算对于他们而言就是一个较容易实现的目标。预算数额与最佳估计之间的差额称为预算松弛（slack）。在审查预算时，上级力求发现并消除预算松弛，但是这项工作很难。

审　批

提交的预算建议要在组织中逐级上报。在提交到经营单元的最高层时，分析师会把各项预算综合起来，审查总数。在部分程度上，分析师要研究预算是否一致，例如：生产预算与计划销量一致吗？服务和辅助中心计划提供的服务是所需要的吗？审查还要问一问预算是否能创造令人满意的利润。如果不能，就经常被退回重新编制。公司总部也会进行同类分析。

最终的审批由预算委员会向首席执行官提出建议。首席执行官还会把审批后的预算提交董事会批准。这一般发生在 12 月，恰恰在预算年度开始之前。

预算修订

预算管理中需要考虑的主要因素之一是预算批准后的修订程序。显然，如果预算单位可以随意修订预算，起初就没必要审批预算了。另一方面，如果预算假设证明是非常不现实的，以致比较实际数字与预算不再有意义，那么预算修订就是可行的。

预算修订一般分两大类：

1. 供系统性更新预算（比如说：按季度）的程序。
2. 供特殊情况下修订预算的程序。

如果预算修订仅限于异常情况，那么这种修订就应该予以充分审查。一般而言，不应轻而易举地获得修订预算的许可。预算修订应该仅限于已批准的预算太不现实，不再是一个有效的控制工具的情况下。也就是说，只有在情况较最初预算批准时存在的情况发生显著变化时，预算修订才是合理的。

> **实例** 在 1995 年，邮资上涨了，服装需求下降了，纸的价格翻了一倍。一家价值 10 亿美元的目录销售公司——地之极公司选择削减邮购数量，以降低成本，而不是继续维持预算邮购数量。行业条件的显著变化要求地之极公司不得不改变计划。[3]

一项重要的考虑因素是不应该要求管理者遵循日后事件证明是局部最优的计划。这可能成为预算编制中最严重的问题。由于预算编制和审批的时间要求，预算必须在行为实际发生前几个月就对其计划。因此，管理层的行为必须基于最新信息，这一点至关重要。故而，管理者也应该依照最新的信息采取行动。业绩仍然按最初预算评价，但是允许对合理的差异做出解释。

或有预算

有些公司日常也编制或有预算，明确在销量较预算编制时的预期显著下降的情况下应采取的管理行动（如：销量较最佳估计下降20%时应采取的行动）。或有预算提供了一种情况发生变化时，迅速调整适应变化后的情况的方式。如果销量下降了 20%，经营单元的经理就能依照预先确立的或有预算，自行决定应采取的行动。

> **实例** 一个大型多元化经营的公司要求各经营单元都编制或有预算。经营单元的预算都是以一系列的比较财务报表结束的，他们描述了如果销量降至预测的 60% 或 80%，或者增至预测的 120%，估计产生的逐项

3. Susan Chandler, "Lands' End Looks for Terra Firma," *BusinessWeek*, July 8, 1996, pp. 130–31.

影响。对于每个可能的销售水平，成本都划分为三大类：固定成本、不可避免的变动成本、自主管理费用。经营单元经理要说明在销量下降的情况下，他们为了控制就业、总资产以及资本支出而采取的具体行动，以及何时采取这些行动。

行 为 意 义

管理控制系统的目的之一就是鼓励管理者既有效率又有效益地实现组织目标。下面就介绍编制经营预算时所需要考虑的一些激励因素。

参与预算过程

预算过程要么是"自上而下"的，要么是"自下而上"的。若是自上而下地编制预算，则高级管理层就为基层制定预算。若是自下而上地编制预算，则基层管理者就要参与制定预算。但是，自上而下的方法很少起作用。它会导致预算编制单位不负责任。这就会威胁计划的成功实施。自下而上的预算编制最有可能激发管理者实现预算目标。但是，除非认真控制，否则就会造成目标太易于实现，或者可能不符合公司的总体目标。

实际上，有效的预算编制过程通常综合两种方法。预算编制单位准备所负责领域的预算初稿，这就是"自下而上"的方法；但是，他们是根据高层制定的指南编制的，这又是"自上而下"的方法。高层管理者审查这些预算建议，并提出批评。务实的审批程序有助于确保预算编制单位不会在预算编制系统中敷衍塞责。但是，审查过程应该公正。如果上级变动了预算，那么他或她就应该尽力让预算单位信服这种变动是合理的。

研究表明，预算参与（即：预算编制单位既参与制定预算，又能影响预算的过程）对管理激励具有积极影响，原因有二：

1. 如果管理者个人能控制预算目标，而不是由外部强加的，那么人们就可能更愿意接受预算目标。这样个人就会为实现目标做出更大的承诺。
2. 参与式的预算编制可以产生有效的信息交流。经批准的预算得益于预算编制单位的专家经验和个人知识,因为他们最接近生产/市场环境。而且,通过在审批阶段与上级的交流,预算编制单位可以更清楚地了解自己的工作。

参与式的预算编制尤其有益于在动态、不确定环境中运营的责任中心,因为负责这种责任中心的管理者可能最了解影响自身收入和费用的变量。

预算目标的难度

理想的预算应该是既富有挑战性,又能实现。从统计上讲,这可以解释为经营良好的管理者至少有 50% 的机会实现预算。Merchant 和 Manzoni 在对经营单元经理的一项实地研究表明,在实践中,经营单元预算的可实现程度通常远远高于 50%。[4] 高级管理层之所以为经营单元批准可实现的预算,原因有几个:

- 如果预算目标太难,就会激励管理者采取短期行为,可能不符合公司的长期利益。可实现的利润目标是把这种失效行为控制在最低限度的一种方法。

- 可实现的预算目标不会激励管理者为实现预算而操纵数据(如:保修、坏账、存货报废等或有负债计提的准备不足)。

- 如果经营单元利润预算反映可实现的目标,反过来,高级管理层就可以把利润目标透露给证券分析师、股东以及其他外部支持者,并对行为的正确性做出合理的预期。

- 难以实现的利润预算通常意味着过于乐观的销售目标。这可能导致为实现更高水平的销售而过多地投入资源。如果实际销售水平达不到乐观的目标,再缩减经营规模,无论从管理上讲,还是从政策上讲,都是令人尴尬的。

- 若经营单元经理能够实现,甚至超过预算目标,则会在公司内营造一种"胜利"的气氛,树立积极的态度。

可实现目标的局限之一在于,一旦实现了预算,经营单元的经理可能就不会再付出令人满意的努力。但是,可以通过奖励实际业

---

4. K. A. Merchant and J. Manzoni, "The Achievability of Budget Targets in Profit Centers: A Field Study," *The Accounting Review* LXIV, no. 3 (July 1989), pp. 539–58

绩超出预算的部分，克服这种局限。

　　如果经营单元经理实现的业绩超出了预算利润，高级管理层不应该自动地增加下一年的利润预算。如果这样做了，经营单元经理为了避免过大的有利差异，可能就不会尽最大努力。

高管参与

　　高级管理层参与是任何预算系统有效激励预算编制单位所必要的。管理层必须参与审批预算，审批不应仅停留在盖个章上。如果管理层不积极参与审批过程，就会诱使预算编制单位对预算系统"敷衍塞责"，也就是说，有些经理就会提交容易实现的预算，或者提交为或有事件留有过多余地的预算。

　　实例 把激励与公司预算联系起来就会导致不利结果。一个领先工业设备公司的管理者决心不遗余力地实现季度目标。他们把未完工的零部件运送至邻近客户的仓库，藉此实现销售。但是，由于在远距离的地点组装零部件增加了成本（仓库租金和人工成本），所以总体盈利能力下降了。

　　管理者可能通过制定较低的目标操纵预算。一个领先的饮料公司负责销售的副总裁低估节假日期间的饮料需求，藉此确保他能够超过设定的目标，实现自己的奖金。但是，他的决策造成计划不足，饮料公司无法满足需求，从而把收入拱手让给了竞争者。[5]

　　管理层还必须跟踪预算结果。如果最高管理层不对预算结果给予任何反馈，那么预算系统就不会有效地激励预算编制单位。

预算部门

　　预算部门具有特别棘手的行为问题。它必须详细分析预算，必须确保预算编制正确，信息准确。为了完成这些任务，预算部门有时必须以直线经理认为具有威胁性或敌意的方式行动。例如：预算部门会尽力确保预算不留有过多的余地（即："含有水分"）。在其他情况下，预算单位对预算差异的解释可能隐匿了潜在的严重形势，或者大事化小、小事化了，当预算部门揭示了事实后，直线经理就

---

5. Michael Jensen, "Corporate Budgeting Is Broken—Let's Fix It," *Harvard Business Review*, November, 2001.

会陷入尴尬的地位。预算部门必须微妙地处理帮助直线经理与确保预算系统的完整性之间的关系。

为了有效地履行自己的职能，预算部门的成员必须树立公正和公平的形象。如果没有这样的形象，即使不是不可能，他们也很难履行维持有效的预算控制系统的必要职责。当然，预算部门的成员应该具备有效处理人际关系所要求的个人技能。

量 化 技 术

尽管数学技术和计算机技术改进了预算过程，但是他们仍不能解决预算控制的关键问题。预算编制中的关键问题往往是行为科学领域的。

模　拟

模拟技术可以构建一个真实情况下的模型，然后操纵模型，得出关于真实情况的结论。预算的编制和审批就是一个模拟过程。借助计算机模拟，高级管理层可以询问不同类型的变化会产生怎样的影响，并且几乎立即就能得到答案。这就为高级管理层提供了一个全面参与预算过程的机会。

市面上有几种计算机软件包。有些是针对工业的，其他则是一般用途的。大多数都要求适应公司本身的管理方式，而这个过程可能需要公司员工或管理顾问付出一年，甚至几年的不懈努力。在有些情况下，所得到的程序经证明太复杂，远远超出了管理者可承受的限度。但是，如果恰当考虑了管理者的需求，无论是预算单位的，还是高级管理层的，就会从所得到的程序中受益匪浅。

盈利能力估计

预算中的每个数字都是一个点估计，即是一个"最有可能的"数字。例如：销售估计是按所销售的每种类型的产品的具体件数表述的。点估计是实现控制目的所必要的。但是，为了实现计划目的，区间估计可能更有用。在预算暂时批准后，或许可以利用计算机模型替代每个主要的点估计的概率分布。然后，运行模型数次，就可以计算出预期利润的概率分布，用于计划目的。这种过程称为蒙特卡罗模拟法。

有些作者曾建议开始就利用概率分布编制预算，而不是利用点估计。也就是说，预算委员会将审批大量概率分布，而不是具体的数字。随后的差异分析将基于这些概率分布。但是，进行这些估计需要大量工作。而且，如果程序要求三个数字——悲观的、最可能的、乐观的，那么结果就可能是一个标准分布曲线，期望值等于最可能的数字。这还不如起初就估计最可能的数字，此外，从理论上讲，还要报告离散度。在任何情况下，概率预算都很少在实践中运用。

小　结

从某种意义上讲，预算就是战略计划中的一年。但是，它比战略计划编制得更详细，而且它的编制涉及组织的各个层级的管理者。经营预算反映各责任中心以及整个组织，在预算年度的收入和费用的详细情况。它是按责任中心编制的。预算编制过程始于颁布高管批准的指南。各责任中心的经理利用这些指南编制预算建议，然后提请上级审查，通过协商确定预算数字。在一项预算提交给经营单元或整个组织的最高层之后，分析师就会审查其是否一致，是否符合公司的整体目标。整个过程基本上都是行为性的。责任中心的经理必须参与预算编制过程，但是要受高管规定的条件的约束。参与式预算编制一般会使组织受益，因为管理者觉得自己可以影响预算编制过程。

推 荐 读 物

Fisher, Joseph G., James R. Frederickson, and Sean A. Peffer. "Budgeting: An Experimental Investigation of the Effects of Negotiation." *The Accounting Review*, January 2000, pp. 93–114.

Frucot, Veronique, and Winston T. Shearon. "Budgetary Participation, Locus of Control, and Mexican Managerial Performance and Job Satisfaction." *The Accounting Review* LXVI (January 1991) , pp. 80–99.

Govindarajan, Vijay. "Impact of Participation in the Budgetary Process on Managerial Attitudes and Performance: Universalistic and Contingency Perspectives." *Decision Sciences* 17, no. 4 (Fall 1986) , pp. 496–516.

Hope, Jeremy, and Robin Fraser. "Who Needs Budgets." *Harvard Business Review*, February 2003, pp. 108–127.

Jensen, Michael C. "Corporate Budgeting Is Broken—Let's Fix It." *Harvard Business Review*, November 2001, pp. 94–103.

Moose, C. J. *Budgeting*. Vero Beach, FL: Rourke, 1997.

Penne, Mark. "Accounting Systems, Participation in Budgeting, and Performance Evaluation." *The Accounting Review* LXV, no. 2 (April 1990) , pp. 303–14.

Rachlin, R. (ed) . *Handbook of Budgeting*. 4th ed. New York: John Wiley & Sons, 1998.

——. *Total Business Budgeting*. New York: John Wiley & Sons, 1997.

Schick, A. *Modern Budgeting*. 1998.

Seitz, N. E. *Capital Budget and Long Term Finances*. New York: Harcourt, 1997.

第 *10* 章

财 务 业 绩 分 析 报 告

本章的焦点是分析财务业绩指标。第一部分介绍如何计算经营单元的实际与预算数据之间的差异。因为费用和收入预算都是经营单元预算的一部分，所以讨论也可以拓展开来，涵盖费用和收入中心。第二部分介绍高级管理层如何利用这些差异报告评价经营单元的业绩。在下一章中，我们将介绍如何将非财务业绩指标纳入管理控制过程。

计 算 差 异

尽管本小节聚焦在比较实际业绩与预算上，但是经营管理者会采纳一种持续改善的思想，或者称之为"Kaizen"。他们并不认为最优业绩就是"节省费用"。大多数公司每月都分析各经营单元和整个组织的收入和费用的实际与预算之间的差异（有些公司每季度分析）。有些公司只是报告这些差异的数量，如图表 10.1 所示。这张报表表明实际利润比预算高出 52 000 美元，主要原因在于收入超出了预算。它并没有说明收入为什么高，也没有说明在费用项目的差异

图表 10.1
业绩报告（1月）
（单位：千美元）

	实 际	预 算	实际比预算好（差）
销售收入	$875	$600	$275
变动销货成本	583	370	(213)
贡 献	292	230	62
固定管理费用	75	75	——
毛利润	217	155	62
销售费用	55	50	(5)
管理费用	30	25	(5)
税前利润	$132	$ 80	$ 52

图表 10.2
差异分析分解图

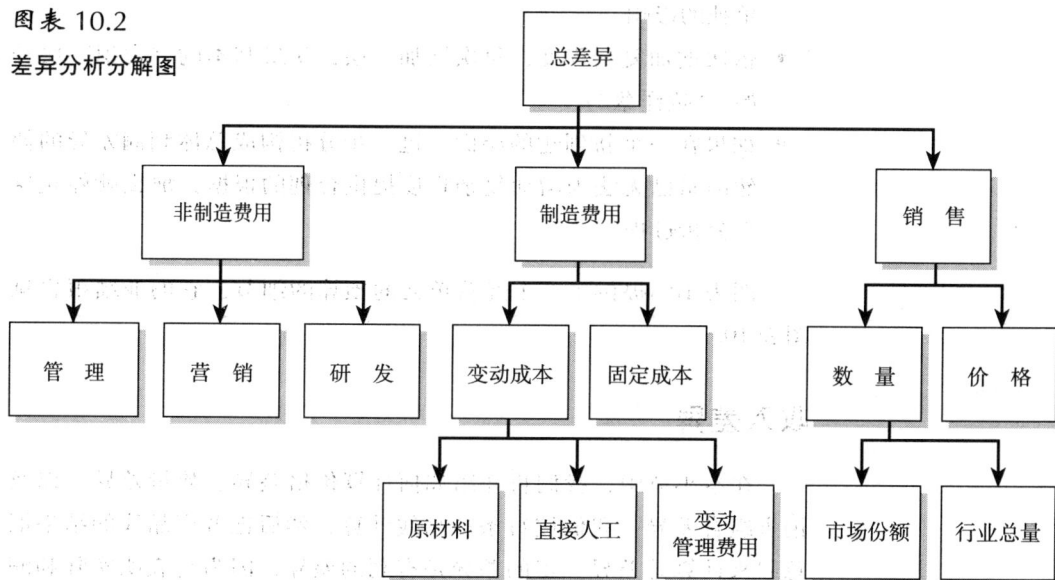

净额中，是否存在彼此抵消的差异。

　　如果进行更全面的分析，就会明确差异的原因，以及组织单元的责任。有效的系统能够确定各部门的差异，一直到管理的最基层。差异是等级式的。如图表 10.2 所示，他们从经营单元总体业绩开始，分为收入差异和费用差异。收入差异又进一步划分为经营单元总体和经营单元内的各营销责任中心的数量差异和价格差异。他们还可以按销售区域和地区进一步划分。费用差异可以划分为制造费用与其他费用。制造费用还可以按工厂和工厂内的各部门进一步细分。因此，每项差异都可以与负责它的经理共同确定。这种类型的分析是一个强有力的工具，没有它，利润预算的效力就会受到限制。

利润预算自身包含了对整个行业的状况，以及公司的市场份额、销售价格和成本结构的一定预期。如果根据这些预期分析实际结果的变化，那么通过差异计算所得出的结果就会更"可控诉"。我们进行差异分析所采用的分析框架吸纳了下列思想：

- 明确影响利润的主要偶然因素。
- 按这些偶然因素分解总体利润差异。
- 聚焦在每项偶然因素的差异对利润的影响上。
- 通过变化一项因素，而其他因素保持不变计算每项偶然因素的单独的影响。
- 依次增加复杂程度，每次增加一层，从最基本的"常识"层开始（"拨洋葱"）。
- 如果在一个新创建的层面，进一步分析构成总体利润差异的偶然因素已无法为增加复杂程度提供合理的根据，那么就停止这个分析过程。

图表 10.3 提供了一个经营单元的预算的细节，它的业绩报告见图表 10.1。

收入差异

在本小节中，我们将介绍如何计算价格差异、数量差异，以及销售组合差异。我们按每条产品线计算，然后把各产品线的结果汇总起来计算总差异。正的差异是有利的差异，因为它表明实际利润超过了预算利润，负的差异是不利差异。

价格差异

计算价格差异时，用实际价格与标准价格之差乘以实际数量。计算如图表 10.4 所示。它表明价格差异为 75 000 美元，是不利差异。

销售组合差异与数量差异

销售组合差异与数量差异经常合在一起。销售组合与数量的综合差异计算公式如下：

图表 10.3　**1 月份预算（单位：千美元）**

	产品 A 100*		产品 B 100*		产品 C 100*		总预算
	单 位	总 量	单 位	总 量	单 位	总 量	
销售收入	$1.00	$100	$2.00	$200	$3.00	$300	$600
标准变动成本 原材料	0.50	50	0.70	70	1.50	150	270
人 工	0.10	10	0.15	15	0.10	10	35
变动管理费用	0.20	20	0.25	25	0.20	20	65
变动成本合计	0.80	80	1.10	110	1.80	180	370
贡 献	$0.20	20	$0.90	90	$1.20	120	230
固定成本		25		25		25	75
固定管理费用							
销售费用		17		17		17	50
管理费用		8		8		8	25
固定成本合计		50		50		50	150
税前利润		$ (30)		$ 40		$ 70	$ 80

* 标准销量（件）。

图表 10.4　**价格差异（1 月）（单位：千美元）**

	产 品			合 计
	A	B	C	
实际销量（件）	100	200	150	
实际单价	$0.90	$2.05	$2.50	
预算单价	1.00	2.00	3.00	
实际高于（低于）预算（每单位）	(0.10)	0.05	(0.50)	
有利（不利）价格差异	(10)	10	(75)	(75)

图表 10.5　**销售组合与数量差异（1 月）（单位：千美元）**

(1) 产 品	(2) 实际销量	(3) 预算销量	(4) 差异 (2) − (3)	(5) 单位贡献	(6) 差异 (4) × (5)
A	100	100	—	—	—
B	200	100	100	$0.90	$ 90
C	150	100	50	1.20	60
合 计	450	300			$150

$$销售组合与数量综合差异 = （实际销量 - 预算销量）$$
$$\times 预算单位贡献$$

销售组合与数量的综合差异的计算如图表 10.5 所示。结果是 15 万美元，是有利差异。

数量差异是因为销量超过了预算而产生的。销售组合差异则是因销售产品的比例不同于预算中假定的比例而造成的。因为各种产品的单位贡献均不相同，所以销售产品的比例与预算不同也会产生差异。如果经营单元拥有一个"富余的"销售组合（即：边际贡献高的产品占的比例大），实际利润就会高于预算；如果经营单元拥有一个"贫瘠的"销售组合，利润就会低于预算。因为数量和销售组合差异是联合的，所以区分二者的技术多少都有些主观臆断。下面就介绍其中一种技术。

销售组合差异

每种产品的销售组合差异可以通过下列等式计算：

$$销售组合差异 = [实际销量$$
$$- （实际总销量 \times 预算产品销售比例）$$
$$\times 预算单位贡献]$$

销售组合差异的计算如图表10.6 所示。它表明产品 B 的销售比例高于预算，产品 A 的销售比例低于预算。因为产品 B 的单位贡献高于产品 A，所以销售组合差异是有利差异，数额为 35 000 美元。

数量差异

计算数量差异时，可以用销售组合与数量综合差异减去销售组合差异。也就是用 15 万美元减去 35 000 美元，结果就是 11.5 万美元。还可以计算每种产品的数量差异，具体如下：

$$数量差异 = （实际总销量 \times 预算比例 - 预算销量）$$
$$\times 预算单位贡献$$

数量差异的计算如图表 10.7 所示。

其他收入分析

收入差异还可以进一步细分。在我们所举的例子中，图表

图表 10.6　**销售组合差异（1 月）（单位：千美元）**

(1)	(2)	(3)	(4)	(5)	(6)	(7)
		按实际销量		差　异		差　异
产品	预算比例	的预算组合	实际销量	(4) – (3)	单位贡献	(5) × (6)
A	1/3	150※	100	(50)	$0.20	$ (10)
B	1/3	150	200	(50)	$0.90	45
C	1/3	150	150	—	—	—
合　计		450	450			$ 35

※ 1/3 × 450 ＝ 150。

图表 10.7　**数量差异（1 月）（单位：千美元）**

(1)	(2)	(3)	(4)	(5)	(6)
	按实际销量		差　异		
产品	的预算组合	预算销量	(2) – (3)	单位贡献	数量差异
A	150※	100	50	$0.20	$ 10
B	150	100	50	$0.90	45
C	150	100	50	1.20	60
合　计	450	300	150		$115

10.4~10.7 提供了按产品细分所需要的信息。具体细分如图表 10.8 所示。

市场畅销度与行业总量

收入分析的一种拓展就是把销售组合与数量综合差异区分为市场份额差异和行业总量差异所导致的差异。原则是经营单元经理要为市场份额负责，但是他们不为行业总量负责，因为它在很大程度上受经济状况影响。要进行计算，就必须获得行业销售数据。具体计算见图表 10.9。

图表 10.9 的 A 部分提供了图表 10.3 所示的最初预算中的假设，B 部分提供了 1 月份实际行业总销量和市场份额的详情。

人们利用下列公式把市场畅销度对销售组合与数量综合差异种的影响与行业总销量对其的影响区分开来：

$$市场份额差异 = （实际销量 - 行业总销量）× 预算市场畅销度$$
$$× 预算单位贡献$$

图表 10.8 按产品计算的收入差异（1月）（单位：千美元）

	产品			合 计
	A	B	C	
价格差异	$ (10)	$ 10	$ (75)	$ (75)
销售组合差异	(10)	45	—	35
销量差异	10	45	60	115
合 计	$ (10)	$100	$ (15)	$ 75

图表 10.9 行业总销量与市场份额差异（1月）（单位：千美元）

A. 预算销量

	产品			合 计
	A	B	C	
估计行业总销量（件）	833	500	1 667	3 000
预算市场份额	12%	20%	6%	10%
预算销量（件）	100	100	100	300

B.实际市场份额

	产品			合 计
	A	B	C	
实际行业总销量（件）	1 000	1 000	1 000	3 000
实际销量（件）	100	200	150	450
实际市场份额	10%	20%	15%	15%

C. 因市场份额产生的差异

	产品			合 计
	A	B	C	
(1) 实际销量（件）	100	200	150	450
(2) 按实际行业总销量计算的预算份额	120	200	60	380
(3) 差异（1–2）	(20)	—	90	70
(4) 预算单位贡献	$0.20	$0.90	$1.20	
(5) 因市场份额产生的差异（3 × 4）	(4.00)	—	108	$104

D.因行业总销量产生的差异

	产品			合 计
	A	B	C	
(1) 实际行业总销量	1 000	1 000	1 000	3 000
(2) 预算行业总销量	833	500	1 667	3 000
(3) 差异（1–2）	167	500	(667)	—
(4) 预算市场份额	12%	20%	6%	
(5) （3 × 4）	20	100	(40)	
(6) 单位贡献（预算）	$0.20	$0.90	$1.20	
(7) 合计（5 × 6）	4.00	90.00	(48.00)	$46

市场份额差异可以按每项产品单独计算，总差异就是算术总和。计算如 C 部分所示。15 万美元的销售组合与数量综合差异中，有利的差异为 10.4 万美元，这是因为市场畅销度好于预算而造成的。其余 46 000 美元是因实际行业总销售额高于预算中假设的总销售额而造成的。

46 000 美元的行业总销量差异也可以按每项产品计算，具体如下：

$$行业总销量差异 = （实际行业总销量 － 预算行业总销量）$$
$$× 预算市场畅销度 × 预算单位贡献$$

行业总销量差异的计算如D 部分所示。

费用差异

固定成本

实际和预算固定成本之间的差异只要相减就可以得出，因为这些成本既不受销量的影响，也不受产量的影响。如图表 10.10 所示。

变动成本

变动成本是直接随销量成比例变化的成本。预算变动制造成本必须调整为实际产量。假设 1 月的产量如下：产品 A，15 万件；产品 B，12 万件；产品 C，20 万件。并且假设 1 月份发生的变动制造成本如下：

原材料，47 万美元；人工，6.5 万美元；变动制造管理费用，9 万美元。图表 10.3 列示了标准单位变动成本。

用每种产品的标准成本的每项要素乘以该产品的产量，就可以把预算制造费用调整为在实际产量水平下应花费的数额。具体计算如图表 10.11 所示。

这张表表明 1 月份发生了 13 000 美元的不利差异。我们称之为"支出"差异，因为它是因支出超出调整后的预算 13 000 美元所造成的。它所包含的不利原材料差异和人工差异分别为 11 000 美元和 12 000 美元。有利的管理费用差异部分抵消了这些差异，数额为 1 万美元。

图表 10.10 固定成本差异（1月）（单位：千美元）

	实际	预算	有利或不利差异
固定管理费用	$ 75	$ 75	$ —
销售费用	55	50	(5)
管理费用	30	25	(5)
合计	$160	$150	$ (10)

图表 10.11 变动制造费用差异（1月）（单位：千美元）

	产品			合计	实际	有利（不利）差异
	A	B	C			
原材料	$ 75	$ 84	$300	$459	$470	$ (11)
人工	15	18	20	53	65	(12)
管理费用（变动）	30	30	40	100	90	10
合计	$120	$132	$360	$612	$625	$ (13)

用于调整预算变动制造费用的数量是产量，而不是销量，销量用于计算收入差异。在我们这里所举的例子中，我们假设产量和销量相同，也就是说，1 月份生产的每种产品的数量等于 1 月份销售的数量。如果产量与销量不同，那么存货的变化就会产生成本差异。这可能造成产量差异，也可能不造成产量差异，取决于公司的存货成本核算方法。我们将在下一节中说明如何计算这种差异。

在这个例子中，我们假设全部非制造费用都是固定的。如果其中有些是变动费用，就应该采用与计算制造成本差异相同的方式，计算其差异。

汇总差异

在管理报告中可以采用几种不同的方式汇总差异。一种可能的方式如图表 10.12 所示。之所以采用这种方式，是因为金额可以很容易地追溯到前面的各种表。另一种报告方式是列示实际数额，以及差异。这样就可以表明每项差异在总收入或费用项目中的相对重要性。

图表 10.12   汇总业绩报告（1月）（单位：千美元）

实际利润（图表10.1）	$132
预算利润（图表 10.1）	80
差　异	$ 52
差异分析——有利/（不利）收入差异：	
价格（图表 10.4）	$ (75)
销售组合（图表 10.6）	35
销量（图表 10.7）	115
收入净差异	$ 75
变动成本差异（图表 10.11）：	
原材料	$ (11)
人　工	(12)
变动管理费用	10
变动成本净差异	$ (13)
固定成本差异（图表 10.10）：	
销售费用	$ (5)
管理费用	(5)
固定成本差异	$ (10)
差　异	$ (52)

实践中的变形

我们刚才所举的例子，尽管复杂，但却是明确导致经营单元的实际利润不同于预算盈利能力的差异的较直接的方法。在这一小节中，我们将介绍这种方法的几种变形。

比较的期间

本例比较了 1 月份的预算与 1 月份的实际数量。有些公司利用累计业绩作为比较的基础。对于截止于 6 月 30 日的会计期间，他们会利用截至 6 月 30 日的 6 个月的预算与实际数额，而不是利用 6 月份的预算与实际数额。其他公司则比较全年的预算与目前对全年实际业绩的估计。在 6 月 30 日编制的报告的实际数额将包含前 6 个月的实际数字，以及目前对后 6 个月的收入和费用的最佳估计。

比较累计数字不会受本月所特有的临时偏离太大的影响，因此，管理者不必太关注。另一方面，它可能会掩盖非临时性的重要因素的出现。

比较年度预算与目前对全年实际业绩的预期，可以表明经营单元管理者距年度利润目标有多近。如果累计业绩比预算中的累计数额差，就可能要在剩下的几个月弥补差距。另一方面，导致实际业绩低于预算累计数额的力量还可能在剩下几个月中继续存在，这样就会使最终数字与预算显著不同。高级管理层需要对全年的利润做出切合实际的估计，不仅因为它可能表明需要改变股利政策以获得额外的现金，或者需要改变酌量性成本支出水平，而且因为目前对全年业绩的估计经常要提供给财务分析师和其他外部有关方。

获得切合实际的估计并不容易。经营单元管理者倾向于对自己在剩下几个月的经营能力持乐观态度，因为如果他们悲观，就会引起对自身管理能力的质疑。在某种程度上，这种倾向可以通过让经营单元管理者承担证明目前的销量、边际和成本的持续趋势的责任来克服。但是，对全年做出估计有些不可靠，而实际业绩只不过是一种记录。一种缓解问题的替代方法就是既报告累计业绩，又报告全年的业绩。

以毛利润边际为核心

在这个例子中，我们假设销售价格在预算中全年保持不变。在许多公司中，成本或其他因素的变化会导致价格的变化，营销经理的任务就是实现预算毛利润边际，即保持成本与销售价格之间的差额不变。在通货膨胀期间，这样的政策尤其重要。在这样一种系统中，差异分析不包含价格差异。但是，存在毛利润边际差异。单位毛利润边际差异是指销售价格与制造成本之间的差异。

在进行差异分析时，可以用"毛利润边际"替代收入公式中的"价格"。毛利润边际是指实际销售价格与标准制造成本之间的差额。现行的标准制造成本应该考虑因工资标准和原材料价格的变化（在有些公司，还应该考虑其他投入要素的重大变化，如电解铝行业的耗电）而导致的制造成本的变化。之所以使用标准成本，而不是实际成本，是为了使制造上的低效不致影响营销机构的业绩。

评价标准

在管理控制系统，评价实际活动报告时所采用的正式标准分为三类：（1）预先制定的标准或者预算；（3）历史标准；（3）外部标准。

预先制定的标准或者预算

如果精心地制定和协调，他们就会成为优秀的标准。在许多公司中，他们都是比较实际业绩的基础。如果预算数字只是偶尔收集，显然他们就无法提供一个稳定的比较基础。

历史标准

他们是过去实际业绩的记录。本月的经营结果可以与上月的经营结果比较，也可以与上年同月的经营结果比较。这类标准具有两个严重缺点：（1）两个期间的条件可能发生了变化，比较无效；（2）上一期的业绩可能难以接受。如果一位工厂每月发生的报废成本为 500 美元，且各月一直保持一致，但是，在缺乏其他证据的情况下，业绩是一直好，还是一直差，我们就不得而知了。尽管历史标准具有这些内在的缺点，但是有些公司还是采用他们，往往是因为无法获得有效的预先制定的标准。

外部标准

他们是从其他责任中心或本行业的其他公司获得的标准。一个销售分支机构的业绩可以与其他销售分支机构的业绩比较。如果这些责任中心的条件相似，这种比较就能为业绩评价提供一个可接受的基础。

有些公司找出他们认为在本行业管理最好的公司，并采用该公司的数字作为比较的基础，这些数字要么是通过与该公司合作获得的，要么是从公布的资料中获得。这个过程就称为制定标杆（benchmarking）。

关于公司的数据可以从年报或季报中获得，也可以从申报的 10K 表中获得（10K 表数据可以从证券交易委员会获得，互联网上公布 13 000 家公司的数据）。行业数据一般公布在邓白氏公司（Dun & Bradstreet Inc.）的主要行业比率、标准普尔的计算机统计服务公司、罗伯特—莫利斯公司（Robert Morris Associates）的年报研究上。年度调查大多公布在《财富》、《商业周刊》、《福布斯》杂志上。行业协会也公布关于本行业公司的数据。

许多公司在互联网上公布自己的财务报表。利用这项信息作为与竞争者业绩比较的基础存在的问题是账户名称不一致。美国注册会计师协会实施了一个项目，寻求制定一套用于互联网报告的账户名称。人们称之为"XBRL项目"。当这些账户名称获得认可时，竞争者就应该很容易通过一套简单的计算机程序获得平均数据，及其他数据。关于这个项目的最新信息可以从美国注册会计师协会的网站上获得：www.oasis.open.org/cover/siteindex.html。美国财务官协会（FEI）也提供关于会员公司的业绩的信息，但是大多数只提供给项目的赞助人。它的会刊《财务官》上也刊登一些轶闻。

标准的局限

只有从有效的标准中推导出实际与标准业绩之间的差异才有意义。尽管人们习惯于称"有利差异"和"不利差异"，但是这些词暗含了标准是衡量应该实现的业绩的可靠指标。即使标准成本也未必是对具体情况下应该发生的成本的精确估计。发生这种情况是因为下列原因之一，或者兼而有之：（1）标准制定得不恰当；或者（2）尽管依照当时的情况标准制定得恰当，但是条件的变化使标准过时了。差异分析关键的第一步就是审查标准的有效性。

完全成本核算制度

如果公司实行完全成本核算制度，那么变动管理费用和固定管理费用就都会按标准单位成本计入存货。如果期末存货高于期初存货，那么本期发生的一部分固定管理费用就会保留在存货中，而不是流入销货成本。相反，如果本期存货余额下降了，那么释放到销货成本中的固定管理费用就会超过本期实际发生的数额。在我们的例子中，我们假设存货水平保持不变。因此，就不会产生处理与固定管理费用相关的差异时经常出现的问题。

如果存货水平发生了变化，并且如果实际产量不同于预算销量，那么部分产量差异就会计入存货。但是，全部产量差异均应该予以计算和报告。这项差异就是指按实际产量（如弹性预算中所列的）

计算的预算固定生产成本与按实际产量计算的标准固定生产成本之间的差额。

如果公司实行变动成本核算制度，那么固定生产成本就不会计入存货，因此就不存在产量差异。固定生产费用差异就是指预算与实际之间的差额。

重要的一点是生产差异应该与产量关联起来，而不是与销量关联。

详略程度

在这个例子中，我们分析了几个层面的收入差异：首先，按总量，然后按销量、销售组合和价格。接下来又按行业总销量和市场份额分析销售组合与数量综合差异。在每个层面，我们都按产品分析差异。这种从一个层面到另一个层面的分析过程经常被称为"拨洋葱"，也就是说，依次拨开一层层的皮，只要认为值得进一步分析，这个过程就可以继续。有些公司并不像我们的例子这样建立许多层，而有些公司则建立了更多层次的分析。在有些情况下进一步分析营销差异是可能的，也是值得的，如下列情况：按销售地域，甚至按销售员；按国家或地区的销售；按主要客户、主要客户群，或某个行业的客户的销售；按直接邮寄、客户打电话，或者其他渠道创造的销售。还可以通过计算较低层级的责任中心的差异，以及确定具体投入要素的差异进一步更详细地分析制造成本，如工资标准和原材料价格。

这些分析层次都与责任中心的等级设置相符。除非能与负责的管理者联系起来，否则根据所报告的差异采取行动是不可能的。

利用现代信息技术，分析的详略程度几乎可以随心所欲，并且成本也可以控制在合理的限度内。问题是决定多大程度是值得的。答案部分取决于管理者所要求的信息——有些管理者是数字型的，而其他则不是。在理想的状况下，应该存在一些基本数据，可供任何类型的分析，但是日常只报告其中一小部分数据。

技术性成本和酌量性成本

正如我们在第 4 章中所指出的，技术性成本差异与酌量性成本差异的处理方式截然不同。

技术性成本上的"有利"差异通常表明业绩优良。也就是说，费用越低，业绩越好。这要取决于判断质量和准时配送是否令人满意的条件。

相比之下，如果实际费用与预算大体一致，那么通常就认为酌量性费用中心的业绩是令人满意的。这是因为有利的差异可能表示责任中心未能充分履行它承诺履行的职能。因为在酌量性费用中心，有些要素事实上是技术性成本（如：财务总监机构中的记账职能），有利差异通常对这些要素真正有利。

差异分析的局限

尽管差异分析是一个强有力的工具，但是它也的确具有局限性。最重要的局限是，尽管它能明确哪里存在差异，但是它却不能告诉您为什么会产生差异，也不能告诉您该对它采取什么措施。例如：报告可能表明营销费用中存在重大不利差异，它还可能表明这项差异是因促销费用高而造成的。但是，它不能解释为什么促销费用高，也不能说明应该采取什么行动。应该在业绩报告中附一份说明性报告，解释这些情况。

差异分析的第二个问题是决定差异是否重大。在某些分析过程中，在决定实际与标准业绩之间的差异是否重大时，可以采用统计技术。这些技术通常被称为"统计质量控制"。但是，只有在分析过程定期重复的情况下，他们才适用，如在生产线上操作一个机床。文献中包含一些文章，表明人们利用统计质量控制决定预算差异是否重大，但是这种现象在经营单元层面毫无关联，因为重复性行为的必要数量不存在。从概念上讲，只有预期纠正问题所带来的好处超过了调查成本时，才应该调查差异，但是基于这个前提的模型具有太多的不确定性，因而只是学术上的兴趣。因此管理者在决定哪些差异重大时，就依赖判断。而且，如果差异重大，但却无法控制（如：意想不到的通货膨胀），就没必要调查了。

差异分析的第三个局限是，随着业绩报告越来越高度综合，相互抵消的差异会误导读者。例如：经理在审视经营单元制造成本表现时，可能注意到节约因素了。但是，这可能是因一个表现好的工厂抵消了另一个表现差的工厂而造成的。类似地，若把处于不同开发阶段的不同产品线综合起来，可能会使各产品线的实际结果变得模糊不清。

此外，由于差异变得越来越高度综合，所以管理者越来越依赖于所附的说明和预测。工厂经理知道自己工厂发生了什么，并且能够轻而易举地解释产生差异的原因。但是，经营单元经理及其上级通常都必须依赖于工厂差异报告所附的说明。

最后，报告只表明发生了什么。他们并未表明管理者所采取的行动对未来产生的影响。例如：降低员工培训上的花费会提高目前的盈利能力，但是它可能会在未来造成负面后果。此外，报告只表明记录在账户上的事件，而许多重要事件都未反映在目前的会计交易中。例如：账户中并不反映员工士气。

管理行动

分析正式财务报告时有一项最重要的原则：月度利润报告不应该包含任何重大意外。一有重要信息，就应该通过电话、传真、电子邮件或个人会谈迅速沟通。正式报告证实了高层管理者从这些渠道获得的总的印象。他或她可能会根据这些信息，在收到正式报告之前就采取行动。

但是，正式报告至关重要。编制正式报告的最重要的好处之一就是它为敦促下级管理者主动采取纠错行动施加了预期的压力。而且，从非正式渠道获得的信息可能不完全，也可能会产生误导。正式报告中的数字提供了更准确的信息，报告可能证实从非正式渠道获得的信息，也可能对其提出质疑。此外，正式报告还提供了分析的基础，因为从非正式渠道获得的信息经常是概括性的，是不准确的。

通常，经营单元经理及其上级之间会进行一些讨论，经营单元经理会解释产生重大差异的原因，扭转不利形势应采取的行动，以及每项纠错行动的预期时间安排。这些解释肯定是主观的，并且可能带有偏见。同大多数一样，经营经理也不喜欢承认不利差异是因自己的错误而导致的。高层管理者根据自己的经验，可以判断经营单元经理诚实、坦率的可能性，并据此相应地评估报告。

除非可以导致行动，否则利润报告就毫无价值。行动包括表扬工作出色的员工、建议不同的做事方法、"严厉训斥"，或者激烈的个人行动。但是，决不能每月对每个经营单元都采取这些行动。只要经营正常，表扬可能就是最必要的，大多数人甚至也不希望经常被表扬。

小 结

经营单元经理定期向高级管理层报告各自的财务业绩，通常是每月一次。正式报告包括比较实际与预算收入和费用。实际与预算之间的差额可以按不同的详略程度分析。这项分析可以确定造成与预算利润的差异的原因，以及归因于每个原因的金额。

推 荐 读 物

Dunk, Alan S. "Reliance on Budgetary Control for Manufacturing Process Automation and Production Subunit Performance." *Accounting, Organizations and Society* XVII, no. 4 (April‑May 1992), pp. 195–204.

Govindarajan, Vijay. "Appropriateness of Accounting Data in Performance Evaluation: An Empirical Examination of Environment Uncertainty as an Intervening Variable." *Accounting, Organizations and Society* IX, no. 2 (1984), pp. 125–35.

Govindarajan, Vijay, and John K. Shank. "Profit Variance Analysis: A Strategic Focus." *Issues in Accounting Education* 4, no. 2 (Fall 1989), pp. 396–410.

Institute of Management Accountants. "Fundamentals of Reporting Information to Managers." *Statement on Management Accounting.* Supplement 5–6. Montvale, NJ, 1992.

第 *11* 章

业 绩 计 量

在第 10 章中，我们介绍了比较实际财务业绩与预算财务业绩的报告。这是一种类型的业绩计量。尽管财务业绩很重要，但只是组织业绩的一个方面。在本章中，我们将介绍其他方面。

在本章的第一部分，我们将讨论业绩计量系统，它综合了财务信息和非财务信息。业绩计量系统的目标是促进战略实施。在本章的第二部分，我们将讨论交互控制——利用管理控制信息的子集制定新战略。

业绩计量系统

业绩计量系统的目标是实施战略。在建立这个系统时，高级管理层要选择最能反映公司战略的指标。这些指标可以被视作现在和未来的关键成功因素。如果他们有所提高，那么公司的战略就付诸了实施。战略的成功取决于战略的合理性。业绩计量系统只是提高组织成功实施战略的可能性的机制。

图表 11.1 显示了业绩计量系统的设计框架。战略定义了关键成

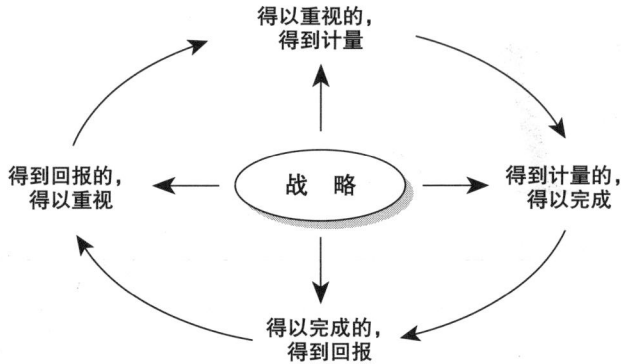

功因素。如果评价这些因素，并给予奖励，就会激励人们去实现它
们。

财务控制系统的局限性

企业的一个重要目标是股东回报最优化。但是，短期盈利能力
最优化未必能保证股东回报最优化，因为股东价值反映预期未来收
益的净现值。同时，对持续信息反馈和管理控制的需要要求公司至
少每年对经营单元进行一次业绩计量。在第 4~7 章，我们讨论了在
向组织的子单元分配财务责任（成本、收入、利润、经济增加值）
时应考虑的管理因素。但是，仅仅依赖财务指标还远远不够，事实
上也无法充分发挥作用，原因如下。

首先，它可能会鼓励不符合公司长远利益的短期行动。为实现
目前的利润水平而施加的压力越大，经营单元经理越有可能采取从
长期看可能是错误的短期行动。例如，为了实现销售目标，管理者
可能会向客户提供劣质的产品，而这又会对公司商誉和未来销售产
生负面影响。这些就是所谓的"执行"失误（error of commission）。

> ***实例*** 博士伦公司的一些分部总裁，在实现净收益的压力下，开始运
> 用一些策略，他们虽然从长期看会让公司付出沉重的代价，但是却能使
> 短期奖金最大化。一个最受欢迎的策略就是为客户提供时间异常长的信
> 用，以换取大订单。[1]

---

1. Joyce Barnathan, "Blind Ambition," *BusinessWeek*, October 23, 1995, pp. 78–92.

安然公司的经理们的薪酬都与短期业绩挂钩，并严重依赖于公司股价。为了维持高股价，他们鼓励把所有长期合同的预测利润都计入财务报表。[2]

其次，经营单元经理为了实现短期利润，可能不会采取有益的长期行动。例如，管理者可能不会进行保证长期利益的投资，因为他们会损害短期财务业绩。还有一个普遍的例子就是管理者在研发上投资不足。研发投入必须在发生当年支出，但是效益只能在未来显示。同样，管理者可能也不会建议风险大的投资——未来现金流具有很大不确定性的投资，因为现金流的不确定性会降低实现短期财务目标的可能性。换句话说，管理者可能只会建议"安全"的投资（即很可能创造充足未来现金流的投资），而不会建议能带来高回报的高风险项目。这些就是所谓的"遗漏"失误（error of omission）。

第三，采用短期利润作为惟一目标会扭曲经营单元经理与高级管理层之间的交流沟通。如果根据利润预算评价经营单元经理，那么他们就可能制定易于实现的利润目标，从而导致整个公司的计划数据错误，因为预算利润可能低于能够真正实现的数字。此外，经营单元经理可能不愿意承认他们可能未达到利润预算，除非经证明，他们不可能达到。这样就延误了矫正行动。

第四，严格的财务控制可能会激励管理者操纵数据。这可能采取几种形式。在一个层面上，管理者可能选择能借用未来收益实现本期目标的会计方法（如：不充分计提坏账损失、存货减值准备以及产品保修准备）。在另一个层面，管理者可能虚报数据，即故意提供不准确的信息。

> **实例**　在博士伦公司，严格的财务控制导致数据操纵。据《商业周刊》报道："在 1993 年，在实现销售目标的压力下，隐形眼镜部门的经理发送医生从未订购的产品，强迫分销商储备高达两年的不需要的存货……并且向许多（分销商）保证，他们在隐形眼镜售出之前无需付款。"[3]

总之，仅仅依赖财务指标还不足以保证战略的成功实施。解决方案就是采用多个指标评价经营单元经理，既包含财务指标，又包含非财务指标。我们所指的非财务指标是支持战略实施的关键成功

---

2. Paul Krugman, "Flavors of Fraud," *New York Times*, June 28, 2002.

3. Barnathan, "Blind Ambition."

因素，或者关键业绩指标。

公司过去也采用财务和非财务指标，但是，他们往往在组织的基层采用非财务指标，用于任务控制；而在组织高层采用财务指标，用于管理控制。事实上，组织的各个层级都需要综合财务指标和非财务指标。高层管理者不仅要追踪表明过去决策结果的财务指标，而且要跟踪表明未来业绩的非财务指标，这一点很重要。同样，基层的员工必须了解自身的经营决策造成的财务影响。

一般考虑因素

把业绩计量系统比喻成为一个仪表板就能让我们清晰地理解管理控制系统需要综合财务和非财务指标：一个单一的指标无法控制一个复杂的系统，过多的指标又会使系统过于复杂，而无法控制。如果把这个比喻拓展开来，就能清晰地说明这一点。

一个业绩计量系统如同一个仪表板，拥有一系列反映许多不同过程的运行状况的指标。例如，其中有些指标告诉驾驶员（或者管理者）发生了什么，如里程表显示行驶了 4 万英里（或者报告表明股东权益目前为 10 亿美元）。其他指标则告诉驾驶员（或者管理者）正在发生什么，如转速表显示 6 000 RPM（或者准时配送率为70%）。所有这些指标都是相互作用的，一项指标的变化经常反映另一项指标的变化：降低转速就可以增加每加仑油行驶的里程（或者提高准时配送率就会提高客户满意度）。

通常，改变一个指标的方式多种多样。比如说转速，可能会提高其他指标，也可能不会提高其他指标，所谓的其他指标，在这个例子中就是指每加仑英里数。了解了仪表板上的一系列指标后，驾驶员就可以进行必要的权衡，比如挂二档开车，转速达 6 500 RPM，而不是挂五档（牺牲油耗），因为换档也需要额外耗费时间——或许还会产生其他可以或不可以忽视的后果。通过权衡，管理者也可以在短期获益或使组织长期成功之间做出选择。

平衡计分卡

平衡计分卡就是业绩计量系统的一个例子。按照这种方法的倡导者的观点，应该为经营单元指定目标，然后从以下四个角度予以

评价：[4]

- 财务（如：利润边际、资产收益率、现金流量）。
- 客户（如：市场份额、客户满意指数）。
- 内部经营（如：员工保留率、经营周期缩短）。
- 创新和学习力（如：新产品销售收入所占百分比）。

在实现组织目标一致的同时，平衡计分卡促进了不同战略指标之间的平衡，从而鼓励员工从组织的最大利益出发采取各种行动。它是帮助公司专注经营方向、改善沟通、制定组织目标，以及提供战略反馈的工具。

平衡计分卡上的每项指标都侧重公司战略的一个方面。在建立平衡计分卡时，高层管理者必须选择一组指标，他们应该能：（1）准确反映决定公司战略成功的关键因素；（2）表明各个指标之间的因果关系，表明非财务指标如何影响长期财务结果；（3）广泛地反映公司目前状况。

业绩计量系统：其他考虑因素

业绩计量系统力图通过建立一套综合的战略指标——结果和动因指标、财务和非财务指标，以及内部和外部指标，强调组织的不同利益相关者的需要。

结果与动因指标

结果指标反映战略的结果（如收入提高）。这些指标一般都是"滞后型指标"，他们告诉管理者发生了什么。相比之下，动因指标则是"引导型指标"，他们表明在战略实施中各主要领域的进展。例如，经营周期就是一个动因指标。结果指标只表明最终结果，而动因指标则可以用于基层，表明最终影响结果的渐进式变化。

动因指标通过把管理者的注意力集中在经营的主要方面而影响组织的行为。如果一个经营单元希望缩短上市时间，那么聚焦在经营周期上就可以使管理者追踪这个目标实现的如何，这反过来也会鼓励员工改进这项指标。

---

4. Robert S. Kaplan and David P. Norton, *Balanced Scorecard* (Boston: Harvard Business School Press, 1996) .

结果指标和动因指标密不可分。如果结果指标表明存在问题，而动因指标却表明战略实施顺利，那么就很有可能需要改变战略。

财务与非财务指标

组织建立了非常复杂的系统计量财务业绩。遗憾的是，正如许多美国公司看到的，在 20 世纪 80 年代，各个行业都是由非财务领域的变化驱动的，如质量和客户满意度，他们最终影响了公司的财务业绩。

实例 在 20 世纪 70 年代，无论就哪项财务指标而言，泛美航空公司、美国钢铁公司、施乐公司，以及 IBM 公司都是各自市场的主导者。但是，到了 80 年代中期，他们的地位受到了一些竞争者的威胁，这些竞争者实现了更高质量、更高客户满意度、更高水平的创新以及更好的商业模式。直到末期，这些都无法以财务方式来评价。

尽管他们意识到非财务指标的重要性，但是，许多组织都没有把非财务指标纳入经理层面的业绩计量，因为这些指标较之财务指标往往不太复杂，高级管理层不擅于使用它们。

内部与外部指标

公司必须在外部指标（如客户满意度）与内部经营指标（如产量）之间保持平衡。公司经常为了追求外部结果而牺牲内部发展，或者完全忽略外部结果，因为他们错误地认为优秀的内部指标就足够了。

实例 在最早采用平衡计分卡的公司中，有一个公司发现，尽管所有内部指标都表明公司业绩有了显著提高（残次品率下降了 10%，准时配送率从 50% 左右跃升至 90% 左右），但是它的财务业绩和股价却停滞不前。公司没有同时参照两个信号采取行动，而是选择继续只根据内部指标采取行动，并且持续了 4 年之久。在整个期间，公司的外部指标都表明战略并没有发挥作用，但是公司却一直坚持它。最终，在公司针对长期糟糕的外部指标改变了战略之后，公司的财务结果才扭转过来。

驱动变化的指标

业绩计量系统最重要的方面就是计量结果和动因的方式能够促

进组织采取符合战略的行动。组织实现目标一致的方式是把总体财务和战略目标与组织不同层级可以遵守和影响的基层目标联系起来。利用这些指标，所有员工都可以理解各自的行动如何影响公司的战略。

因为平衡计分卡中的指标与组织战略明确挂钩，所以这些指标必须是战略特定的，也是组织特定的。虽然存在基本的业绩计量框架，但是却没有基本的平衡计分卡之类的东西。

平衡计分卡指标是自上而下相互联系的，并且与整个组织的具体目标挂钩。目标可以进一步明确战略，从而组织既知道它需要什么，又知道必须做多少。

最后，平衡计分卡强调各项指标之间的因果关系。通过明确因果关系，组织就会理解非财务指标（如产品质量）如何驱动财务指标（如收入）。图表 11.2 举例说明了在因果关系中指标之间如何相互联系。更好地挑选、培训和发展生产工人（按"生产技能"评价）会导致生产质量提高（按"一次合格率"评价），以及更高的准时配送率（按"订货周期"评价）。这些改进反过来又会导致客户忠诚度的提高（通过"客户满意度调查"评价），这最终又导致销售收入的增加（按"销售收入增长率"评价）。

平衡计分卡不应该只是一个菜单式的指标罗列。相反，平衡计

图表 11.2
指标之间的因果关系

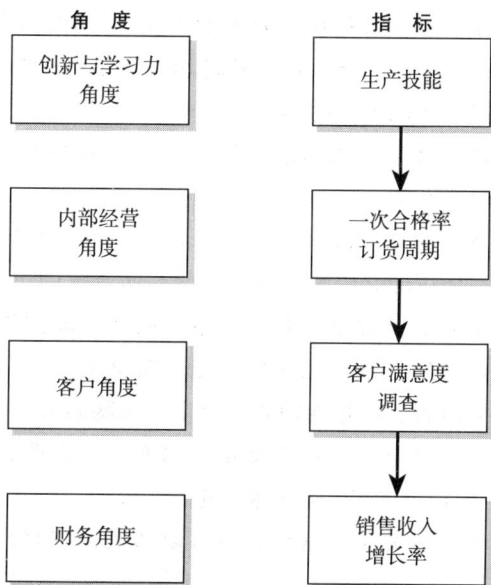

角　度	指　标
创新与学习力角度	生产技能
内部经营角度	一次合格率订货周期
客户角度	客户满意度调查
财务角度	销售收入增长率

分卡中的各项指标必须按因果关系明确联系在一起，作为将战略转化为行动的工具。

对这种关系理解得越透彻，组织中的每个人就越能够随时为组织战略的成功做出直接而明确的贡献。

关键成功因素

在第 4~7 章中，我们介绍了几种财务指标。这里我们将讨论几种非财务指标，也被称为"关键成功因素"。我们需要强调的是，为一个经营单元选择的关键变量比我们这里所讨论的数量要少。

聚焦于客户的关键变量

下列关键变量聚焦于以客户为中心：

- 预定。在大多数经营单元，就某个方面来说，销量就是一个关键变量。从理论上讲，它应该是预定的销售订单，因为这个变量的意外变化会对整个企业在未来产生影响。因为预定先于销售收入，所以它是一个比销售收入更好的指标。这个变量的下降表明应该调整营销活动，以期增加销售或生产活动，或者二者兼而有之，从而改变经营活动水平。这种基本思想还有许多变形。例如：在杂志社，到期订阅户续订的比例就是一个关键变量。续订比例下降表明宣传工作出了问题，或者杂志的内容有问题。在餐饮业，就是用餐数量，并调整日期、季节、天气，以及其他可能的因素。

- 延期交货。表明销售与生产之间不平衡。延期交货可能表明客户不满意。

- 市场份额。除非密切注意市场份额，否则经营单元竞争地位的恶化可能会因整个行业的增长而造成的销量增加所掩盖。

- 主要客户订单。若经营单元向零售商销售，则从几个重要客户获得的订单可能很早就能表明整个营销策略的成功，如大型百货商店、折扣连锁店、超市、邮购店等。

- 客户满意度。这个变量可以通过客户调查、"神秘购物人"方法（暗访）以及投诉数量来评价。

- 客户保留率。这个变量可以通过保持客户关系的时间长短来评价。

- 客户忠诚度。这个变量可以根据重复采购、客户介绍，以及对客户的销售占客户同一产品或服务总需求的比率来评价。

与内部经营相关的关键变量

下列关键变量与内部经营相关：

- 生产能力利用率。生产能力利用率在固定成本高的企业尤其重要（如：造纸、钢铁、电解铝）。同样，在专业服务性组织，向客户收费的专业人员的总工时所占的比例——出售的时间，就是衡量固定资源利用率的一个指标。在酒店业，每天的入住率就是生产能力利用率指标。
- 准时配送。
- 存货周转率。
- 质量。质量指标包括以供应商计的废品率、延期交货的数量和频率、产品零部件的个数、产品通用与专用零部件的比例、产出率、一次合格率（即无需返工的产品比例）、废品、返工、设备损坏、未实现生产和配送进度的频率和次数、员工建议的数量、客户投诉的数量、客户满意度水平、要求保修的次数、实地服务费用、产品退回数量和频率等。
- 经营周期。经营周期的这个公式是用来分析存货需求的工具：

经营周期 = 生产时间 + 储存时间 + 配送时间 + 质检时间

只有第一个要素——生产时间增加产品的价值。其他三个要素都不能增加产品价值。因此，分析力图明确所有未直接增加产品价值的活动，并且消除或者降低这些活动的成本。例如，把在产品从一个工作台传送到另一个工作台并不增加价值，所以要尽力重新安排工作台的布局，以使传送成本最小化。

适时制系统除了把管理者的注意力集中在成本外，还集中在时间上。缩短经营周期能使成本降低。监控适时制系统的进展的有效方式之一就是计算下列比率：

$$\frac{生产时间}{经营周期}$$

从理论上讲，这个比率的目标应该是等于 1，但是它不可能一蹴而就。适时制系统的建立不是一劳永逸的。相反它是一个寻求不断改进制造工艺的发展的系统。公司可以为这个比率制定目标，并根据目标监控进展。如果强调不断提高这个比率，争取达到理想的数字 1，那么可以获得最佳的结果。

实施业绩计量系统

业绩计量系统的实施包括四个基本步骤：

1. 定义战略。
2. 定义战略指标。
3. 把指标纳入管理系统。
4. 经常计量指标和结果。

每个步骤都是反复循环的，同时需要整个组织的高层管理者和员工的共同参与。尽管财务总监负责监管其发展，但是它也是整个管理团队的任务。

定义战略

平衡计分卡在战略和经营行为之间建立了联系。因此，定义平衡计分卡的过程就从定义组织战略开始。在这个阶段，重要的是保证组织的战略目标明确，并制定经营目标。

对于单一经营的公司而言（如：模拟设备公司、美泰公司、Wrigley 公司），平衡计分卡应该在公司层面建立，然后向下延伸至各职能部门。但是，对于多元化经营的公司而言（如：通用电气、杜邦公司、康宁玻璃制品公司），平衡计分卡则应该在经营单元层面建立。经营单元内的各职能部门都建立自己的平衡计分卡是很重要的，同时要保证经营单元的平衡计分卡与下级单位的平衡计分卡协调一致。对于多元化经营的组织而言，最后一步是，公司范围的平衡计分卡应该强调各经营单元之间的协同效应。

定义战略指标

下一步是确定支持组织战略的指标。此时组织必须聚焦在几个关键指标上，否则管理者就会不堪指标的重负（试回想一下我们的比喻，即"仪表板"上安装了过多的仪表）。此外，正如我们前面所讨论的，重要的是要使各指标按因果关系相互联系起来，如图表

11.2 所示。

把指标纳入管理系统

平衡计分卡必须纳入组织的正式和非正式体系、文化和人力资源管理中。例如，如果管理者薪酬只根据财务业绩确定，那么平衡计分卡的效果就会大打折扣。

经常计量指标和结果

一旦建立了平衡计分卡并开始运行，高级管理层就必须持续不断地进行计量。组织应该审视以下几点：

- 依照结果指标，组织运行得如何？
- 依照动因指标，组织运行得如何？
- 自上次计量以来，组织的战略发生了怎样的变化？
- 平衡计分卡指标发生了怎样的变化？

这些计量最重要的方面如下：

- 它们告诉管理层战略是否得到了正确的实施，是否成功，多么成功。
- 它们表明管理层重视这些指标的重要性。
- 它们使指标与不断变化的战略协调一致。
- 它们改进计量。

这些评价阶段圆满结束了四个步骤，并且为开始下一个循环提供了动力。

实施业绩计量系统的难点

除非正确处理了下列问题，否则他们会限制业绩计量系统的效用。

非财务指标与结果之间关联度低

简单地说，人们无法保证实现了非财务领域的目标，就能实现未来盈利能力。这是一个严重的问题，因为内在的假设是只有实现了单个目标，才能实现未来盈利能力。要确定不同指标之间的因果关系，说起来容易，做起来难。

在我们设法建立反映未来业绩的替代指标时，这就成了一个问题。虽然这并不意味着我们应该放弃拥有几个指标的系统，但是，对于公司而言，重要的是了解非财务指标与财务业绩之间的联系并未得到充分理解。

实例 在 1991 年的年度报告中，惠而浦公司宣布它已经制定了目标，并确立了指标，来追踪四个领域的业绩目标的进展。公司觉得为了实现每年 18% 的股东权益收益率，它必须在这四个领域表现出色。在 1991~1995 年间，惠而浦公司实现的股东权益收益率并未超过 13.9%，平均只有 11.9%。这比前 5 年 (1986~1990 年) 平均 12.1% 的股东权益收益率还低。

过分看重财务结果

正如前面所讨论的，大多数高层管理者不仅训练有素，精通财务指标，而且能够敏锐地感觉到公司财务业绩方面的压力。股东都是畅所欲言的，董事会经常代表股东施加压力。这种压力可能颠覆非财务指标的长期、不确定回报。

设计不合理的激励计划也会增加压力。在大多数情况下，高层管理者薪酬总是与财务业绩挂钩。这会破坏组织的目标一致性，致使管理者更看重财务指标，从而忽略其他指标。即使把奖励与多个指标挂钩的公司也可能对财务指标持有不同程度的偏见。

实例 美国信诺保险集团的财险和意外险分部就把平衡计分卡与奖金挂钩。在平衡计分卡的四类指标中，财务指标具有最大的影响，整整占奖金的一半。[5]

指标不更新

许多公司都没有正式的机制更新指标，使其符合战略的变化。因此，公司常常继续采用基于昨天的战略的指标。此外，指标经常会增加惯性，特别是当人们适应了一套指标之后。

5. Brian McWilliams, "The Measure of Success," *Across the Board*, February 1996, pp. 16–20.

指标过多

一个管理者在不失去工作重心的同时一次能追踪多少关键指标呢？除了说 1 个以上 50 个以下之外，这个问题没有正确答案。如果数量过少，管理者就会忽略对于监控战略执行至关重要的指标；如果指标过多，管理者就可能因一次开展多项工作而冒失去工作重心的危险。

难于权衡

有些公司把财务指标与非财务指标综合在一份报告中，并且给予每项指标一个权重。但是，大多数平衡计分卡都未给各项指标指定权重。如果没有这种权重，就很难权衡财务指标与非财务指标。

计量实践

林格和希曼的研究结果（参见图表 11.3）能让我们更深入地了解公司实际在计量什么，这些所谓的指标质量，以及哪些指标与薪酬挂钩。

指标类型

林格和希曼研究发现，在被调查公司中，76% 的公司把财务、经营、客户满意度指标纳入了日常管理评价，但是，只有 33% 的公司表示他们把创新和变革指标纳入了日常管理评价。

指标质量

图表 11.3 表明财务业绩指标是惟一被视作高质量、具有时效性、与薪酬挂钩的指标。大多数被调查公司制定了经营指标和客户满意度指标，79% 以上的公司认为这些信息具有极高的价值。遗憾的是，人们认为这些指标所具有的价值往往与其提供的信息质量之间存在巨大差距。

图表 11.3 所示的研究结果让我们毫不怀疑，员工业绩指标与创新和变革指标一般都被认为定义不清晰，质量差。具有讽刺意味的是，在这项研究中的大多数公司都认为有关公司在这些领域的业绩信息具有极高的价值。

图表 11.3 公司采用的业绩计量系统及其意见

指 标	被调查者的采用比例/有利				
	高价值的信息	信息质量	定义清晰的指标	经常更新的指标	与薪酬挂钩
财务业绩	82%	61%	92%	88%	94%
经营效率	79	41	68	69	54
客户满意度	85	29	48	48	37
员工业绩	67	16	17	27	20
创新/变革	52	16	13	23	12

指标与薪酬之间的关系

大多数管理系统都把财务指标与薪酬联系起来。如图表 11.3 所示，在被调查的公司中，约三分之一采用了客户满意度指标，以及接近四分之一采用了创新和变革指标来驱动薪酬决策。

交 互 控 制 [6]

管理控制的主要职责是促进战略执行。根据这种观点，如图表 11.4 所示，选定的战略就决定了成为控制系统设计和运行的核心的关键成功因素。最终结果就是战略的成功实施。如果行业处于一个日新月异的环境中，那么管理控制信息还可以为思考新战略提供基础。图表 11.5 对此做了说明。我们称之为交互控制。[7]

在一个飞速变化的动态环境中，建立一个学习型组织对于公司生存至关重要。学习型组织是指组织员工持续不断地学习应对各种环境变化的能力。在一个有效的学习型组织中，各级员工都应该能不断地审视环境，明确潜在的问题和机会，开诚布公地交流环境信息，为了成功适应新的形势而尝试不同的商业模式。交互控制的主要目标就是促进学习型组织的建立。

虽然关键成功因素在实施选定战略的控制系统设计中至关重要，但是战略不确定性指导着在新战略制定中以互动的形式利用管理控制信息的子集。战略不确定性是指基本环境的转变（客户偏好、技

---

6. This section is based on the research of Robert Simons, *Levers of Control* (Boston: Harvard Business School Press, 1995).

7. 同上，第 91–124 页。

图表 11.4

作为战略实施工具的控制系统

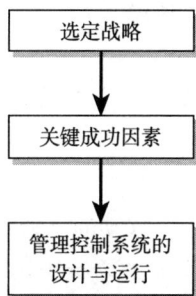

图表 11.5

交互控制

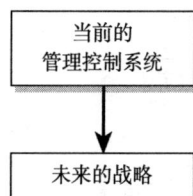

术、竞争者、生活方式、替代产品等的改变），他们可能潜在地破坏组织当前使用的游戏规则。

关键成功因素与战略不确定性之间存在根本区别。关键成功因素是从选定战略中演化而来的，因此，他们支持适用于现行产品和市场的战略的实施（图表 11.4）。而战略不确定性则是公司探寻新战略的基础，因此，它们促进新业务的发展。战略不确定性造成的是问题，而不是答案，即什么发生了变化？为什么发生变化？为了利用这种不连续性，可以发展何种新的商业模式？

交互控制可以提醒管理者注意战略不确定性，而不管这种不确定性是关乎问题（如：丢失市场份额、客户投诉），还是机会（如：因为某些政府管制取消了，所以打开了一个新市场）。这些就成为管理者通过思考新战略来适应飞速变化的环境的基础（图表 11.6）。

交互控制具有以下特点：

1. 反映企业面临的战略不确定性的管理控制信息了集成为焦点。
2. 高层管理者重视这类信息。
3. 组织的各级管理者都把注意力集中在系统所产生的信息上。
4. 上级、下属和同事面对面交流，解释并讨论信息对未来战略行动的意义。
5. 面对面交流是以辩论和挑战基本数据、假设和采取恰当行动的形式进行的。

战略不确定性涉及环境中的基本非线性转变，他们可能会创造一种新的商业模式。公司应该监控下列技术上的不连续性：

图表 11.6

作为战略制定工具
的控制系统

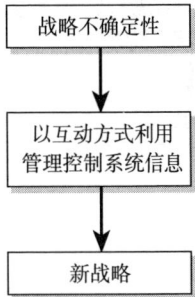

战略不确定性

以互动方式利用
管理控制系统信息

新战略

1. 互联网和电子商务的增长对许多公司都具有潜在意义。一些具体监控事项如下：
   - 互联网用户数量的增长速度。
   - 宽带通信的发展。
   - 基于公开标准的、安装运行成本低的、全球性的无处不在的点击界面的出现。
   - 计算能力和通信技术的进步。
   - 音频电话和互联网接入等移动通讯的发展。
   - 实现用不同语言实时交流的语音识别和机器翻译技术的发展和布局。

2. 融合技术具有下列影响：
   - 语音、数据和图像的融合对在家用电气（飞利浦）、通信（英国电信）、计算机（IBM）行业经营的公司具有重要意义。
   - 化学和数字技术的整合对诸如柯达之类的公司具有重大影响。
   - 硬件和软件的融合对诸如索尼之类的公司具有重大影响。
   - 工厂工程设计与生物技术的合并为生命科学领域的公司创造了机会（如：诺华、默克、辉瑞公司）。

3. 小型化为家用电气领域的公司（如：索尼、惠而浦、伊莱克斯）提供了机会。

4. 从实物产品向服务的转型正在迅速转变汽车行业（福特公司）和耐用消费品行业（通用电气公司）。

因全球化而造成的下列不连续性有可能创造新机会：

1. 自由化、放松管制以及私有化有可能在新兴市场——如俄罗斯、印度和巴西——创造巨大的新的客户群。

2. 来自新兴市场的新的竞争者可能成为未来的全球参与者。例如：来自印度的新兴全球竞争者名单中包括 Infosys（软件）、Ranbaxy（医药）、Reliance Industries（石化）以及多元化经营的 Tata 集团（多种制造和服务行业）。

交互控制不是一个单独的系统。他们是管理控制系统的一个有机组成部分。有些管理控制信息帮助管理者思考新战略。交互控制信息通常多为非财务性的，但不是绝对的。因为不同公司的战略不确定性也各异，所以不同公司的高层管理者可能会选择交互式地使用管理控制系统的不同部分。

实例 医疗用品行业的一个企业是一家静脉注射药品的传输产品的制造商，依靠低成本竞争。这个企业大规模制造并销售标准化的一次性产品，如注射器、拭布、输液管、血浆包装袋。这项低成本、大批量战略的关键业绩变量涉及产品质量以及制造和分销效率。这些因素并不是高层管理者所认为的战略不确定性。战略不确定性涉及药品传输技术的根本性变革，它会破坏企业的被市场认可的产品的信誉。如果技术进步导致药品传输方式变为口服，或者通过皮肤贴剂，或者其他尚未开发的技术呢？如果药品技术的性质发生了变化呢？企业能适应吗？[8] 高级管理层对项目管理系统（管理控制系统的一个要素）采用了互动形式，把组织的注意力集中于十几个新兴技术问题上。高层管理者每月都要开几天会，讨论一些技术对企业的影响，如竞争者引进的技术、相关行业的技术或者内部开发的技术。新战略就从这些讨论中应运而生。[9]

百事可乐把尼尔森公司[10]每周发布的市场份额数据引用到交互控制系统。[11]百事可乐公司遇到的一些主要战略不确定性包括其他饮料替代软饮料；消费者对可口可乐的定价、宣传、广告行动的反应；消费者对无糖饮料的偏好等。这些战略不确定性影响市场份额。因此，百事可乐利用市场份额信息讨论未来战略行动。据百事可乐前CEO 约翰·斯科利说："百事可乐的高层管理者都会在文件夹中放上有关尼尔森公司最新数字的图表……我们将深入研究数据，利用它寻找可口可乐的弱点，因为在这些弱点上可以成功地发起攻击；我们还会利用它探究为什么百事可乐在竞争中下滑了几个百分点……尼尔森公司为百事可乐每个人制定了基本竞争规则。"[12]

在用作交互控制系统之前，一个子系统应该满足下列条件：

1. **子系统中包含的数据应该简单明确，并易于理解和解释。**百事

---

8. 同上，第 94—95 页。

9. Robert Simons, "Control in an Age of Empowerment," *Harvard Business Review,* March–April 1995, p. 87.

10. 译者注：美国最大的市场调研公司。

11. 同上，第 86 页。

12. J. Sculley, *Odyssey: Pepsi to Apple . . . A Journey of Adventure, Ideas, and the Future* (New York: Harper & Row, 1987) .

可乐采用尼尔森公司发布的市场份额数据就是一个例子。

2. 子系统必须包含有关战略不确定性的数据。对于医疗用品公司而言，主要战略不确定性都围绕药品传输技术。公司的项目管理系统包含关于药品传输方面的新兴技术的数据，因此可以用作交互控制。

3. 子系统中的数据应该促进公司制定新战略。如果亚马逊公司打算扩大在印度的实物配送物流，因为变量与印度市场相关，所以公司就必须认真监控下列变量：个人电脑的销量、电话普及率、互联网联接数量。这些变量的巨大变化促使亚马逊公司制定新的行动计划。

小　结

业绩计量系统提供了一个把战略与行动联系起来的机制。它所基于的假设是：经营一个组织仅靠财务指标是不够的，必须特别注意制定复杂的、非财务指标。平衡计分卡采用各种不同类型的指标，包括结果指标与动因指标，财务指标与非财务指标，内部指标与外部指标。平衡计分卡背后的主导思想是：如果组织遵循所计量的指标，那么评价就能驱动组织变革。在实施平衡计分卡时，公司也会遇到许多陷阱：动因指标与结果指标之间关联度低；过分看重财务结果；缺乏改进机制；不更新指标；指标太多以及难以权衡。

管理控制的主要职责是促进选定战略的执行。若行业处于一个飞速变化的环境之中，则管理控制信息还能为管理者提供一个思考新战略的工具，我们称之为交互控制。交互控制不是一个单独的系统，而是管理控制系统的有机组成部分。交互控制信息往往是非财务性的。

推 荐 读 物

Eccles, Robert G., and Philip J. Pyburn. "Creating a Comprehensive System to Measure Performance." *Management Accounting*, October 1992, pp. 41–44.

Govindarajan, Vijay, and Praveen Kopalle. "Measurement of Disruptiveness of Innovations." *Strategic Management Journal*, 2005.

Harbour, Jerry L. *The Basics of Performance Measurement*. Portland, OR: Productivity Inc., 1997.

Holloway, Jacky, et al., eds. *Performance Measurement and Evaluation*. London and Thousand Oaks, CA: Sage, 1995.

Ittner, Christopher D., and David F. Larcker. "Coming Up Short on Nonfinancial Performance Measurement." *Harvard Business Review*, November 2003, pp. 88–95.

Kaplan, Robert S., and David P. Norton. *The Balanced Scorecard: Translating Strategy into Action*. Boston: Harvard Business School Press, 1996.

_____. *The Strategy–Focused Organization: How Balanced Scorecard Companies Thrive in the New Business Environment*. Boston: Harvard Business School Press, 2000.

Lingle, John H., and William A. Schiemann. "From Balanced Scorecard to Strategic Gauges: Is Measurement Worth It?" *Management Review*, March 1996, pp. 56–61.

Lipe, Marlys, and Steven E. Salterio. "The Balanced Scorecard: Judgemental Effects of Common and Unique Performance Measures." *The Accounting Review*, July 2000, pp. 283–98.

McWilliams, Brian. "The Measure of Success." *Across the Board*, February 1996, pp. 16–20.

Olve, Nils–Goran, et al. *Performance Drivers: A Practical Guide to Using the Balanced Scorecard*. New York: John Wiley & Sons, 1999.

Simon, Robert. "Designing High–Performance Jobs." *Harvard Business Review*, July–August 2005, pp. 54–63.

Tesoro, Ferdinand, and Jack Tootson. *Implementing Global Performance Measurement Systems*. San Francisco: Jossey–Bass, 1999.

Vitale, Mike R., and Sarah C. Mavrinac. "How Effective Is Your Performance Measurement System?" *Management Accounting*, August 1995, pp. 43–47.

第 *12* 章

管理层薪酬

　　每个组织都有目标。管理控制系统的一个重要职责就是激励组织成员实现这些目标。本章将聚焦于激励机制和薪酬系统及其在影响员工追求目标一致的行为上的作用。管理者一般会把更多的精力放在能获得奖励的活动上，而对于那些不会给予奖励的活动，则不太重视。薪酬系统不奖励促进组织目标实现的行为，或者奖励与组织目标相悖的行为，此类例子不胜枚举。在本章中，我们将讨论如何设计总经理激励薪酬计划，从而避免出现"希望实现 B，却奖励 A 的蠢事"。

　　首先，我们将讨论关于组织激励的研究成果。然后，我们将介绍激励薪酬计划的性质，并区分短期计划和长期计划。接下来，我们将介绍如何在公司层面和经营单元层面确定管理者的薪酬。最后，我们将介绍代理理论——决定最优激励薪酬计划的方法。

关于组织激励的研究成果

　　激励人们按照促进组织目标实现的方式行为的关键，在于组织激励与个人目标之间的联系方式。人既受正面激励的影响，又受负面激励的影响。正面激励（或者称"奖励"）的结果是更大满足个人需求；相反，负面激励（或者称"惩罚"）的结果是更少地去满足个人需求。奖励激励是满足个人需求的一种诱惑，如果个人不加入组织，就无法获得。组织奖励那些遵照协议方式行为的参与者。关于激励的研究往往支持下列观点：

- 对奖励的预期往往比对惩罚的恐惧更强烈地激励个人，由此表明，管理控制系统应该是奖励导向型的。

- 个人奖励是相对的、依具体情况而定的。金钱报酬是满足个人需求的一种重要手段。但是，在超过了一定的满足水平之后，薪酬的数量未必像非金钱奖励那样重要。

- 如果高级管理层通过自己的行动表示管理控制系统至关重要，那么经营管理者也会认为它至关重要；如果高级管理层不重视管理控制系统，那么经营管理者也会上行下效。

- 若个人收到了关于自身业绩的报告或者反馈，则会受到高度的激励。若没有这种反馈，个人不可能产生成就感或自我实现感，也不可能想出如何改变自身行为，以实现目标。

- 随着行动与反馈之间的间隔时间的延迟，激励效果会越来越差。在组织的基层，最优的频率可能只是几个小时；对于高级管理层而言，可能是几个月。

- 若个人认为激励难以企及，或者太容易获得，激励效果最差。若需要付出一定努力才能实现目标，而且若个人认为目标的实现关乎个人需求，则激励效果最强。

- 若管理者与上级共同制定预算，则预算或者其他目标报告所提供的激励最强。只有管理者认为公平，且承诺要实现目标时，目标或标准才有可能提供强烈的激励。若承诺是一种公开记录，即管理者明确表示预算可以实现，则承诺的效果最大。

激励薪酬计划的特点

一位管理者的总薪酬包由三项要素构成：（1）工资；（2）福利（主要是退休金和医疗保险，但是也包括各类津贴）；（3）激励薪酬。大公司的管理者一般比小公司的管理者的薪酬高，同一个行业的公司往往在薪酬上彼此竞争。在其他方面，管理层薪酬很少有既定的标准。

三项要素是相互依赖的，但是，第三项要素与管理控制职能联系最大。因此，在本章中，我们将主要讨论激励薪酬这项要素。

对 1981~1985 年 14 000 名经理收到的工资及奖金的一项研究发现（219 个组织的 70 284 个观察值）：平均而言，奖金为基本工资的 20%，但是各组织存在显著差别，即使是同一个行业的组织也是这样。奖金所占比例的差异大于基本工资的差异。奖金比率高的组织往往比其他组织的财务业绩更好。[1]

大多数公司法和证券法都要求股东批准激励薪酬计划，以及对现行计划的修订（相比之下，股东并不批准工资，除了 5 位薪酬最高的高层管理者和所有高层管理者及董事的薪酬总和之外，年度代理人声明也不提供任何关于薪酬的信息）。法规规定，在年度大会投票之前，激励薪酬计划必须先由董事会批准。在把计划提交董事会之前，高级管理层经常聘请外部顾问予以协助，以确保它是最适宜组织的计划。董事会的薪酬委员会通常广泛参与讨论所建议的计划。

激励薪酬计划可以划分为短期计划和长期计划。短期激励计划基于本年的业绩；长期激励计划则把薪酬与长期成就挂钩，与公司普通股的价格联系起来。管理者可以根据两种计划获得奖金。短期计划的奖金通常以现金支付，而长期计划的奖金则通常是公司普通股的期权。

短期激励计划

总奖金池

在一年中可以向符合条件的员工发放的奖金总额称为"奖金池"。在短期激励计划中，股东要投票决定计算奖金池的公式。这个公式通常涉及公司本年的总体盈利能力。在决定奖金池的规模时，最重要的问题是确保向高层管理者支付的总薪酬要具有竞争力。

确定奖金池的方法有几种。

最简单的方法就是使奖金等于利润的一定比例。例如，如果平均盈利年度利润为 5 000 万美元，并且要使高层管理者薪酬包具有吸

1. Barry Gerhart and George T. Milkovich, "Organizational Differences in Managerial Compensation and Financial Performance," *Academy of Management Journal*, December 1990, pp. 663–91.

引力，需要 100 万美元的奖励基金，那么奖金公式就可以定为按净收益的 2%支付奖金。

许多公司不喜欢采用这种方法，因为它意味着，即使盈利能力差，也要支付奖金。而且，它未能反映追加的投资。因而，利润以及奖金都会因新增投资而提高，即使公司的业绩未变，甚至下降了。因此，许多公司采用的公式都是只有在实现了规定的资本收益率之后才支付奖金。要做到这一点，有几种方法。

一种方法是在实现了预先设定的每股收益水平之后，把奖金建立在每股收益的一定百分比的基础上。我们还采用前面的例子，假设下列情况：

1. 估计令人满意的盈利能力水平：5 000 万美元。
2. 超过盈利能力水平之后，预期的奖金额：100 万美元。
3. 发行在外的普通股数量：1 000 万。
4. 发放奖金前的最低每股收益：2.50 美元。
5. 奖金公式：在减去每股收益 2.50 美元之后，利润的 4%。

但是，这种方法未考虑因留存收益再投资而造成的投资增加。解决方案是每年按留存收益年增长额的一定百分比提高最低每股收益。在上面的例子中，假设本年估计发放奖金前的利润为 5 000 万美元，股利为 3 000 万美元。激励薪酬计划就可以规定，在发放任何新增奖金之前的追加投资收益率必须实现 6%。因此，来年的最低每股收益 2.50 美元就必须按下列方式予以调整：

留存收益的增加：

$$\$50\ 000\ 000\ (利润) - \$500\ 000\ (税后奖金)$$
$$- \$30\ 000\ 000\ (股利) = \$19\ 500\ 000$$

发放奖金前所要求的收益的增加：

$$总额 = \$19\ 500\ 000 \times 0.06 = \$1\ 170\ 000$$

$$每股 = \$1\ 170\ 000 \div 10\ 000\ 000 = \$0.117$$

调整后的最低每股收益：

$$\$2.50 + \$0.12 = \$2.62$$

若公司经历了亏损，一般就不再下调所要求的每股收益。但是，只有留存收益超过了亏损前的水平，才增加所要求的收益。

另一种把利润与所占用的资本联系起来的方法是把资本定义为股东权益加长期负债。奖金等于息税前收益的一定百分比，减去按股东权益加长期负债之总和计收的资本成本（这类似于我们在第 7 章讨论的经济增加值概念）。公司之所以采用这种方法，理由是管理业绩应该基于有效运用公司资产获得盈利，而且还因为财务政策，而不是经营管理者，决定长期负债占总资本的比例，这个比例不应该影响人们对经营业绩的判断。

但是，还有一个选择是把资本定义为等于股东权益。这种方法与前一种方法都具有一个难点，即亏损年度会降低股东权益，因此会增加盈利年度的奖金数额。这可能会诱使管理层在利润低的年度"洗大澡"（take a big bath），便于未来更容易获得奖金。

个别公司把奖金建立在盈利能力较上年提高的基础上。紧随业绩差年份之后的业绩平平的年份会得到奖励，但是，紧随业绩极好的年份之后的业绩好的年份却得不到奖励。如果把奖金建立在本年较过去多年移动平均利润的提高上，那么这个问题就可以部分地得到纠正。

有些公司把奖金建立在本公司相对于本行业的盈利能力的基础之上。但是，获得行业比较数据可能很难，因为各公司的产品组合不同，所采用的会计制度也不同。这种方法还会造成业绩平平的年份奖金高，因为一个或多个竞争者业绩差。

在计算利润和这些公式的资本构成要素时，可以调整所报告的净收益和股东权益。某些类别的非常利得和损失，以及因终止经营而产生的利得或损失，都可以除外。此外，因收购其他公司而产生的商誉可以排除在外，即使它涵盖在公布的财务报表之中。

转　期

激励薪酬计划可能不会把奖金池全部发放完，而是根据公式确定的数额把一部分转期下年。每年，董事会的一个委员会都会决定再转期多少，或者如果奖金太低，就决定使用多少累计转期额。这种方法具有两种优势：（1）它更灵活。奖金发放不是通过公式自动确定的，董事会可以运用自己的判断。（2）若奖金发放严格基于每年按公式计算的数额，则会发生波动，它能够降低波动幅度。因此，在一个极好的年份，委员会可能会决定只发放部分奖金。相反，在一个相对较差的年份，委员会可能决定使用转期额，从而使发放的奖金超过了与本年业绩相符的合理数额。这种方法的劣势在于，奖金与本年业绩的联系不太直接。

递延薪酬

尽管奖金额按年度计算，但是，奖金可能分散发放，通常跨期 5 年。依照这种系统，高层管理者每年只能获得其应得奖金的五分之一。其余五分之四将在未来 4 年内等额发放。因此，管理者在这种激励薪酬计划下工作了 5 年之后，奖金就包含本年奖金的五分之一，外加前 4 年每次奖金的五分之一。在有些公司，递延的期间是 3 年。这种递延支付的方法具有下列优势：

- 管理者能够合理估计来年的现金收入。
- 递延支付可以对管理者收到的现金起到平滑作用，因为在现金支付时，平均了利润周期波动的影响。
- 退休的管理者还会在未来几年内继续收到奖金。这不仅增加了退休收入，而且通常还会提供税收优势，因为退休后的所得税税率可能低于工作期间的。
- 递延时间框架鼓励决策者从长计议。

递延奖金计划的一个劣势在于，高层管理者无法在应得奖金的年份获得递延奖金。因为一年的奖金发放与当年的业绩无关，他们的激励作用就会下降。

若奖金支付被递延，那么递延的奖金可能发放，也可能不会发放。在有些情况下，如果管理者在发放奖金之前离开了公司，就不会获得递延奖金。这种安排被称为"金手铐"（golden handcuff），因为它对管理者离开组织起到了抑制作用。

长期激励计划

许多激励计划的基本前提是公司普通股价值的增长反映了公司的长期业绩。这种计划有几种类型。他们的使用率受所得税法的变动、会计处理的变更、股票市场的状况以及各种其他因素的影响。因此，不同的计划会在不同的时期流行。

股票期权

股票期权是在未来某个时日（行权日）或某个时日之后，按授予股票期权时商定的价格（通常为现行市场价格，或者现行市场价格的 95%）购买一定数量股份的权利。股票期权计划的主要激励作用是，他们引导管理者不仅注重公司短期业绩，而且要注重长期业绩。

> **实例** 文蒂公司[2] 对居高不下的人员周转率而感到棘手——全员年周转率为 300%。在引进了主要管理者股票期权计划之后，文蒂公司的这群人的周转率下降了，继而辅助管理人员的周转率也从 60% 降至了 38%。这对全员周转率的下降每年大约贡献 150%。[3]
>
> 星巴克公司的 CEO 霍华德·舒尔茨认为，公司对员工的行为会反映在员工与客户交流的方式上，从而会决定星巴克的成败。公司为每位员工都提供股票期权，因此，在所有食品饮料公司中，星巴克的人员周转率最低。[4]
>
> 为了使管理者的利益与股东利益协调一致，2004 年，IBM 公司向 5 000 名高层管理者宣布了新的股票期权计划。依照这项计划，如果 IBM 公司的股票上涨 20%，毫无疑问，股东会获得全部 20% 的溢价，但是高层管理者也会获得 10% 的溢价。[5]

如果管理者后来卖出股票的价格超过了买入价格，那么管理者就获利。与下面要提到的一些其他方法不同的是，按照股票期权计划直接买入股票能够为管理者提供可以一直保留的产权，即使离开公司之后，仍可以在任何时候卖出股票获利。但是，许多股票期权都是限制性股票。在买入后的规定期限内不允许管理者卖出股票。

> **实例** 从历史上看，无论是在初创企业，还是在历史悠久的企业，特别是在科技领域，股票期权一直是奖励员工的流行形式。微软、思科、亚马逊、易趣就是在薪酬中采用股票期权的一些公司。原因有多个。首先，股票期权及其优势往往会为公司吸引优秀人才，而科技公司正是依赖人力资本的优秀才干而成功的。其次，只有员工能从中获利，他们才

2. 译者注：美国第三大汉堡包连锁店。

3. Kerry Cappell, "Options for Everyone," *BusinessWeek*, July 22, 1996, pp. 80–84.

4. Howard Schultz （CEO, Starbucks），*Entrepreneur*, November 2003.

5. *BusinessWeek*, March 8, 2004.

会自愿提出创意。第三，由于股票期权计划，公司可以降低员工的工资和奖金。第四，至此，股票期权的价值尚未降低净收益。最后，股票期权旨在鼓励员工树立长远眼光。

2002 年，在发生了几起会计丑闻之后，要求把股票期权计作费用的呼声越来越高。这样就可以让投资者更完整、更准确地了解公司的财务业绩。支持把股票期权计作费用的人包括沃伦·巴菲特、阿兰·格林斯潘以及财务会计准则委员会（FASB）。泰科、Global Crossing、世通、安然等公司的破产，促使改革的呼声高涨，而恰恰是在这些公司中，员工薪酬与股票期权密切联系，从而造成操纵财务数字以提高短期股价。[6]

影子股票

影子股票（phantom stock）计划奖励管理者大量仅用于记帐目的的股票。在一定期间的期末，比如说 5 年，高层管理者就有权获得相当于股票市值自奖励之日起的升值数额。这种奖励可能是现金，也可能是股份，或二者兼而有之。与股票期权不同，影子股票计划没有交易成本。有些股票期权计划要求管理者在买入后持有一段时间。这就涉及市场价格下跌的风险，以及持有股票的利息成本。在影子股票计划中则不会发生这种风险和这些成本。

股票升值权

股票升值权（stock appreciation right）是根据股票从奖励之时起到未来一定时日由于股票价值增加而获得现金的权利。股票升值权和影子股票同属于递延现金奖金，奖金数额是公司股票价格的函数。这两种激励薪酬计划都具有股票期权计划的优势。与现行的现金奖金相比，他们对最终的奖金额具有双向不确定性。

实例　汽车租赁公司艾维斯公司在尽了最大努力之后，同意被酒店连锁商 HFS 公司以 7.63 亿美元的价格收购，包括向艾维斯公司的管理层提供的 8 500 万美元的影子股票和股票升值权。[7]

6. Alan Levinsohn, "Stock-Option Accounting Battle Heats Up after Seven-Year Détente," *Strategic Finance*, June 2002, p. 63.

7. Aaron Bernstein, "Should Avis Try Harder—For Its Employees?" *BusinessWeek*, August 12, 1996, pp. 68–69.

绩效股

绩效股计划是在实现了特定的长期目标之后，奖励管理者规定数量的股份。通常，目标是为了在 3~5 年期间使每股收益实现一定比例的增长。因此，他们不受股票价格的影响。这项计划优于股票期权计划和影子价格计划的地方在于，奖励是基于管理者可以控制的业绩，至少可以部分控制。此外，奖励不取决于股票价格的上涨，尽管收益的增长可能造成股票价格的上涨。由于这项计划把奖金建立在业绩的会计评价上，所以也具有一定的局限。在有些情况下，公司高层管理者所采取的提高每股收益的行动可能不会对公司的经济价值做出贡献。

绩效单元

在绩效单元计划中，如果实现了特定的长期目标，就奖励现金。因此，这项计划综合了股票升值权和绩效股。它对很少的或者根本没有公开交易股票的公司尤其有用。要想使绩效单元计划成功，就必须认真确立长期目标。

> **实例** 在 2004 年，除了工资和奖金之外，通用电气公司的 CEO 杰夫·伊梅尔特得到 25 万美元的绩效单元股（PSUs）的奖励，他们与现金流业绩标准挂钩。要获得绩效单元股的奖励（每 5 年奖励一次），杰夫·伊梅尔特就必须把经营现金流量每年增加 10%。[8]

对公司高层管理者的激励

在上一节中，我们介绍了如何计算总奖金池。在本节和下一节中，我们将分别介绍如何在公司高层管理者之间和经营单元经理之间分配总奖金池。

除了首席执行官之外，每个公司高层管理者都在部分程度上负责公司的总体业绩。业绩好就奖励，会激励这些公司高层管理者，而且高层管理者也有权获得奖励。但是，每个高层管理者所创造的业绩中，总有一部分无法计量。例如，人们如何计量首席财务官，

---

8. www.CFO.com.

或人力资源副总裁，或总法律顾问对利润的贡献呢？

为了促进激励，首席执行官（负责向董事会的薪酬委员会推荐奖励计划）通常把奖励建立在对每个人的业绩计量上。这些评价具有主观性。有些公司采用目标管理系统（MBO），在年初商定具体目标，并由首席执行官评价是否实现了。

CEO 薪酬

首席执行官的薪酬通常在 CEO 提交了关于下属薪酬的建议之后，由董事会薪酬委员会讨论。从提交的建议中，可以相当明显地反映 CEO 对一定年度的激励薪酬比例的一般态度。在一般情况下，委员会仅仅是对 CEO 的薪酬适用同等的比例。但是，委员会也可能决定一个较高或较低的比例，从而表明对 CEO 的业绩评估不同。这是反映董事会如何看待 CEO 的业绩的关键信号，其重要性或许远远超过了董事会意见的任何其他方式的表达。它应该附有对决策理由的坦诚解释。

首席执行官的薪酬过高吗？由于在过去两年间，从互联网泡沫的破裂，到电信业的问题，商业界发生了一系列丑闻，严重影响了其他几家处于领导地位的公司，所以这个问题也被炒得沸沸扬扬。这些丑闻的影响之一就是推动了公司治理的实质性改革，它是为了恢复投资者的信心。为了确保董事会按照符合股东利益的方式行动，而不是以 CEO 的意志为转移，提出了几项建议：[9] (1) 禁止董事在任期内出售股票，以鼓励他们监督 CEO，而不用担心会对短期股价产生负面影响。(2) 为董事任期设定法定限制，以避免董事在管理中建立牢固的地位。(3) 每年对董事进行评价。(4) 避免让公司的 CEO 兼任董事长。

实例 自 2000 年以来，曾发生过数例设计糟糕的薪酬包。比如说众所周知的理查德·格拉索（纽约证券交易所 CEO）、丹尼斯·科兹洛夫斯基（泰科 CEO）、凯莉·费奥丽娜（惠普总裁）在聘用合同终止后收到的巨款。为了防止这些事件重蹈覆辙，现在股东要求增强管理层薪酬的透明度。[10]

---

9. "How to Fix Corporate Governance," *BusinessWeek*, May 6, 2002, pp. 69–78.

10. *New York Times*, April 3, 2005.

另一个获得了巨大动力的领域是迫使公司把股票期权按费用核算。[11] 依照现行法规，公司并非必须按费用核算股票期权。人们认为诸如世通和安然之类的公司的破产与过多的股票期权有关。高层管理者为了提高短期收益和股价从而兑现自己的股票期权，便借助令人质疑的会计核算方法，并大肆进行不经济的收购。

诸如可口可乐和《华盛顿邮报》之类的公司已经开始自愿按费用核算股票期权。以下是支持在股票期权发放给最高管理层的年度按费用核算的观点。首先，CEO 和最高管理层大约 75% 的薪酬都是股票期权。他们应该计入费用，就像其余 25%（工资、现金奖金）的核算方式一样。其次，把股票期权视作费用就能更准确地反映收益，因此也能更有利于恢复投资者信心。例如，如果把股票期权计入费用，那么英特尔公司 2001 年的每股收益就只有 4 美分，比报告数字低 80%。第三，依照现行的会计准则，公司就会觉得股票期权是免费的，因此就过多地向 CEO 发放股票期权。但是，股票期权会稀释股份，具有真正的成本。第四，把股票期权视作费用能防止最高管理层玩弄会计游戏——为了兑现股票期权而极力提高短期股票价格。最后，目前存在双重标准，因为在缴纳所得税时，公司可以把股票期权的发行价格与行权价格之间的差额计入费用，但在财务报告中则不允许。例如，由于 2000 年把股票期权计入了费用，微软公司的应税所得降低了 20 亿美元，但是在向股东提交的净收益报告中并不包含这项费用。

以下是反对把股票期权计入费用的观点。首先，与工资不同，股票期权不涉及现金支出。因此，把他们记作费用会对收益造成不当的削弱。其次，对股票期权的定价困难重重。它涉及各种假设和估计。因此，得出的结果易于受到操纵。第三，把股票期权视作费用会减少收益，降低股票价格。为了防止这些，公司就会减少股票期权的发行。这违背了员工持股的概念，会减损参与激励效应。第四，现金紧张的初创公司，尤其是硅谷的公司，多采用股票期权吸引人才。只要股票期权按费用核算会抑制公司发行股票期权，就会严重破坏技术领域的创新精神。最后，股票期权披露在资产负债表的附注部分，股票期权的核算不是使安然和世通公司破产的罪魁祸首。

---

11. "To Expense or Not to Expense," *BusinessWeek*, July 29, 2002, pp. 44–48.

实例　由于人们对股票期权的强烈反对，公司开始试验其他激励薪酬计划。卡地纳健康集团要求 CEO 持有相当于年薪 5 倍的股份。在可口可乐公司，如果 CEO 不在公司工作满 5 年，就会丧失所有股份。[12]

对经营单元经理的激励

在为经营单元经理制定激励薪酬包时存在各种各样的选择（参见图表 12.1）。

激励类型

有些激励是财务性的，其他则是心理性和社会性的。财务激励包括涨工资、奖金、福利和津贴（汽车、度假旅行、俱乐部会员资格等）。心理性和社会性的激励包括晋升机会、增加责任、增强自治、安排更好的工作地点，以及成就认可（奖杯、参与经理人发展培训等等）。在本章的这一部分，我们将讨论经营单元经理的财务激励，同时也承认经理既受财务激励的影响，也受非财务激励的影响。

实例　在玫琳凯化妆品公司，除了根据自身领导的销售队伍所创造的销售收入取得酬金之外，各主管还会在奖励庆典上收到 12 支粉玫瑰，1 块匾，以及 1 套定制的服装。如果主管保持了一定的业绩，就可以享用两年豪华别克或凯迪拉克。

在印度的业务流程外包业（BPO）中，由于 IT 人才的急缺，员工周转率一般约为 75%。IBM 在印度的业务流程外包的合作商 Daksh 公司，通过创新的激励计划，设法把后台运作的员工的周转率降低到了 20%。若一名员工涨了工资，或者得了奖金，或者晋升了，员工的父母就会被邀请到公司共同庆祝，从而培养了对 Daksh 公司更深的忠诚度。[13]

奖金相对于工资的大小

关于如何组合经理总薪酬中的固定奖励（工资和福利）和变动

12. *New York Times*, April 3, 2005.
13. *New York Times*, August 8, 2005.

图表 12.1

经营单元经理的
激励薪酬设计选择

A. 激励类型	**2. 期间**
1. 财务奖励	a. 年度财务业绩
a. 工资上涨	b. 多年财务业绩
b. 奖金	**3. 非财务指标**
c. 福利	a. 销售增长率
d. 津贴	b. 市场份额
2. 心理性和社会性奖励	c. 客户满意度
a. 晋升机会	d. 质量
b. 增加责任	e. 新产品开发
c. 增强自治	f. 人员开发
d. 安排更好的工作地点	g. 社会责任
e. 成就认可	4. 为财务和非财务指标设定相应的权数
B. 奖金相对于工资的大小	5. 比较标杆
1. 上临界点	a. 利润预算
2. 下临界点	b. 过去的业绩
C. 奖金基于	c. 竞争者的业绩
1. 经营单元利润	**E. 奖金决定方法**
2. 公司利润	1. 基于公式
3. 二者的结合	2. 主观决定
D. 业绩指标	3. 二者结合
1. 财务指标	**F. 奖金支付形式**
a. 边际贡献	1. 现金
b. 经营单元直接利润	2. 股票
c. 经营单元可控利润	3. 股票期权
d. 税前收益	4. 影子股票
e. 净收益	5. 绩效股
f. 投资报酬率	
g. 经济增加值	

奖励（激励奖金）的思想有两个流派。一种思想流派声称，我们聘
用优秀的人才，支付丰厚的报酬，然后期望卓越的业绩（参见图表
12.2）。信奉这种思想的公司强调工资，而不是激励奖金。我们称之
为固定薪酬制度。薪酬不与业绩挂钩，因此不会有风险。这就引发
了一个问题，如果经理业绩差，又会发生什么呢？但是，在有些情
况下，固定薪酬制度也有优点，如下例所示：

> **实例** 嘉信理财就是率先采用经纪折扣概念的券商。与传统的经纪商
> 不同，嘉信的经纪人发固定工资，而不是销售佣金。若经纪人在佣金制

图表 12.2

激励薪酬的两种思想

固定薪酬制度

聘用优秀人才

↓

支付丰厚报酬

↓

期望卓越业绩

基于业绩的薪酬制度

聘用优秀人才

↓

期望卓越业绩

↓

如果业绩真的卓越就支付丰厚报酬

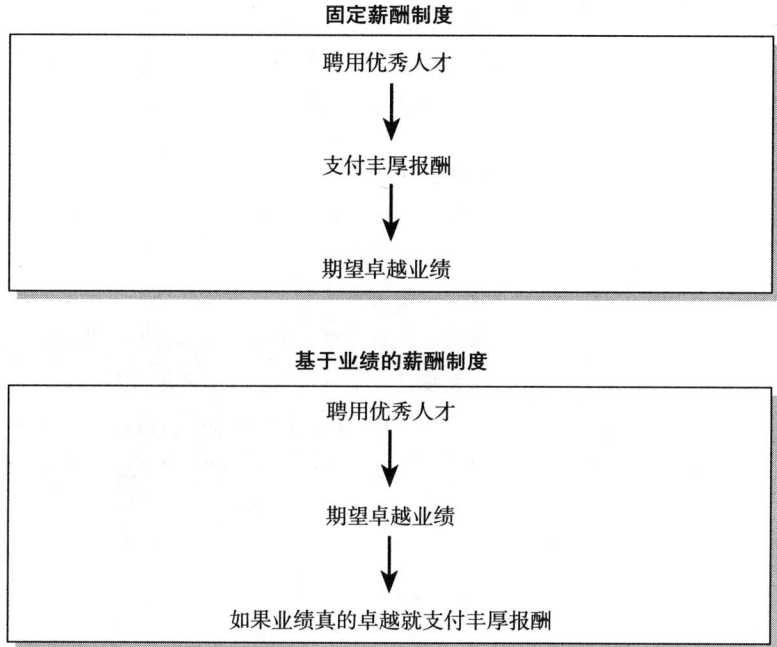

度下工作，就会受到激励，为了挣更多的佣金，而最大化交易。因此，赚取佣金的销售人员未必会从客户的最大利益出发采取行动。嘉信的经纪人是为工资工作，而不是为佣金工作，所以一般不会急于求成地劝说客户，而是会从客户的长远最大利益出发采取行动。卓越的客户服务是嘉信的业绩之所以在行业内遥遥领先的原因之一。

另一种思想流派认为，我们聘用了优秀的人才，期望优秀的业绩，如果业绩真的很好，就支付丰厚的报酬（图表 12.2）。信奉这种哲学的公司实行基于业绩的薪酬制度。他们强调激励奖金，而不是工资。

一般而言，基于业绩的薪酬制度一直受到公司的普遍欢迎。美国薪酬协会对 2 800 家公司进行的一项调查表明，1999 年提供浮动工资的公司比例为 63%，比 1990 年的不到 15% 明显上升。[14]

这两种思想的基本区别在于，依照固定薪酬制度，薪酬优先，业绩居其次。相反，依照基于业绩的薪酬制度，业绩优先，薪酬居其次。这两种思想对经理具有不同的激励意义。因为工资是有保证

14. "Workers Thinking, Investing Like Entrepreneurs," *The Valley News*, January 9, 2000, p. E1.

的收入，强调工资就会鼓励保守主义和自满情绪。而另一方面，强调激励奖金则往往会激励经理尽最大努力。出于这种理由，许多公司都采用激励奖金激励经营单元经理。

> **实例** 从1993~1999年，日本松下株式会社会长森下洋一开始对公司进行战略调整。他把公司的核心业务从低利润的家用电气转换为高科技产品，如数字手机、数字电视和数字影碟，并进军新的产业，如软件设计和网络通信技术。日本公司（包括松下）传统上几乎完全根据工龄发放奖金。松下摆脱了这种传统，不再基于工龄，转而实行基于业绩的薪酬制度，外加对高层管理者发放股票期权。基于业绩的薪酬制度被视为松下自1993年以来的战略转型的关键。新兴数字技术的许多最佳创意都来自年轻的工程师，而在传统的基于工龄的薪酬制度下，他们不会因自己的创意而获得应有的奖励。[15]

临界水平

奖金计划可能具有上临界水平和下临界水平，或者说上限或下限。上临界水平是指获得最高奖金应实现的业绩水平。下临界水平是指低于它就不发放奖金的业绩水平。两个临界水平都会产生不利的副作用。若经营单元经理意识到已经实现了最高奖金，或者根本不可能发放奖金，则奖金制度就会与公司目标背道而驰。经理不会尽力使本期的利润最优化，而是会受到激励，降低一年的盈利能力（通过超支酌量性成本，如广告费或研发支出），以便创造机会，在下一年获得高额奖金。尽管这只会影响费用的入账时间，但是这种行为通常是人们所不希望发生的。

消除这种不正常行为的方法之一就是把冗余或不足转期下年，即：某个年度应发放的奖金等于当年应得的奖金加上上年的冗余，或者减去上年的不足。

奖金基础

经营单元经理的激励奖金可以只基于公司利润总额，或者经营单元的利润，或者二者相结合。认为应该把奖金与经营单元业绩挂钩的一种观点是，较之其他经营单元的业绩，经理的决策和行动会

---

15. "Putting the Bounce Back into Matsushita," *The Economist*, May 22, 1999, pp. 67–68.

对本经营单元的业绩产生更直接的影响。但是，这种方法会严重损害经营单元之间的合作。

实例　昆腾公司建立了一个被称为"敢死队"的团队，要求在 14 个月内设计、制造并销售 2.5 吋磁盘驱动器（当时公司制造 3.5 吋磁盘驱动器）。（过去，公司的此类新产品需要花费 24 个月）。"敢死队"是一个跨职能的团队，由工程设计、制造、营销、财务和人力资源的人员组成。"敢死队"没有为各职能制定业绩指标，而是建立了基于团队的业绩指标，他们有助于团队按时推出新产品。[16]

在一个单一经营的公司中，若经营单元彼此高度依赖，则经理的薪酬就应该主要与公司业绩挂钩，因为经营单元之间的合作至关重要。另一方面，在一个大型联合企业中，经营单元通常都自治。在这种背景下，如果经营单元经理的奖金主要基于公司利润，就会适得其反，降低了劳动生产率。同时，还会削弱业绩与奖励之间的联系。这种制度也会产生"搭便车"问题。有些经理可能无所事事，但仍能因其他更兢兢业业的经理的努力而获得奖金。换句话说，若公司某年的利润低，业绩突出的经营单元就得不到应有的奖励。因此，在一个大型联合企业中，最好基于经营单元的业绩奖励经营单元经理，从而可以培养企业家精神。

对于相关多元化公司，经营单元经理的奖金最好部分基于经营单元利润，部分基于公司利润，以提供正确的激励组合。也就是说，使经营单元的业绩最优化，同时与其他经营单元合作，使公司业绩最优化。

实例　摩托罗拉公司就是一个相关多元化经营的公司，经营单元包括呼机、手机、对讲机单元。这些经营单元共享无线射频设计技术。为了鼓励各经营单元加强合作，经营单元总经理的薪酬基于整个公司的业绩。[17]

2000 年，在摩托罗拉尽力从几年糟糕的业绩中恢复过来的时候，再次强调了公司内部的合作，经理的薪酬基于他们在多大程度上促进了合作。

16. Christopher Meyer, "How the Right Measures Help the Team Excel," *Harvard Business Review,* May–June 1994, pp. 98–99.

17. "Motorola," *BusinessWeek,* May 4, 1998, p. 142.

绩效指标

经营单元经理的激励奖金计划的一个难题在于，决定应采用哪些指标来确定奖金。

财务指标

如果经营单元是一个利润中心，那么选择财务指标时，就可以包括边际贡献、经营单元直接利润、经营单元可控利润、税前收益以及净收益。如果经营单元是一个投资中心，就应该制定三个领域的决策：（1）定义利润；（2）定义投资；（3）在投资报酬率与经济增加值之间做出选择。我们已经在第 5 章和第 7 章分别讨论了选择利润中心和投资中心的绩效指标时应考虑的因素。如果责任中心是一个收入中心，那么财务指标就可以是销量或销售收入。

实例 国际化妆品公司雅芳，在美国大约拥有 445 000 个销售代表。销售代表负责联系客户，销售产品，并根据销量予以奖励。在雅芳进入发展中国家市场时，比如印度，销售人员的这种奖励制度就更为重要。在发展中国家，零售渠道不太复杂，所以对终端用户的直接销售就变得非常重要。此外，大多数发展中国家的妇女都希望工作时间灵活，所以，兼职可作为贴补家用的一种手段。[18]

不可控因素的调整

除了选择财务指标外，公司还必须决定如何调整不可控因素。一般而言，他们要调整两类影响。一种调整是剔除经营单元层面以上的管理者制定决策所造成的费用。

实例 一家重要的家用电器公司报告称："几年前，我们决定关闭德国的一家工厂，它的生产能力只有 30%。费用在公司层面扣除。这并不是德国经理的决策，所以我们不能惩罚他。"[19]

另一项调整是消除"不可抗力"（火灾、地震、洪灾）造成的损失，以及非经理过失造成损失的影响。

18. "Scents and Sensibility," *The Economist,* July 13, 1996, pp. 57–58.

19. Kenneth A. Merchant, *Rewarding Results: Motivating Profit Center Managers* (Boston: Harvard Business School Press, 1989) , p. 121.

实例　在问及如果仓库发生火灾，他是否予以调整时，一家分销公司的高层管理者所做的下列评论很典型："我会首先假设这是无法预见的。然后，我会查看原因。火灾是安全事故造成的，还是对安全的懈怠心理造成的？如果火灾不是经理所能控制的，我就会予以调整。"[20]

短期财务目标的优缺点

把经营单元经理的奖金与实现年度财务目标（在调整不可控事件之后）挂起钩来是一个不错的主意。它促使经理为了实现财务目标而寻求不同的方式经营现有业务，并且发起新的活动。

但是，只依赖财务指标会导致几种负面影响。[21] 首先，它会鼓励不符合公司长远利益的短期行为（如：设备维修不到位）。其次，经理可能不会从事颇具前景但损害短期财务结果的长期投资。第三，可能会激励经理操纵数据，以实现当期目标。

实例　美国旭日升公司是一家生产医疗产品的公司，它的经营采用分权制，并把分部经理的奖金与本分部的利润挂钩。如果一个分部未创造合理的利润，即使整个公司盈利了，它的总经理也不能获得奖金。1996年1月4日，旭日升公司的董事披露，公司的一个分部——旭日升生物医疗分部，伪造会计记录，虚增利润。有人认为生物医疗分部之所以伪造账簿记录，奖金制度难逃其责。[22]

克服短期倾向的机制

具有补充激励机制的补充财务指标可以克服年度财务指标的短期导向。例如，公司可能把经理的部分奖金建立在多年业绩（即3年或5年的业绩）的基础之上。尽管这对于拓展经理的时间跨度具有明显的优势，但是，也有一些缺点。首先，在多年奖励计划中，经理难以明辨自身努力与奖励之间的联系，因而就削弱了这种奖励的激励效应。其次，如果在所跨的多年期间内，经理退休了，或者调任了，实施这种奖励计划就变得更加复杂。第三，超出了经理控制范围之外的因素更有可能影响长期目标的实现。

---

20. 同上，第 125–126 页。

21. J. J. Curran, "Companies That Rob the Future," *Fortune*, July 4, 1988, pp. 84–89; "More than Ever, It's Management for the Short Term," *BusinessWeek*, November 24, 1986, pp. 92–93.

22. Tom Petruno, "Bonuses Can Have a Darker Side," *The Valley News*, February 4, 1996, p. E3.

实例　在投资银行和券商中，公司一般不会基于每笔交易所赚的利润为交易人发奖金。这样能激励交易人为了获得高额报酬而冒很大的风险。但是，它也可能为组织造成严重的财务问题。英国的投资银行——巴林银行的倒闭就是一个例子。为了缓和这个问题，所罗门兄弟公司改革了奖金制度。只有公司实现了预先设定的股东权益收益率时，所罗门兄弟公司的员工才有权根据交易获得奖金。而且，一部分奖金是根据多年业绩决定的，以确保不会因短期行为而牺牲了所罗门兄弟公司的未来利润。[23]

纠正财务指标内在不足的另一种方法是，建立包含一个或多个非财务指标的平衡计分卡，如销售增长率、市场份额、客户满意度、产品质量、新产品开发、人员开发，以及社会责任等。其中每项因素都会影响长期利润。高级管理层可以按预期设计经营单元经理的长期与短期利润导向，并通过有选择性地挑拣财务和非财务指标，然后设定各项指标的权数，来涵盖财务指标所未能反映的因素。

实例　当百事公司的快餐连锁店塔可钟的 CEO 约翰·马丁在 1988 年启动他的转型计划时，他把决策从公司总部转到了连锁店经理，并且每个经理由负责 5 家连锁店，增加到负责 20 家。这种授权是在奖励制度的根本性变革的支持下进行的。奖金与服务水平、利润目标和销售收入挂钩，它明显提高了管理薪酬和计时薪酬。如果塔可钟的经理业绩好，就能获得相当于快餐业平均工资 3 倍以上的报酬。这些，再加上基于工作年限的奖金，降低了为追求高薪而从一个快餐连锁店跳槽到另一个的吸引力，要知道，这种行为是快餐店经理的一种通病。因此，塔可钟的快餐店经理的流动率降低了 50%，小时工的流动率降至了 30%。快餐店经理职责和奖励制度上的这些变化对塔可钟自 1988 年以来的显著改善做出了巨大贡献。在 1988~1993 年间，公司先后开业了 2 000 多家新店，全球销售收入从 15 亿美元增长到了近 40 亿美元，净收益翻了 3 倍，超过了 2.5 亿美元。同期，客户满意度（按物有所值的概念评价）也骤增，而竞争者的客户满意度却下降了。[24]

PA 咨询公司是一家总部位于英国的管理和技术咨询公司，按经营单元组织。公司把顾问的奖金与本经营单元的利润挂钩。这种制度有可

23. "Pay and Performance: Bonus Points," *The Economist*, April 15, 1995, pp. 71–72.

24. "Renewal at Taco Bell," *Transformation, Gemini Consulting 6*, Spring 1995, p. 8.

能创造不合作的环境。为了预防起见，员工奖金还基于顾问介绍及服务的客户数量，以及同事、下属、上级和客户的主观评价。如果一个顾问向另一个经营单元介绍了客户，他或她就可以获得奖金。同样，如果一个顾问觉得借助另一个单元的人员的帮助就能更好地服务客户，就会受到鼓励去这样做，因为这样会提高客户和同事的评价。[25]

纠正短期倾向的另一种机制是把经营单元经理的部分奖金建立在长期激励计划的基础之上，如股票期权、影子股票、绩效股。这些计划可以使经营单元经理聚焦于：（1）公司整体业绩；（2）长期业绩。前面已经讨论了这些计划的优缺点。

实例　联众集团旗下拥有四个广告代理商（麦肯环球、灵狮、德利广告、络维集团），公司为经营单元设计了激励系统，以确保他们专注于盈利能力和增长率。经理的薪酬基于长期业绩——4 年的业绩，但是每两年奖励一次。这有助于防止经理跳槽，因为跳槽是代理业务永远的威胁。员工若超额完成了目标数字，或者达到了质量要求，比如建立了后继计划和服务客户，就奖励股票和奖金。[26]

制定比较标杆

经营单元经理的业绩可以通过比较实际结果与利润预算、过去的业绩或者竞争者的业绩来评估。一般的做法是根据利润预算评价经营单元经理。正如我们在第 9 章中所讨论的，在采用利润预算作为激励工具时，下列因素是要考虑的重要因素：（1）经营单元经理参与编制利润预算；（2）预算具有挑战，但也能实现。

奖金决定方法

经营单元经理的奖金可以采用严格的公式来决定，如：经营单元经营利润的一定百分比，或者纯粹的上级的主观评估，或者二者相结合。

实例　在 1992 年，福姆派克公司的员工尽管工作努力，但仍未拿到奖金，因为公司没有创造利润。员工不明白为什么没得到奖金，因为奖金

25. "Pay Purview," *The Economist*, August 29, 1998, pp. 59–60.
26. "Sibling Rivalry," *Forbes*, February 15, 1993, pp. 119–20.

是严格基于一位沉默寡言的 CEO 的自由裁量的。这挫伤了员工的积极性，并且产生了不信任。为了重拾奖金制度的诱惑力，福姆派克公司的CEO 威廉·杜夫在告示牌上公布了月度销售收入和利润，以及本年累计数字。到 1996 年，福姆派克公司的员工似乎越来越信任奖金制度了。[27]

仅仅依赖客观公式具有一些明显的优点：奖励制度可以精确地制定，对于业绩标准没有丝毫不确定性或模糊性，上级无法在评价下属经理的业绩时施加偏见或偏好。但是，一个显著的缺点是客观公式可能会促使经理忽略了本经营单元在一些重要但无法量化的因素方面的业绩（如：研发、人力资源管理）。因此，大多数经营单元在决定奖金时适当地增加一些主观性是可行的，尤其是在经理对经营单元业绩的控制水平低的情况。在这种情况下，反映经营单元业绩的数量指标就不是反映经理业绩的有效指标。这类情况很可能在下列时候发生：

- 经营单元经理继承了前任所造成的问题。
- 各经营单元彼此高度依赖，因此，它的业绩受外部个人的决策和行为的影响。
- 战略要求更多地关注长远问题（尤其是在经营单元积极扩大市场份额，或者经营单元处于飞速发展的行业的情况下）。

实例 朗讯科技公司采用主观绩效评价，并放松了对从数字无线电和互联网电话到电镀和公共安全等领域的新企业的控制，在这些新企业，创新至关重要。[28]

代 理 理 论

代理理论（agency theory）探究如何建立契约和激励以促使个人达到组织的目标一致。它试图描述在设计激励契约时应考虑的主要因素。代理理论中所称的激励契约与我们在本章中所讨论的激励薪酬安排相同。代理理论试图用数学模型表述这些关系。我们所做的介绍，说明了代理理论的总体概念，但没有提供实际模型。

---

27. Donna Fenn, "Bonuses That Make Sense," *Inc.*, March 1996, p. 95.
28. "A Survey of Innovation in Industry," *The Economist,* February 20, 1999, pp. 5–28.

概　念

只要一方（委托人）聘用另一方（代理人）提供某种服务，并且为了提供这种服务而授予代理人决策权，代理关系就存在。在公司中，股东是委托人，首席执行官是股东的代理人。股东聘用首席执行官，并期望他或她的行为从股东的利益出发。在较低的层级，首席执行官就是委托人，而经营单元经理则为代理人。挑战就成了如何激励代理人，以便使他们像自己是所有者一样有效率。

代理理论的一个关键要素就是委托人和代理人具有不同的偏好或目标。激励契约可以降低偏好上的分歧。

委托人和代理人的目标分歧

代理理论假设所有个体的行为都从自身利益出发。假设代理人不仅可以从财务薪酬中获得满足，而且能从代理关系所带来的额外利益中获得满足。比如：大量的休闲时间；舒适的工作环境；乡村俱乐部会员资格；以及灵活的工作时间。例如，有些代理人可能喜欢休闲，而不是勤奋工作。休闲被假设为勤奋的对立面。管理者的勤奋会增加公司的价值，而休闲则不会。代理人对休闲而不是勤奋的偏好就被称为"厌恶工作"。故意不付出努力则被称为"逃避工作"。

另一方面，假设委托人（即股东）只关心自己在公司的投资所取得的财务回报。

代理人和委托人在风险偏好方面也存在分歧。代理理论假设管理者偏好更多的财富，但是，随着更多财富的积累，边际效用，或者说满足感，就会递减。一般而言，代理人的财富大多与公司的财富密切联系在一起。这种财富既包括金钱上的财富，又包括人力资本。人力资本——市场认为管理者所具有的价值，受公司业绩的影响。由于财富的边际效用递减，代理人的大部分资本取决于公司，所以假设代理人厌恶风险：他们重视低于投资期望值的风险投资所带来的增长。

另一方面，公司股票由许多所有者持有，他们可以通过分散财富持有多个公司的股票来降低风险。因此，所有者只关心投资的期望值，是风险中性的。管理者则无法轻易地分散风险，这也正是他们厌恶风险的原因。

代理人行为的不可观察性

只要委托人无法轻易地监控代理人的行为，就会产生薪酬和津贴方面的不同偏好。股东无法监控 CEO 的日常行动，以确保他或她的工作符合股东的最大利益。同样，CEO 也无法监控经营单元经理的日常活动。

因为委托人对代理人的行为具有不充分信息，所以委托人永远都不能肯定代理人的工作对公司的实际经营结果做出了怎样的贡献。这种情况被称为信息不对称。这些不对称呈现为几种形式。若没有监控，则只有代理人知道他或她是否在为委托人的最大利益而工作。而且，代理人可能比委托人更了解工作任务。代理人可能拥有的这种额外信息称为"私人信息"。

委托人和代理人之间偏好的不同，以及代理人的私人信息，可能导致代理人向委托人传递误导信息。这种误导的一般性质被称为"道德风险"，即由于管理控制系统的性质的激励，被控代理人提供误导的私人信息。

控制机制

代理理论学家认为，解决目标分歧和信息不对称的方法主要有两种：监控和激励。

监　控

委托人可以设计管理控制系统监控代理人的行为，限制牺牲委托人的利益而增加代理人的福利的那些行为。审计财务报表就是一个监控系统的例子。财务报告是为了报告公司业绩而编制的，经第三方审计，然后报送所有者。

代理理论试图解释为什么不同的代理关系涉及不同的监控水平。例如，如果代理人的任务界定明确，用于监控的信息或"信号"准确，那么监控就更有效。如果任务界定不明确，或者不易于监控，那么签订激励契约就成为一种更有吸引力的控制工具。监控和激励并不是互斥的。在大多数公司，CEO 在签订激励契约时，同时还签订以审计财务报表作为监控工具。

激励契约

委托人可能会通过签订适当的激励契约尽力限制有分歧的偏好。代理人的奖励越依赖业绩指标，代理人提高指标的激励就越大。因此，委托人应该定义业绩指标，以便增进他或她的利益。实现它的能力被称为"目标一致"。若与代理人签订的契约能够激励代理人为委托人的最大利益而工作，则契约就被认为符合目标一致原则。

若薪酬计划不包含激励契约，则会产生严重的代理问题。例如，如果向 CEO 支付固定工资，可能就不会像薪酬既包含工资又包含奖金那样激励他们兢兢业业地工作。后者激励 CEO 更加努力地工作，以增加利润，增加自身的薪酬，同时也使委托人受益。因此，契约中会包含激励要素，以协调双方的利益，即委托人签订的契约允许管理层分享公司价值增值带来的财富。

> **实例** 为了防止 CEO 的风险厌恶，美国哥伦比亚广播公司在 CEO 莱斯·穆维斯的合同中包含了一条保护性条款，规定如果哥伦比亚广播公司被卖给另一个公司，就支付给他 500 万美元。在穆维斯到哥伦比亚广播公司几个月后，西屋国际就收购了哥伦比亚广播公司，合同中的这一条款也就生效兑现了。[29]

委托人面临的挑战是明辨与代理人努力和公司价值相关联的信号。代理人的努力，连同外部因素（如：总体经济状况、自然灾害），共同决定业绩。结果指标越准确地反映管理者的努力，指标在激励契约中的价值就越大。如果业绩指标不与代理人的努力密切相关，代理人就没有受到激励来增加他或她的努力。

没有一种激励安排能保证完全的目标一致。原因在于双方的风险偏好不同、信息不对称以及不同的监控成本。这些差异导致了额外的成本。即使有效的激励协调系统，也会造成偏好的某种分歧。我们称之为"残余损失"。激励薪酬成本、监控成本和残余损失之和称为"代理成本"（agency costs）。

CEO 薪酬与持股计划

公司以股票期权的形式向 CEO 支付奖金就是激励薪酬所固有的代理成本的一个例子。一种成本是所有者与 CEO 之间的风险偏好的

---

29. Marc Gunther, "Turnaround Time for CBS," *Fortune*, August 19, 1996, pp. 65–68.

不同。代理人已经是厌恶风险的,如果他或她的薪酬基于股票价格的表现,就会带来更大的风险。为了弥补 CEO 所承担的这种风险,契约就必须增加预期薪酬的总额。此外,为了使潜在的不利因素最小化,代理人可能不会从事委托人认为可行的高风险高回报项目。

持股奖金计划的第二个问题是代理人的努力与股价变化之间缺乏直接的因果关系。股票价格受代理人所能控制的范围之外的因素的影响(如:总体经济状况、政府干预)。如果这些因素导致股票价格上涨,那么代理人不付出任何努力就会获得更多的报酬,但牺牲了所有者的利益。另一方面,即使代理人勤勤恳恳,股票价格也可能下跌。

除了这两个问题之外,持股激励契约更倾向于一个不包含激励要素的契约。正如我们前面所指出的,固定工资的相关代理成本更大。

经营单元经理和基于会计的激励

经营单元经理的努力和股票价格之间的关系比 CEO 的努力与股票价格之间的关系更疏远。人们很难区分各经营单元对公司股票价格上涨所做的贡献。出于这个原因,公司可能把经营单元经理的奖金建立在经营单元净收益的基础之上。但是,这种激励契约仍然具有代理成本,类似于我们在 CEO 持股计划中所讨论的那些。例如,产品的市场需求可能会由于新的替代产品的出现而下降,但是,管理者可能在新的、较小的市场范围内仍表现良好。然而,如果奖金严格基于净收益,代理人薪酬就会减少。此外,代理人可能会通过会计操纵虚增净收益,但实际上并不影响公司价值。例如,出售市场价值超过账面价值的固定资产。虽然基于经营单元净收益的契约比固定工资代理成本低,但是这些成本也不会完全为零。

评 述

代理理论是在 20 世纪 60 年代提出来的,自那以后,学术期刊上就发表了大量的相关文章。但是,代理理论对管理控制过程的实际影响却微乎其微,在现实世界中并没有取得什么回报。我们所说的"回报"是指管理者采用代理理论的研究成果改善了薪酬决策。许多管理者甚至都不知道代理理论。

代理理论意味着在非营利组织和政府组织工作的管理者，内在地缺乏实现目标一致所需要的激励，因为他们没有获得激励薪酬。许多人都不接受这个含义。

有些研究代理理论的人主张，代理理论模型仅仅是用数学符号表述了一些显而易见的事实。而其他人则认为模型中的各项要素无法量化（如：什么是"信息不对称成本"？），模型过于简化了现实世界中上下级之间的关系。模型只涵盖了几项要素。他们忽略了影响这种关系的其他因素，比如参与者的性格、不厌恶风险的代理人、非财务动机、委托人对代理人的信任、代理人完成目前任务的能力，以及接受未来任务的潜力，等等。

我们之所以介绍代理理论，是希望学生理解它有助于思考激励薪酬如何影响管理者动机，但是我们也提醒大家在解决实际薪酬问题时要慎用。

小 结

激励薪酬系统是关键的管理控制工具。激励薪酬计划大致可以分为两类：把薪酬与公司本期利润挂钩的激励薪酬计划，称为"短期激励计划"；把薪酬与长期业绩挂钩的激励薪酬计划，称为"长期激励计划"。在向公司高层管理者和经营单元经理分配总奖金池时，应考虑几项因素。如果激励系统明确涵盖了下列因素，就更有可能成功：

- 受奖励的总经理的需求、价值观和信仰。
- 组织的文化。
- 外部因素，比如：行业特点、竞争者的薪酬实践、管理人才市场、税收和法律问题。
- 组织的战略。

推 荐 读 物

Banker, Rajiv, D. Gordon Potter, and Dhinu Srinivasan. "An Empirical Investigation of an Incentive Plan That Includes Nonfinancial Performance Measures." *The Accounting Review*, January 2000, pp. 65–92.

Betcher, John G. *How to Design & Implement a Results–Oriented Variable Pay System.* New York: AMACOM, 1996.

Chingos, Peter T., and Peat Marwick, eds. *Paying for Performance: A Guide to Compensation Management.* New York: John Wiley & Sons, 1997.

Crystal, Graef S. *In Search of Excess: The Overcompensation of the American Executive.* New York: W. W. Norton, 1992.

Finkelstein, Sydney, and Donald C. Hambrick. *Strategic Leadership: Top Executives and Their Effects on Organizations.* St. Paul, MN: West, 1996.

Fisher, Joseph, and Vijay Govindarajan. "Profit Center Manager Compensation: Impact of Market, Political, and Human Capital Factors." *Strategic Management Journal,* March 1992, pp. 25–27.

Hall, Brian J. "What You Need to Know about Stock Options," *Harvard Business Review,* March–April 2000, pp. 121–31.

Henderson, Andrew D., and James W. Fredrickson. "Information–Processing Demands as a Determinant of CEO Compensation." *Academy of Management Journal* 39, no. 3 (June 1996) , pp. 575–606.

Henderson, Richard I., and Richard J. Henderson. *Compensation Management in a Knowledge–Based World.* Upper Saddle River, NJ: Prentice Hall, 1996.

Hills, Frederick S., et al. *Compensation Decision Making.* Harcourt Brace Jovanovich College and School Division, 1997.

Lederer, Jack L., and Carl R. Weinberg. "Are CEOs Paid Too Much?" *Chief Executive,* May 1996, pp. 26–31.

Martocchio, Joseph J. *Strategic Compensation: A Human Resource Management Approach.* Upper Saddle River, NJ: Prentice Hall, 1997.

Milkovich, George T., and Jerry M. *Newman. Compensation.* 3rd ed. Homewood, IL: BPI/Irwin, 1990.

———. *Compensation.* New York: McGraw–Hill College Division, 1999.

Rodrick, Scott S., ed. *Incentive Compensation and Employee Ownership.* Oakland, CA: National Center for Employee Ownership, 1999.

Sprinkle, Geoffrey B. "The Effect of Incentive Contracts on Learning and Performance." *The Accounting Review,* July 2000, pp. 299–326.

Zehnder, Egon. "A SimplerWay to Pay." *Harvard Business Review,* April 2001, pp. 53–62.

第 **3** 编

管理控制变形

第 8~12 章介绍了我们认为最典型的管理控制过程。在本书的这个部分，我们将介绍一些导致修订这些典型的管理控制过程的因素，并说明这些修订的性质。控制系统的本质都是一样的，但是环境造成了详略程度的差异。在第 13 章中，我们将讨论如何按照公司和经营单元差异化战略区分控制。在第 14 章和第 15 章，我们将讨论在管理控制实践中，为适用于某些类型的组织所需的一些修订。这些类型的组织包括服务型组织（第 14 章）和跨国组织（第 15 章）。我们将在这几章探讨这些组织的特点及其对管理控制的意义。在第 16章中，我们将讨论项目的管理控制，它与我们至此所集中讨论的持续经营组织的管理控制略有不同。

第 *13* 章

差异化战略的控制

　　许多因素共同影响公司的组织结构和管理控制系统。研究人员试图通过运用所谓的"权变理论"来考察这些因素。这种称谓只是意味着组织结构和控制过程依赖于各种外部和内部因素，或者说视它们而定。研究发现了几项影响控制系统设计的重要因素，其中包括规模、环境、技术、相互依赖度以及战略。

　　鉴于本书的总体框架，即：管理控制系统的目的主要是促进战略实施——我们在本章中将说明不同的战略如何影响管理控制过程。有两点评论至关重要。首先，本章所介绍的只是一种趋势，而不是严格的原则。其次，系统设计师在设计控制系统时必须考虑其他外部和内部因素（环境、技术、规模、企业文化、地理位置、管理风格）的影响。

　　在本章的第一部分，我们将讨论不同的公司战略——单一经营、相关多元化经营、非相关行业多元化经营——对控制系统设计的意义。然后我们将讨论不同的经营层面战略，各种经营宗旨（拓展、维持、收获）和竞争优势（低成本、差异化）与控制系统的形式和结构之间的关系。最后，我们将讨论管理风格对控制系统设计和运作的意义。

公 司 战 略

把控制与战略联系起来的逻辑基于下列思想：

- 不同的组织一般都在不同战略背景下运营。
- 不同的战略要求不同的任务优先顺序、关键成功因素、技能、观点和行为来实现有效执行。
- 控制系统是影响被评价人的行为的评价系统。
- 因此，在控制系统设计中，一个持续的关注点应该是系统所诱发的行为是否符合公司战略。

组织结构的意义

正如我们在第 2 章所提到的，公司战略是一个连续统，"单一经营"战略在一端，"非相关多元化"战略在另一端。公司在这个连续统上的位置取决于多元化的程度和类型。不同的公司战略意味着不同的组织结构，因而也就意味着不同的控制。不同的公司战略对组织结构的意义如图表 13.1 所示。

在"单一经营"端，公司往往是按职能组织的。高层管理者负责制定公司在选定行业竞争的总体战略，以及在诸如研发、制造和营销等领域的职能性战略。但是，并非所有单一经营的公司都是按

图表 13.1
不同的公司战略：组织结构的意义

	单一经营	相关多元化	非相关多元化
组织结构	职能	经营单元	控股公司
公司管理层对行业的熟悉程度	高	——————→	低
公司管理层的职能背景	相应的经营经验（管理、营销、研发）	——————→	主要是财务
决策权力	更集中化	——————→	更分权化
公司员工规模	大	——————→	小
对内部提拔的依赖	高	——————→	低
水平调动的利用	高	——————→	低
公司文化	强	——————→	弱

职能组织的。例如：快餐连锁店、连锁酒店、连锁超市和连锁药店都是"单一经营"的公司，但是他们都是按经营单元组织的。他们的许多店都既有生产职能，又有营销职能。相比之下，每个非相关多元化经营的公司（联合企业）都是按相对自治的经营单元组织的。由于经营规模大、业务多元化，这种公司的高层管理者往往聚焦于投资组合和业务组合管理（即：选择业务组合，然后向各经营单元分配财务资源），他们把产品/营销战略的制定授权给经营单元经理。因此，在公司战略的"单一经营"端，高层管理者可能极其熟悉公司参与竞争的行业，并且许多往往都是研发、制造和营销领域的专家。相比之下，在"非相关多元化"端，许多高层管理者往往只是财务方面的专家。

随着公司从"单一经营"一端发展到"非相关多元化"一端，经营单元管理者的自治往往会加强，原因有二：首先，与单一经营公司不同，非相关多元化经营公司的高层管理者未必拥有为一组独立的经营单元制定战略和经营决策的知识和专家经验。其次，在联合企业中，各经营单元之间几乎不存在相互依赖性，而在单一经营和相关多元化经营的公司中，各经营单元之间可能存在很大程度的相互依赖。相互依赖程度越高，就越需要高层管理者的干预。

因为公司层面的管理者不太干预经营单元的运营，所以较之同等规模的单一经营公司，联合企业的员工规模往往较小。由于不同经营单元之间具有非关联的性质，从内部提拔或经理从一个经营单元到另一个经营单元的横向调动不太可能使联合企业受益。此外，联合企业未必拥有单一经营的公司所经常拥有的一元的、具有凝聚力的强势公司文化。

对管理控制的意义

任何一个组织，无论它的组织结构与选定的战略多么协调，如果没有一个相符的管理控制系统，就无法有效地实施战略。虽然组织结构已界定不同管理者之间的报告关系及其职责和权力，但是要有效地运作，还需要设计合理的控制系统。在本章的这一部分，我们将讨论不同的公司战略的计划和控制要求。

不同的公司战略意味着设计控制系统所依赖的背景具有下列不同点：

- 随着公司变得越来越多元化，公司层面的管理者未必拥有公司各经营单元的活动领域的知识或经验。如果是这样，那么在高度多元化的公司中，公司层面的管理者就不能期望根据对活动精深的了解来控制不同的业务，因此，业绩计量的效果就有限了。

- 单一经营和相关多元化经营的公司拥有公司范围的核心竞争力（如摩托罗拉的无线技术），大多数经营单元都可以据此制定战略。因此，沟通渠道和核心竞争力在各经营单元之间的转移对这种公司至关重要。相比之下，在非相关多元化经营的公司中，各经营单元之间的相互依赖程度低。这意味着随着公司的多元化，它可能需要改变控制系统的重心，从强调发展公司，到强调鼓励企业家精神。

与不同公司战略相对应的控制系统的设计趋势如图表 13.2 所示。

战略计划

由于相互依赖程度低，所以联合企业往往采用垂直式的战略计划系统，即各经营单元编制战略计划，并提交给高级管理层审批。由于相互依赖程度高，相关多元化经营和单一经营的公司往往采用

图表 13.2
不同的公司战略：对管理控制系统的意义

	单一经营	相关多元化	非相关多元化
战略计划	垂直式与水平式	→	只有垂直式
预算：通过预算编制相对控制经营单元经理	低	→	高
对实现预算的重视程度	低	→	高
转移定价：转移定价的重要性	高	→	低
采购灵活性	受制约	→	公允市场价格
激励薪酬：奖金标准	财务与非财务指标	→	主要是财务指标
奖金决定方法	主要是主观的	→	主要是基于公式
奖金基数	基于经营单元和公司业绩	→	主要基于经营单元业绩

垂直式兼水平式的战略计划系统。水平因素可能以多种不同方式纳入战略计划过程。首先，集团高管可能负责为整个集团制定战略计划，明确集团内的各经营单元之间的协同效应。其次，各经营单元的战略计划可能具有相互依赖的部分，各经营单元的总经理要明确与其他经营单元之间的关键联系，以及如何利用这些联系。第三，公司总部可能要求相互依赖的经营单元制定联合的战略计划。最后，各经营单元的战略计划可以让同类经营单元的经理传阅，并接受批评和审查。

这些方法不是互相排斥的。事实上，其中几种方法可以同时卓有成效地实施。

实例 NEC 公司是一个相关多元化经营的公司，它采用了两种计划系统：一种正常的经营单元计划系统和一种公司经营计划系统（CBP）。公司经营计划系统的战略计划适用于跨经营单元的重要计划。它迫使相互依赖的经营单元经理就战略计划达成一致，以充分利用这种联系。实际上，这个系统要求对重要的水平型问题进行特别计划。[1]

预算编制

在单一经营的公司中，首席执行官可能事无巨细，对公司的经营具有全面的了解，公司和经营单元的经理往往联系更频繁。因此，单一经营公司的首席执行官能够通过非正式的、以个人为导向的机制控制下属的经营，比如频繁的个人交流。如果是这样，就不会过于严重依赖预算编制系统作为控制工具。

另一方面，在联合企业中，首席执行官几乎不可能依赖非正式的人际交流作为控制工具。很多控制和交流都必须通过正式的预算编制系统实现。这意味着在联合企业中预算编制系统具有下列特点：

- 经营单元经理对制定本单元的预算具有更大的影响，因为是他们，而不是公司总部，拥有关于各自生产和营销环境的大多数信息。

---

1. Michael E. Porter, *Competitive Advantage* (New York: Free Press, 1985), p. 403.

- 因为首席执行官没有其他非正式控制手段，所以经常更多地强调实现预算。

转移定价

在单一经营和相关多元化经营的公司中，商品和服务在经营单元之间的转移比联合企业更频繁。联合企业通常采用的转移定价政策是赋予经营单元采购的灵活性，采用公允市场价格。但是，在单一经营或相关多元化经营的公司中，协同效应至关重要，未必赋予经营单元制定采购决策的自由。在第 6 章中，我们曾讨论过采购的约束条件如何影响转移定价政策。

激励薪酬

不同的公司战略，激励薪酬政策也往往存在下列不同之处：

- **公式的运用**。一般而言，联合企业更有可能采用公式决定经营单元经理的奖金。即：他们可能把大部分奖金建立在量化的财务指标的基础之上，比如百分之 X 的奖金基于实际经济增加值（EVA）超出预算经济增加值的部分。之所以采用这种基于公式的奖金计划，乃是因为高级管理层一般不熟悉各种独立企业的经营活动。

  单一经营和相关多元化经营的公司的高层管理者往往把经营单元经理的大部分奖金建立在主观因素的基础之上。在许多相关多元化经营的公司中，相互关联程度越高，就意味着一个经营单元的业绩越容易受到其他单元的决策和行动的影响。因此，若公司拥有高度关联的经营单元，与财务业绩指标严格挂钩的基于公式的奖金计划可能具有反作用。

- **盈利能力指标**。若是非相关多元化经营的公司，经营单元经理的激励奖金往往主要由本经营单元的盈利能力决定，而不是由公司的盈利能力决定。其目的在于激励经理把经营单元视同自己的公司去经营。

  相比之下，单一经营和相关多元化经营的公司则往往把经营单元经理的激励奖金既建立在本经营单元的业绩基础之上，又建立在更大的组织单元的业绩基础之上（如：经营单元所属的产品类别，甚至可能是整个公司）。若经营单元相互依赖，总经理的激励奖金越强调本单元的独立业绩，单元之间越有可能发生冲突。另一方面，把总经理的奖金更多地建立在整个公司的业绩基础之上可能会促进经营单元之间的合作，从而更大地激励经理充分利用相互依赖关系，而不是只顾各自的经营结果。

实例 联合企业德事隆集团，在向经营单元经理分配奖金时所采用的最重要的业绩指标是本经营单元的投资报酬率。因此，激励奖金系统基于公式，与财务指标挂钩，并且，奖金依赖于经营单元的业绩。

经营单元战略

至此，把整个公司作为我们的观察单位，我们已经讨论了不同公司的控制系统之间的差异。在本小节中，我们将探讨同一个公司内的控制系统差异。多元化经营的公司把自己划分为经营单元，并且一般为各经营单元制定不同的战略。许多跨行业组织的首席执行官都不采用标准化的、统一的方式控制经营单元。相反，他们根据各经营单元的战略量体裁衣。

正如我们在第 2 章中所指出的，经营单元的战略取决于两个相互关联的因素：（1）经营宗旨（"它的总体目标是什么？"）；（2）竞争优势（"为了实现其经营宗旨，经营单元如何在行业内竞争？"）。一般而言，经营单元会从四种经营宗旨中做出选择：拓展、维持、收获和剥离。经营单元可以通过两种基本方式竞争并打造可持续的竞争优势：低成本和差异化。

经营宗旨

现有经营单元的经营宗旨可以是拓展、维持或收获。这些经营宗旨构成了一个连续统，一端是"纯粹的拓展"，而另一端是"纯粹的收获"。为了有效地实施战略，所选择的经营宗旨和所采用的控制类型应该协调一致。我们运用下列推理建立了控制—经营宗旨"匹配模式"。[2]

---

2. 本小节引自大量聚焦于经营单元层面的战略实施问题的研究。一些主要参考文献包括：Govindarajan（1988），Govindarajan and Fisher（1990, 1993），Govindarajan and Gupta（1985）. See the "Suggested Additional Readings" for this chapter.

- 经营单元的经营宗旨影响总经理所面临的不确定性，以及他们在短期与长期之间所做的权衡。
- 管理控制系统可以系统地变化，有助于激励经理有效应对不确定性，做出短期与长期之间的正确权衡。
- 因此，不同的经营宗旨经常要求不同的管理控制系统。

经营宗旨与不确定性

以"拓展"为宗旨的经营单元往往比以"收获"为宗旨的经营单元面临更大的环境不确定性，原因有以下几个：

- "拓展"战略一般在产品生命周期的增长阶段采用，而"收获"战略则一般在产品生命周期的成熟或衰退的阶段采用。在增长阶段，诸如制造工艺、生产技术、市场需求、供应商/客户关系和分销渠道、竞争者数量以及竞争结构之类的因素变化更快，比在成熟或衰退阶段具有更大的不可预测性。
- "拓展"经营单元的目标是扩大市场份额。因为一个行业的全部公司的总市场份额是 100%，市场份额的争夺是一个零和游戏。因此，较之"收获"战略，"拓展"战略使经营单元与竞争者之间的冲突更大。竞争者的行为可能无法预测，这就造成了"拓展"经营单元所面临的不确定性。
- 无论在投入方，还是产出方，"拓展"经理往往都会比"收获"经理更多地依赖外部个人和组织。例如："拓展"经营宗旨注重追加资本投资（更多地依赖于资本市场）、生产能力的扩建（更多地依赖于技术环境）、市场份额的扩大（更多地依赖于客户和竞争者）、产量的提高（更多地依赖于原材料供应商和劳动力市场）等等。一个经营单元对外部依赖性越大，它面临的不确定性就越大。
- "拓展"经营单元经常处在新的、发展中的行业。因此，"拓展"经理可能在本行业的经验较少。这又增加了"拓展"经营单元的经理在与外部支持者打交道时所面临的不确定性。

经营宗旨与时间跨度

选择"拓展"战略，还是选择"收获"战略，对于短期与长期利润权衡具有重要意义。拓展市场份额的战略包括（1）降低价格；

（2）重大研发支出（以引进新产品）；（3）重大市场开发支出。这些行动都旨在确立市场领导地位，但是他们也会压低短期利润。因此，"拓展"经营单元经理今天制定的许多政策可能在未来某个时期才会创造利润。另一方面，"收获"战略则集中在短期利润最大化上。

现在我们就讨论经营宗旨不同的经营单元在控制系统的形式和结构上有何差异。

战略计划

在设计战略计划过程时，需要考虑几个设计问题。经营单元对这些问题的回答往往取决于它所追求的经营宗旨（参见图表 13.3）。

若环境不确定，则战略计划过程就尤其重要。管理层需要思考如何应对不确定性，而这通常要求采用一种比年度预算更长期的计划观点。如果环境稳定，可能就根本没有战略计划过程，或者只有一个泛泛的战略计划。因此，较之"收获"经营单元，战略计划过程对于"拓展"经营单元更关键、更重要。尽管如此，"收获"经营单元进行某种形式的战略计划可能也是必要的，因为公司的总体战略计划必须包含所有业务，以便有效地平衡现金流。

在筛选资本投资和分配资源时，对于"收获"经营单元，系统可能更量化，更强调财务指标。"收获"经营单元在成熟行业中运营，不会提供大量的新投资机会。因此，这类经营单元所要求的收

图表 13.3

不同战略经营宗旨：
对战略计划过程的意义

	拓 展	维 持	收 获
战略计划的重要性	相对高	→	相对低
资本支出决策的正式性	不太正式的贴现现金流分析；较长的回收期	→	更正式的贴现现金流分析；较短的回收期
资本支出评估标准	更多地强调非财务数据（市场份额、有效利用研发资金等）	→	更多地强调财务数据（成本效率、现金增量回报）
贴现率	相对低	→	相对高
资本投资分析	更主观、质化	→	更客观、量化
经营单元层面的项目审批限额	相对高	→	相对低

益率可能较高，以激励经理追求真正高回报的项目。因为"收获"经营单元往往处于稳定的环境中（产品、技术、竞争者和客户均可预测），更有把握运用贴现现金流分析。评估"收获"经营单元的投资所要求的信息主要是财务方面的。

然而，"拓展"经营单元处于产品生命周期的增长阶段。因为公司总部希望利用成长市场中的机会，高级管理层可能会设定较低的贴现率，从而激励"拓展"经理为公司总部推荐更多的投资创意。由于产品和市场的不确定性，对"拓展"经营单元的有些项目进行财务分析可能不可靠。对于这类项目，非财务数据更重要。

预算编制

不同经营宗旨对设计预算编制系统的意义如图表 13.4 所示。在比较实际结果与预算的差异分析计算中，明确了差异是有利的，还是不利的。但是，有利差异未必意味着有利的业绩；不利差异也未必意味着不利的业绩。有利或不利差异与有利或不利业绩之间的联系取决于所评价的经营单元的战略背景。

实例 一家工业测量仪器制造商把总体利润差异按主要成因在两个经营单元中分解：一个是"收获"经营单元——电表；一个是"拓展"经营单元——电子仪表。在对"收获"和"拓展"经营单元经理进行业绩计量时，高级管理层对市场份额、销售价格和制造成本差异做了截然不同的解释。[3]

一个相关的问题是，在经营单元经理的业绩计量中对实现预算的重视程度。我们在第 10 章中曾指出，不确定性越大，上级就越难以把下属的预算目标视作公司的承诺，就越难以把不利预算差异视作业绩差的明确反映。出于这个原因，"拓展"经营单元比"收获"经营单元较少依赖预算。

实例 SCM 公司采用了一个两维标杆来评价经营单元：一个维度是净收益业绩与预算之比较，另一个维度是业绩与具体目标之比较。经营单元的经营宗旨不同，这两方面所占的比率也不同。例如："纯粹的收获"经营单元 100% 按预算业绩评价；"纯粹的维持"经营单元 50% 按

---

3. John K. Shank and Vijay Govindarajan, *Strategic Cost Analysis* (Burr Ridge, IL: Richard D. Irwin, 1991), pp. 95–113.

图表 13.4

不同战略经营宗旨：
对预算编制的意义

	拓　展	维　持	收　获
预算的作用	侧重短期计划工具	→	侧重控制工具（"约束规范"）
经营单元经理对预算编制的影响	相对高	→	相对低
预算在年内的修订	相对容易	→	相对难
与上级的接触频率和非正式报告频率	更多的是政策问题；较少的是经营问题	→	较少的是政策问题；更多的是经营问题
上级对实际业绩和预算的反馈频率	频率低	→	频率高
预算定期考核中采用的"控制限额"	相对高（即更灵活）	→	相对低（即不太灵活）
对实现预算的重视程度	相对低	→	相对高
产出与行为控制	行为控制	→	产出控制

　　预算评价，50%按目标实现程度评价；"纯粹的拓展"经营单元则
100%按目标实现程度评价。[4]

　　在预算编制中，在"拓展"经营单元和"收获"经营单元之间
还可能存在下列差异：

- 较之"收获"经营单元，"拓展"经营单元的预算修订可能更
  频繁，因为他们的产品和市场环境变化更频繁。
- 在预算编制中，"拓展"经营单元经理可能比"收获"经营单
  元经理贡献更大、影响更大。这是因为"拓展"经理在迅速变
  化的环境中经营，比高级管理层更了解这些变化。对于处于稳
  定环境中的"收获"经营单元，经理具备的知识不太重要。

激励薪酬系统

在设计经营单元经理的激励薪酬包时，需要解决下列问题：

---

4. George E. Hall, "Reflections on Running a Diversified Company," *Harvard Business Review,* January–February 1987,
pp. 88–89.

1. 相对于总经理的基础工资，其激励奖金应该是多少？激励奖金应该有上限吗？
2. 在决定总经理的激励奖金时，应该采用什么业绩指标（如：利润、经济增加值、销量、市场份额、产品开发）？如果采用多重业绩指标，他们的权重应该是多少？
3. 在决定奖金额时，应该在多大程度上依赖主观判断？
4. 激励奖金应该多长时间发放一次（半年、每年、两年等）？

经营单元的经营宗旨影响这些设计变量的决策（参见图表 13.5）。对于第一个问题，许多公司都采用这样的原则，即：战略风险越大，总经理的薪酬中奖金较之工资的比例就越大（即"风险/回报"原则）。他们认为，因为若经理管理更不确定的经营状况，则应该愿意承担更大的风险，所以激励奖金在他们的薪酬中的比例就应该更大。因此，"拓展"经理比"收获"经理更有可能依赖奖金。

对于第二个问题，若奖励与某个业绩指标挂钩，行为就会受到最大化这些业绩指标的愿望的影响。有些业绩指标（成本控制、经营利润和来自经营活动的现金流）更侧重于短期结果，而其他业绩指标（市场份额、新产品开发、市场开发和人员开发）则更侧重于长期盈利能力。因此，把激励奖金与短期指标联系起来往往促使总经理注重短期结果；同样，把激励奖金与长期指标联系起来就可能促进长期结果。考虑到"拓展"和"收获"经理在经营视野上的相对差别，可能不太适宜采用单一的、统一的财务指标评价每个经营单元的业绩，比如经营利润。一个更好的主意就是采用多重业绩指标，但每个指标的权重不同，其取决于经营单元的经营宗旨。

图表 13.5

不同战略经营宗旨：对激励薪酬的意义

	拓 展	维 持	收 获
奖金占的比例	相对高	→	相对低
奖金标准	更强调非财务指标	→	更强调财务指标
奖金决定方法	更主观	→	更多地基于公式
奖金发放频率	不太频繁	→	更频繁

实例 模拟设备公司和通用电气公司根据各经营单元的不同经营宗旨量身制定薪酬包。

模拟设备公司根据各经营单元的增长和利润潜力为经营单元设计奖金制度。例如：处于测试设备市场的经营单元与处于微处理器市场的经营单元面临着截然不同的条件和竞争。虽然有些经营单元未必具有很大的增长潜力，但是他们可能有能力创造高资产收益率（ROA）；其他经营单元或许有能力实现高增长，但是创造的资产收益率却较低。对于追求"收获"战略的经营单元，在决定经营单元经理的奖金时，应更重视资产收益率，销售增长则居其次。另一方面，对于追求"拓展"战略的经营单元，奖金权重应该更多地放在销售增长上，而资产收益率则居其次。[5]

通用电气公司既有成熟业务，又有年轻的业务。在成熟业务中，短期激励可能主导着经理的薪酬包，他们要负责实现现金流的最大化、实现高利润边际，以及保持市场份额。在较年轻的业务中，开发产品和制定营销战略最重要，促进实现长期业绩的非财务指标可能主导着经理薪酬的绝大部分。[6]

第三个问题是主观判断应该在多大程度上影响奖金额。在一个极端，经理的奖金可能严格基于公式，奖金与量化的指标业绩挂钩（如：奖金是实际利润超出预算利润部分的百分之 X）。在另一个极端，经理的激励奖金可能仅基于上级的主观判断或自由裁量。此外，激励奖金还可能基于公式和主观判断相结合的方法。大多数基于长期指标的业绩（市场开发、新产品开发、人员开发）都比大多数基于短期指标的业绩（经营利润、来自经营活动的现金流、投资报酬率）更难以客观地评价。正如我们已经指出的，"拓展"经理较之"收获"经理，应该更多地集中在长期运营上，所以一般用更多主观的指标评价他们。

至于最后一个问题，奖金发放的频率的确影响经理的经营视野，是注重短期，还是放眼长期？更频繁的奖金发放会鼓励经理集中在短期业绩上，因为它激励经理聚焦在短期内自己能影响的经营领域。奖金计算和发放不太频繁，则会鼓励经理放眼长期。因此，"拓展"

5. Ray Stata，Modesto A. Maidique，"Bonus System for Balanced Strategy," *Harvard Business Review*, November–December 1980, pp. 156–63.

6. "Executive Compensation: Looking to the Long Term Again," *BusinessWeek*, May 9, 1983, p. 81.

经理收到的奖金往往不如"收获"经理频繁。

> ***实例***　普马克国际公司采用一种简单的逻辑设计特百惠分部总经理的激励奖金，该分部的经营宗旨是拓展市场份额："如果你每年发放一次奖金，特百惠分部就可能减少广告和宣传活动，你当年的利润就会看起来不错。那么经销商就会倒大霉。如果你的目标是 3 年后的奖金，那么就不太可能采取短期行为。"[7]

在 2001 年，在许多公司，由于业绩的下滑，董事会都降低了 CEO 的奖金。但是，董事会也往往会加强长期激励——如期权，以弥补在奖金方面的薪酬损失。[8]

竞争优势

经营单元可以选择差异化或者低成本参与竞争。若选择了差异化方法，而不是低成本方法，就会增加经营单元经营环境的不确定性，原因有三：

1. 产品创新对于差异化经营单元更重要。部分原因在于采用差异化的经营单元主要聚焦在独特性和排他性上，这要求更多的产品创新；而选择低成本的经营单元则主要强调降低成本，它一般更喜欢长期保持产品稳定。若经营单元更多地强调新产品活动，则往往会面临更大的不确定性，因为经营单元在用未经检验的产品博弈。

2. 采用低成本的经营单元一般拥有较狭窄的产品线，从而使存货维持成本最小化，并从规模经济中受益。另一方面，采用差异化的经营单元则往往拥有更宽泛的产品系列，从而创造独特性。产品广度产生了高度的环境复杂性，因而也就产生了高度的不确定性。

3. 采用低成本的经营单元一般不生产花里胡哨的产品，而只是大众产品，这些产品之所以成功，主要是因为它们的定价低于竞争产品。但是，如果客户认为产品优于同类竞争产品，那么采用差异化的经营单元的产品就会成功。因为很难了解客户偏好，

7. I. Reibstein，"Firms Trim Annual Pay Increase and Focus on Long Term: More Employers Link Incentives to Unit Results," *The Wall Street Journal*, April 10, 1987, p. 25.

8. Monica Roman, "Tough Times, CEO Style," *BusinessWeek*, March 18, 2002, p. 48.

客户忠诚度也会由于种种原因而变化，所以差异化产品的需求比大众产品的需求更难预测。

对于采用低成本和差异化的经营单元，其控制系统类似于我们前面所讲的"收获"和"拓展"经营单元的控制系统。原因在于采用低成本和差异化的经营单元所面临的不确定性类似于"收获"和"拓展"经营单元所面临的不确定性。

实例 一个经营范围很广的化工制造商采用差异化管理控制，让它的黄色染料经营单元聚焦在不同的关键成功因素上，遵循成本领先的战略；而它的红色染料经营单元则遵循着差异化战略。负责黄色染料的经理严格遵守理论上的标准成本，而不是目前可实现的标准成本。这些严格的财务控制效果显著。在两年期间内，黄色染料的实际成本从每磅 5.72 美元降至了 3.84 美元，从而为黄色染料经营单元带来了重大的成本优势。红色染料的关键战略问题是产品差异化，而不是成本领先。因此，红色染料经营单元的管理控制报告应聚焦在产品领先这个变量上（如：报告热喷雾染色开发项目就是一个里程碑），而不是成本控制变量上。9

某一大型高科技制造商的高层管理者直接负责把客户满意度、质量、市场份额、人力资源纳入正式的评价系统。其动力在于他们已经意识到：公司的现有系统（在很大程度上是财务上的）削弱了通过客户服务聚焦于差异化的公司战略。10

最高管理层管理风格

一个组织的管理控制职能受高级管理层管理风格的影响。首席执行官的管理风格影响整个组织的管理控制过程。亚马逊网站的杰夫·贝索斯、美国在线的史蒂夫·凯斯、思科公司的约翰·钱伯斯、通用电气的杰克·韦尔奇、ITT 公司的哈罗德·吉宁以及 ABB 公司的珀西·巴内维克，这些都是尽人皆知的例子。同样，经营单元经理的管理风格也影响经营单元的管理控制过程，职能部门的经理的管理风格也影响本职能领域的管理控制过程。如果可行，设计师在设计和

9. Shank，Govindarajan，*Strategic Cost Analysis*, pp. 114–30.

10. Robert G. Eccles, "The Performance Measurement Manifesto," *Harvard Business Review*, January–February 1991, pp. 131–37.

运作控制系统时应该考虑管理风格（如果首席执行官积极参与系统设计，事实也应该如此，那么系统就会反映他们的偏好）。

管理风格的差异

经理的管理风格各异。有些严重依赖于报告和正式文件，其他的则喜欢谈话和非正式的接触；有些人惯于具体地思考，而有些人则惯于抽象地思考；有些人是分析型的，有些人则采喜欢试错方式；有些人愿意承担风险，而有些人则厌恶风险；有些人注重过程，而有些人注重结果；有些人侧重以人为本，有些人则侧重以任务为导向；有些人是友善型的，有些人则是冷漠型的；有些人注重长期利益，有些人则注重短期结果；有些人独断专行（"X 理论"），有些人则鼓励组织参与决策（"Y 理论"）；有些人强调金钱奖励，有些人则强调用多种方法进行奖励。

管理风格受经理的背景和性格的影响。背景包括年龄、所受的正规教育以及专业经验，比如：制造、技术、营销或财务。性格特点包括诸如经理是否愿意承担风险，以及他或她对模糊性的承受程度。

对管理控制的意义

管理风格的各个方面都会显著影响控制系统的运作。即使以同样的频率向 CEO 提交包含相同数据的同样报告，CEO 管理风格不同，就会用不同的方式利用这些报告管理经营单元。正如我们在第 3 章中所介绍的，当杰克·韦尔奇接替雷金纳德·琼斯继任 CEO 时，通用电气公司的控制过程的根本转变就生动地说明了这一点。

管理风格影响管理控制过程——CEO 喜欢如何使用信息、如何召开业绩计量会议等，反过来又影响控制系统实际如何运作，即使在新 CEO 上台后正式结构还未发生改变。事实上，CEO 换人时，下属一般都会根据他或她在管理控制过程中的行为（如业绩报告或演讲，以及他发出指令的优先顺序），推断新 CEO 真正想做什么。

人性化与非人性化控制

组织中的人性化与非人性化控制是管理风格的一个方面。不同的经理，对正式预算和报告，以及非正式谈话和其他个人接触的重视程度不同。有些经理是"数字导向型"的，他们希望提供大量量化信息，并且花费很多时间分析这些信息，从中得出暂时的结论。其他经理则是"以人为本"的，他们只看几个数字，但是通常会通过与人交谈得出结论，在部分程度上根据对其他人的评估，从中判断所获信息的相关性和重要性。他们会走访各个地方，花时间与主管及其下属交谈，从而了解经营状况。

经理对正式报告的态度影响他们想要的报告详略程度、报告频率，甚至是偏好图表还是数字表格，还有是否希望在数字报告后面附上书面说明。管理控制系统的设计师需要明确这些偏好，并适应这些偏好。

严格控制与松散控制

经理的管理风格影响控制的严格与松散程度。像生产责任中心这样常规性部门的经理可以在严格和宽松的环境下工作，实际控制则反映了经理的上级的管理风格。因此，控制的严格程度不会反映在表格的内容或者正式控制文件、规章或程序上。它是这些正式控制机制如何使用的一个因素。

在组织等级制度中的级别越高，控制往往也会越松散：较高层的经理一般不太注意细节，而是更注重总体结果（即净收益，而不是如何获得结果的细节）。但是，如果一个 CEO 的管理风格不同，这种一般化可能就不适用。

> **实例** 对于这一点，在哈罗德·吉宁领导下的 ITT 公司就是一个经典的例子。人们可能认为 ITT 这个联合企业应该基于对经营单元净收益的监控来管理，而不是通过对经营单元经营的方方面面进行详细评价。事实的确是这样，因为在联合企业，CEO 一般在理解各经营单元的经营细节上都有"能力局限性"。在这样一种背景下，正是哈罗德·吉宁的个人风格解释了他为什么对经营单元经理进行如此详细的评价。[11]
>
> 在兰德·阿拉斯克格接替哈罗德·吉宁继任 ITT 公司的 CEO 时，他改变了详细的、严格的控制系统，因为阿拉斯克格的个人风格不是原来的那种严格控制型的。[12]

---

11. "The Case for Managing by the Numbers," *Fortune*, October 1, 1984, pp. 78–81.

12. "ITT: Groping for a New Strategy," *BusinessWeek*, December 15, 1980, pp. 66–80.

CEO 的风格对管理控制具有深刻的影响。如果接管的新高层管理者管理风格不同，那么系统就会相应地变化。也可能经理的管理风格不适合组织的管理控制要求。如果经理意识到这种不一致，并相应地调整自己的管理风格，问题自然会消失。但是，如果经理不愿意改变，或者无法改变，那么组织就会产生业绩问题。在这种情况下，解决方案可能就是更换经理。

小　结

管理控制系统的设计师应该注意应用控制系统的战略背景。不同的公司选择的战略可以散布在一个连续统上，单一经营的公司在一个极端，非相关多元化经营的公司（联合企业）在另一个极端。在这种意义上，公司战略不同，管理控制过程也就不同。

经营单元的经营宗旨可以划分为"拓展"、"维持"或者"收获"，经营单元的经理也可以决定是基于低成本，还是基于差异化打造竞争优势。管理控制过程受经营单元选择哪种战略的影响。

本章把控制与战略联系起来的讨论不应该机械地使用。我们这里所提出的建议只是一种趋势，而不是普遍真理。事实上，控制系统应该在各个组织的独特外部环境、技术、战略、组织结构、文化和高级管理层管理风格的背景下设计。

推 荐 读 物

Carney, K. "Successful Performance Measurement: A Checklist." *Harvard Management Update*, November 1999.

Fisher, Joseph, and Vijay Govindarajan. "Incentive Compensation Design, Strategic Business Unit Mission, and Competitive Strategy." *Journal of Management Accounting Research* 5 (Fall 1993), pp. 129–44.

Ghemawat, Pankaj, David J. Collins, Gary P. Pisano, and Jan W. Rivkin. *Strategy and the Business Landscape: Core Concepts*. Upper Saddle River, NJ: Prentice Hall, 2001.

Govindarajan, Vijay. "A Contingency Approach to Strategy Implementation at the Business Unit Level: Integrating Administrative Mechanisms with Strategy." *Academy of Management Journal* 31, no. 4 (1988), pp. 828–53.

Govindarajan, Vijay, and Joseph Fisher. "Impact of Output versus Behavior Controls and Resource Sharing on Performance: Strategy as a Mediating Variable." *Academy of Management Journal,* June 1990, pp. 259–85.

Govindarajan, Vijay, and Anil K. Gupta. "Linking Control Systems to Business Unit Strategy: Impact on Performance." *Accounting, Organizations, and Society,* 1985, pp. 51–66.

Herbold, Robert J. "Inside Micosoft: Balancing Creativity and Disiplin." *Harvard Business Review,* January 2002, pp. 72–79.

Tesoro, Ferdinand, and Jack Tootson. *Implementing Global Performance Measurement Systems.* San Francisco: Jossey–Bass, 1999.

第 **14** 章

服务型组织

前面各章的讨论大多是指制造型组织，即：生产和销售有形商品的组织。在本章中，我们将介绍服务型组织的管理控制系统——生产和销售无形服务的组织。我们将首先讨论区分服务型组织和制造型组织的一般意义上的特征。然后，我们再讨论专业服务、金融服务、医疗服务和非营利组织中产生的特殊问题。

一般服务型组织

在 18 世纪和 19 世纪早期，美国的劳动队伍主要集中在农业领域。在此之后，主要集中在制造业。在 20 世纪初，服务领域的从业人数超过了制造业领域的从业人数。到 2005 年，服务业领域的从业人员已增长为制造业领域从业人员的两倍多。在本章中，我们将考察服务型组织的管理控制系统。

特　征

出于多种原因，服务行业的管理控制与制造公司的管理控制略有不同。在本小节中，我们将讨论一些影响大多数服务行业的因素（其他的，关于特定服务行业的特征，将在后面讨论）。这些因素也适用于一般公司的法律、研发和其他服务部门。

缺失存货缓冲机制

商品可以以存货的形式持有，它是消除销量波动对生产活动造成影响的缓冲机制。服务却不能储存。飞机的座位、酒店的客房、医院的手术室，或者律师、医师、科学家及其他专业人士的时间如果今天不用，就会永远地消失了。因此，尽管制造型公司可以用今天手中的产品在未来赚取收入，但是服务型公司却不能如此。它必须尽可能地使未利用的生产能力最小化。

而且，许多服务型组织的成本在短期内实质上是固定的。在短期内，酒店无法通过关闭一些客房来大幅降低成本。会计师事务所、律师事务所以及其他专业组织也不愿在业务量低的时期解雇专业人士，因为不仅会影响士气，而且还会发生重新招募和培训费用。

因此，在大多数服务型组织中，一个关键变量是现有生产能力与需求的匹配程度。服务型组织实现这种匹配的方式有两种。首先，他们尽力通过营销活动和价格折让刺激非高峰期的需求。旅游线路和假日酒店会在淡季报低价；航空公司和酒店会在周末提供低价；公用设施在一天的客流量低的时间会提供低价。其次，如果可行，服务型公司也会根据预期需求调整员工队伍规模，采取的措施包括在淡季安排培训活动，以后用休假弥补繁忙时期的加班。

由于未售出服务所产生的损失至关重要，所以客房入住率、"计费小时数"、负荷因素、学生入学率、医院就诊人数，以及其他反映销售服务是否成功的类似指标，通常都是服务型组织的关键变量。

控制质量的难点

制造型公司可以在向消费者发货之前检查产品，产品的质量可以采用可视形式或者工具来测量（韧性、纯度、重量、颜色等等）。服务型公司只有在提供服务的时候，才能判断产品质量，而且判断经常是主观的。餐馆的管理层可以在厨房检查食品，但是客户满意度在很大程度上取决于服务形式。教育质量更难以衡量，因此没有几个教育组织建立了正式的质量控制系统。

劳动密集型

制造型公司需要添置设备和自动化生产线，因而替代了人工，降低了成本。大多数服务型公司都是劳动密集型的，无法做到这一点。医院确实会添置昂贵的设备，但是大多数是为了提供更好的治疗，而这会增加成本。律师事务所会通过增加合伙人和新的辅助人员来扩张。

多经营单元组织

有些服务型组织在不同的地方经营多个经营单元，每个经营单元规模都较小。这些组织一般是快餐连锁店、汽车租赁公司、加油站等。有些经营单元是自有的，其他的则是加盟经营。各个独立经营单元的相似性为分析预算和评价业绩提供了共同的基础，而这是制造型公司所无法实现的。各经营单元的信息可以与整个系统比较，也可以与地区平均值比较，从而确定哪个业绩好，哪个业绩差。但是，因为各经营单元不仅所提供的服务组合不同，利用的资源不同，而且还存在其他差异，所以在比较时要审慎。

历史发展

成本核算始于制造型公司，因为在编制财务报表时，需要为在产品和产成品存货计价。成本核算制度为制定销售价格，以及其他管理控制，提供了原始数据。标准成本制度、固定成本与变动成本的区分，以及差异分析都是在成本核算制度的基础上建立的。直到几十年前，大多数关于成本核算的教材还只涉及制造型公司的实务。

许多服务型公司（铁路及其他管制行业除外）并没有同样的动力去编制成本数据。他们使用产品成本及其他管理会计数据还只是最近时期——大部分是二战以后。今天，他们的管理控制系统已迅速发展，堪与制造型公司媲美。

专业服务组织

研发组织、律师事务所、会计师事务所、医疗机构、工程设计公司、建筑师事务所、咨询公司、广告代理、交响乐团及其他艺术团体，以及体育组织（如：棒球队）等都是专业服务组织，他们所提供的产品就是专业服务。

特殊组织特征

目　标

正如第2章所介绍的，制造型公司的主要目标是获得满意的利润，尤其是获得满意的资产收益率。专业服务组织拥有的有形资产相对较少。它的主要资产就是专业人士的技能，但是这在资产负债表上并不列示。因此，应用资产收益率对于这类组织实质上毫无意义。他们的财务目标是为专业人士提供合理的报酬。

在许多组织中，一个相关的目标是扩大规模。这在部分程度上反映了一种自然趋势，即把成功与大规模联系起来。它还在部分程度上反映了人员集中利用的规模经济，从而保持组织与时俱进。大型会计师事务所需要建立足够的分支机构，以满足审计客户的需要，因为有些客户的经营遍布世界各地。

专业人士

专业服务组织是劳动密集型的，而且需要特殊人才。许多专业人士喜欢独立工作，而不是参加团队。身为管理者的专业人士往往利用业余时间参与管理活动。会计师事务所的高级合伙人积极参与审计业务；律师事务所的高级合伙人也有客户。大多数职业的教育都不包含管理教育，而且都自然而然地强调专业技能，而不是管理技能。出于这个原因，以及种种其他原因，专业人士往往忽视了管理者。专业人士往往不太重视决策的财务意义。他们希望把工作做到最好，不管成本多高。这种态度影响了组织中辅助人员和非专业人士的态度。它导致了成本控制欠缺。

产出和投入评价

专业服务组织的产出无法以实物形式评价，比如件、吨或者加仑。我们可以评价律师花费在一个案件上的小时数，但是这是对投入的评价，而不是对产出的评价。产出是指律师的工作效果，这无法用案件诉讼摘要的页数来衡量，也无法用出庭小时数来衡量。我们可以评价医生每天的接诊数量，甚至可以根据投诉对这些患者分类，但是这决不等于评价医生所提供的服务的质量。所评价的充其量是医生治疗患者的效率，它在确定怠工者和勤奋者时有所用处。在有些专业服务组织中，收入是一个评价产出的指标。但是这些货币金额充其量与服务数量联系起来，而不是与服务质量联系起来（尽管从长期看劣质也会反映在收入下降上）。

> **例如：** 关于学生对教师的评级的研究有 1 300 多篇文章和著作。他们为教师表现定义了 22 个维度（如："阐释清晰"、"课堂时间运用合理"），并定义了 20 个影响评级的变量（如：课程量、授课时间、性别、课程水平）。最好的评级系统能够确定优秀的教师和糟糕的教师，但是对于 70% 或 80% 介于两个极端之间的教师，没有任何一个系统能够提供一个满意的评级。[1]

而且，许多专业人士所从事的工作都是不可重复性的。没有两项咨询任务或者研发项目是完全相同的。这就为计划工作时间、制定合理的业绩标准，以及判断业绩的满意度造成了困难。有些工作实质上是重复性的：起草简单的遗嘱、地契、销售合同等类似文件；审计师清点实物存货；某些医疗和手术程序。为这些工作制定标准可能是值得的，尽管在运用这些标准时，要考虑影响具体工作的非常环境。

有些专业人士，特别是科学家、工程师和教授，不愿意记录自己所花费的时间，这就使业绩计量更加复杂化了。这种不情愿似乎由来已久。通常，如果高级管理层愿意适当强调精确时间报告的必要性，这个问题是可以克服的。但是，在决定如何向客户计费时，又会出现难题。如果正常的周工作时间是 40 小时，在一项工作上每小时的花费都应该按周工资的 1/40 计费吗？如果这样，那么在夜间和周末完成的工作应该如何算呢？（专业人士是"例外"员工——他们不受政府加班工资规定的约束）。如何计算花在阅读文献、参加会议，以及其他更新知识的方式上的时间呢？

小规模

除个别企业外，比如有些律师事务所和会计师事务所，专业服务组织一般都规模较小，并且在一个地点经营，在这类组织中，高

---

1. Based on William E. Cashin, "Reliability, Validity, and Generalizability of Student Ratings of Instruction," *IDEA Paper no. 20*, Center for Faculty Evaluation and Development, Kansas State University, September 1988.

管能够亲自体察发生什么，也能亲自激励员工。因此，不太需要复杂的管理控制系统，也不需要建立利润中心和正式的业绩报告。但是，即使小型组织也需要预算，根据预算定期比较、评价业绩，也需要一种把薪酬和业绩联系起来的方式。

营 销

在制造型公司中，在营销活动和生产活动之间存在严格的界限。只有高级管理层才两者都关注。在大多数专业服务组织中不存在这样严格的界限。在有些专业服务组织中，比如律师事务所、医药机构和会计师事务所，职业道德规范限制了专业人士公开营销活动的数量和特点（尽管近年来已放松了管制）。但是，几乎在所有组织中，营销都是最根本的活动。如果不能公开从事营销活动，那么就需要采取个人接触、演讲、撰文、在高尔夫球场交谈等形式。这些营销活动是由专业人士进行的，通常是由把大部分时间花费在生产性工作（即：为客户所做的工作）的专业人士从事。

在这种情况下，很难为负责发展新客户的人员确定适当的业绩。例如：在咨询公司中，公司成员与一位熟人在公司的一次交谈就可能达成一项新业务，也可能公司的一位专业人士的演讲或文章产生的声誉为公司赢得了新业务。而且，负责联系业务的专业人士可能本人不参与执行。直到最近，这些营销贡献一直都是从主观给予奖励，即在晋升和薪酬决策中予以考虑。现在，在有些组织中，如果能确定"销售"项目的人，就给予明确奖励（按项目收入的一定百分比奖励）。

管理控制系统

定 价

在许多专业服务组织中，提供服务的价格都是按传统方式制定。如果所在的行业，各成员都习惯于记录工作时间，那么一般就按花费的专业时间计费。小时计费标准一般根据专业人士的薪酬级别确定（而不是根据具体人员的薪酬），然后再加上管理费用和利润。在其他行业中，比如投资银行业，一般根据证券发行的货币金额计费。还有一些行业，项目存在固定价格。不同专业服务，价格也显著不同。科研专家的计费标准较低，而会计师和医师的计费标准则较高。

在制造型公司中，通常要确定服务价格中的利润要素，以便平均而言获得满意的资产收益率。正如我们前面所提到的，专业服务组织的主要"资产"是专业人士的技能，而它又是不可计量的。实际上，整个组织的总体价值远远高于单个人员独立工作的价值的总和。原因在于公司已经发生了招募和培训人员的成本，按个人才能及其他因素把他们组织在一起，并且制定了确保效率和效益的政策和程序。按照这种方式，公司不仅承担了生产令人满意的产品的责任，包括如果工作干不好而发生损失的风险，而且还吸收了不直接创造收入的人员的成本。这些考虑因素隐性地影响包含在计费标准中的"利润"要素。

利润中心和转移定价

辅助部门，如维修、信息处理、运输、电信、印刷、材料和服务采购，会根据自己的服务向使用和消耗部门收费。转移定价的原则与第 6 章中所介绍的相同。

战略计划和预算编制

一般而言，在专业服务组织中，正式战略计划系统不像同等规模的制造型公司那样完善。部分原因在于专业服务组织不太需要这类系统。在制造型公司中，许多项目决策都涉及厂房和设备采购方面的承诺。他们对未来几年的生产能力和成本都具有可预测的影响，一旦制定了决策，实际上就是不可撤消的。在专业服务组织中，主要资产是人。尽管组织极力避免人员规模的短期波动，但是较之实物工厂生产能力上的变动，改变人员规模和构成较容易，也更容易逆转。专业服务组织的战略计划主要由长期人事计划组成，而不是公司经营的全面计划。

专业服务组织的预算编制过程与第 9 章所介绍的类似。

经营控制

更多的关注点应该放在专业人士的时间安排上。公司密切注意"计费时间比率"，它是指计费小时数与专业人士的总工作小时数之比。如果为了充分利用闲置时间，或者出于营销和公众服务等原因，有些业务的计费标准低于正常水平，那么所形成的价格差异就必须密切关注。

无法制定工作业绩标准、对团队合作的渴望、管理矩阵式组织的相应问题，以及专业人士的行为特征都使专业服务组织日常经营中的计划和控制复杂化了。若工作由项目团队完成，则控制就聚焦在项目上。必须为每个项目编制一份书面计划，并且应该及时编制根据成本、进度和质量评价的实际业绩与计划业绩的报告，与我们将在第 16 章中介绍的相同。

业绩计量和评价

正如我们在前面所举的教师的例子一样，在两个极端，专业人士的业绩容易评判。而评价介于两个极端之间的大部分专业人士则难得多。对于有些专业人士而言，有时能获得客观绩效指标：投资分析师的建议可以与证券的实际市场行为对比；医生诊断的准确性可以通过检查切除的组织来验证；医生的技能可以通过手术成功率来评价。当然，这些指标也受到一定限制，在大多数情况下，业绩的评价最终都归结为上级、同事、自我、下属，以及客户的人为判断。

上级做判断最普遍。出于这种原因，专业服务组织越来越多地采用正式系统收集业绩计量意见，作为人事决策的基础，同时也作为与专业人士讨论的基础。有些系统要求对业绩的特定属性进行数量评级，并为这些评级提供一个加权平均。薪酬可以在部分程度上与这些数量评级挂钩。在矩阵式组织中，项目领导和职能单元的领导共同评判业绩。

专业人士的同事，或者下属进行的考评有时也是正式控制系统的组成部分。在有些组织中，也可能要求个人进行自我评估。客户所表达的满意或者不满意也是评判业绩的重要基础，尽管这种表达不可能总是召之即来。

实例 一个向机构客户销售投资建议的公司对接到客户的表扬和批评都有记录，并按提供相关评论或建议的分析师分类，把这项信息作为业绩计量系统的一部分。

预算可以用作计量成本业绩的基础，并用实际花费的时间与计划时间比较。预算和酌量性成本的控制对于专业服务公司和制造型公司同样重要。但是，这类财务指标在评估专业人士对公司盈利能力的贡献时不太重要。专业人士的主要贡献与工作量相关，最重要的是与工作质量相关，它的评估在很大程度上一定是主观的。而且，评估必须在当前进行，而不能等到知道新建筑是否设计合理，新控制系统是否真正发挥了作用，或者债券契约是否有疏漏之后。

在有些行业中，采用内部审计程序控制质量。在许多会计师事务所，除负责人之外，审计报告还要经合伙人审查，整个事务所的工作要由另一个事务所进行"同行评议"。一个建筑物的设计建议要经未实际参与项目的建筑师审查。

金融服务组织

金融服务组织包括商业银行和储蓄机构、保险公司，以及证券公司。这些公司所从事的经营主要是理财。有些充当中介机构，即：他们从储户那里吸收存款，然后再借给个人或公司。其他的则充当风险转嫁者。他们以保费的形式募集资金，再把保费投资，并承担发生特定事件的风险，比如死亡或财产损害。还有一些是交易商，他们为自己的账户或者为客户买卖证券。

金融服务领域

我们在这里对金融服务领域做一些一般的评论。首先，在 2005 年，金融服务机构总值 4 000 亿美元，占国民生产总值的 5%，但是他们在总体经济表现中的重要性远比这个数字大得多。金融服务领域构成了美国和世界经济的中流砥柱。

其次，30 年前，商业银行业、投资银行业、零售经纪商和保险业都是独立的行业。公司都专注于一个行业，也多在一个区域内竞争。但是今天则完全不同了。放松管制（如："格拉斯—斯蒂格尔法案"的削弱）已经模糊了行业与地域的界限。金融服务机构不仅在多个领域经营（投资银行业、经纪商等），而且在全球范围内竞争。在 20 世纪 90 年代，几起大型并购导致了金融服务业的合并（例如：花旗银行和旅行者银行的兼并；瑞士联合银行收购普惠银行；摩根士丹利银行收购添惠；德意志银行收购信孚银行）。在 21 世纪，行业界限的模糊、全球化和金融服务机构的合并还会加速。

第三，金融服务机构利用信息技术革命创新产品、开发新的交易方法。例如：嘉信公司推出了电话经纪人（一种自动化电话触碰屏式订单输入系统）、语音经纪人（一种自动化语音识别报价系统）、电子嘉信（基于互联网的经纪人服务）。诸如 E*Trade 和 Ameritrade 之类的新公司能够通过基于网络的交易，大幅降低了中介服务佣金。在 2002 年，35% 以上的个人股票交易都是通过互联网操作的，但是，6 年前，这个业务领域根本不存在。

第四，金融服务领域对控制的需要已变得刻不容缓。在 20 世纪 90 年代爆发的亚洲金融危机在部分程度上是由于泰国、印度尼西亚、日本及其他亚洲国家控制系统不完善所造成的，由于控制系统的不完善，致使银行产生了大量高风险的呆账。金融服务机构中最有名的失败案例就是 1995 年英国最古老的商业银行巴林银行的破产。不完善的控制在部分程度上造成了巴林银行的倒闭。[2]

第五，在 20 世纪 90 年代，金融服务机构设计的金融工具的新形式（如衍生工具）有时为客户造成了成百上千万的损失。1994 年 12 月，美国加州的橘郡在杠杆利率产品中损失了 17 亿美元。1994 年 4 月，宝洁公司对信孚银行提起了诉讼，因为它在信孚银行设计的利率交换交易中损失了 1 亿美元。1994 年 7 月，葛兰素史克公司在衍生工具和资产基础债券中发生了 1.8 亿美元的损失。[3]

最后，2002 年的公司丑闻为投资银行提供了巨大的动力来剥离研发部门。人们认为在现行制度下，投资银行家的利益，而不是投资者的利益，驱动了研究结果。研究分析师受到了利益冲突的潜在可能性感染，因为他们所分析的公司也买分析师的雇主所提供的高费率的投资银行服务。支持剥离的观点有许多：（1）剥离能保证研究数据客观；（2）目前，研究成本由投资银行承担。如果投资者必须承担，他们就会要求更高质量的研究；（3）如果投资者坚信研究是客观的，不偏不倚的，那么投资者信心就会提高。另一方面，还有几种观点反对剥离：（1）如果单立为一个独立的公司，研究成本就会上升；（2）最优秀的研究分析师会由于薪酬高而加入投资银行，从而使独立的研究机构只剩下一些才干较低的员工；（3）为了抑制成本，研究机构会发布简短的报告，而不是像现在这样发布内

2. Thomas Sheridan, "The Barings Debacle," *Management Accounting,* May 1995, pp. 6–7.

3. "Corporate Risk Management: A New Nightmare in the Boardroom," *The Economist,* February 10, 1996, pp. 3–22.

容翔实的股票分析。[4]

实例 在 2002 年期间，人们对花旗银行的一个经营单元所罗门投资银行的研究工作进行了一些调查。2002 年 10 月 30 日，花旗银行自愿从投资银行中剥离了研究分析师。[5]

特殊行业特征

虽然管理控制系统的一般原则和概念均适用，但是需要根据金融服务机构的下列特殊性予以调整。

货币资产

金融服务机构的大部分资产都是货币资产。货币资产的现行价值比厂房及其他有形资产，或者专利等无形资产的价值更易于计量。货币是可交换商品的一个极端的例子。在任何时候，任何公司持有的货币都具有同等价值。一美元就值一美元，既是按面值定价，也是按购买力定价。货币的购买力会随着时间的推移而变化，但是在未来任何一个时间点，所有的货币都具有同等的价值。这就意味着每个人手中的货币在任何时候都是同质的。在金融服务行业，质量是指所提供的服务的质量，以及货币以外的金融工具的质量。没有必要为货币制定质量控制安全措施。

金融资产也可以方便快捷地从一个所有人转让给另一个人。在电子资金划转过程中，资金几乎是在瞬间划转的。在其他交易中，资金最多在几天内也能划转。它的便携性是盗贼和伪造者的巨大诱惑。出于这个原因，处理金融资产，尤其是处理货币资金的公司必须采取严格的措施保护他们。其中不仅包括保护货币和文件的物理措施，而且包括设计用于保持资金划转系统的安全的措施。

交易的时间间隔

债券发行、个人抵押贷款或者寿险保单，在财务上的最终成功还是失败可能要到 30 年以后才能知道。在这一期间，贷款或保单的

---

4. "The Research Conundrum," *BusinessWeek*, October 21, 2002, pp. 120–22.

5. "Rewriting the Rule Book at Citi," *BusinessWeek*, November 11, 2002, p. 36.

合理性可能会发生变化，货币的购买力肯定也会变化。这就意味着参与审批和设计贷款、销售保单及为保单定价的人的最终业绩在最初决策时无法评价。它还意味着控制要求具备一种持续监督交易合理性的手段，包括对所有未收回贷款的定期审计（早期未及时发现"问题贷款"，是发生一连串的银行和储蓄机构破产案的重要原因之一）。

在另一个极端，有些交易是迅速完成的。许多交易都是根据交易人在前几分钟，甚至前几秒钟获得的信息进行的。对于货币交易和上市证券而言，几乎可以瞬间在世界各地的证券市场上获得新信息。交易人根据这些信息买卖证券。如果交易人买入证券，价格的未来变化会改变所持有的证券的价值。因此，需要一种报告所持有证券，以及在价格与交易人的证券逆向运动时评估组织风险的系统。这意味着公司必须建立一种精确便捷的系统，以获得信息，总结信息，估计所持证券的风险（如果适用），然后向交易人提供信息；计算机模型（"专家系统"）评估信息，有时无需人为干预就可以运行。

风险和回报

许多金融服务机构所从事的业务就是承担风险，换取回报。大多数经营决策都涉及风险和回报之间的权衡。风险越大，预期的回报就越高。在金融服务机构中，这种权衡比诸如设备购置和新产品引进之类的商业投资更明确。贷款利率和保单的保费都是基于对风险的假设，他们可能准确，也可能不准确。

技　术

技术引发了金融服务行业的一场革命。金融服务机构利用信息技术作为提供创新服务的方式。银行的自动柜员机就是一例。保险公司和共同基金都开发了电子市场。金融服务机构通过互联网上的网站以电子方式向消费者销售产品。投资银行利用量子物理学理论和高等数学公式设计了新的金融工具。银行通过提供计算机支付系统已经成了"虚拟"的。在线经纪服务也成为快速成长的领域。[6]

6　"Technology in Finance," *The Economist,* October 26, 1996, pp. 3–22.

医 疗 机 构

医疗机构包括医院、诊所，以及类似的医疗机构、保健组织、养老院和疗养院、家庭护理机构及医疗实验室等。他们构成了美国规模最大的行业，占国民生产总值的 14%，大体相当于所有耐用消费品制造商的总和所占的比例。[7]尽管他们具备非营利组织的大多数特点（我们将在下一小节中讨论），但是其中许多都是利润导向型的公司。

特殊行业特点

社会难题

社会渐渐认识到现行医疗服务系统无法运行的事实。尽管医生受到开业誓约的约束，保证为患者提供完善的医疗保健，但是这种系统却无法做到这一点。一方面，随着新设备和新药品的开发，每次就诊的费用将不可避免地增加；医院的费用从 1970 年的 280 亿美元上升为 2005 年的 4 000 多亿美元（这种趋势与制造型公司的一般经验形成了对照，在制造型公司中，新设备通常会降低单位成本）。另一方面，由于医疗技术的进步延长了老年人的寿命，患者的数量在不断增加，因为他们最有可能需要就诊。如果成本的现有增长速度持续得久一些，社会就负担不起可预见的患者数量的增加。医疗服务机构明白这个问题，但是他们不知道社会，尤其是国会，将如何解决它。但是，显然医疗服务将发生巨大变革。医疗机构必须时刻关注这些变革。

医疗服务提供者的变化

在医疗费用总体上涨的情况下，医疗服务提供的方式也发生了显著变化，从而导致了医疗服务提供机构的类型也发生了变化。许多传统上由医院对住院患者提供的医疗服务现在都由诊所门诊提供，

---

7. Data in this section are taken from the following tables in the *Statistical Abstract of the United States*, 2002: No. 136 (overall expenditures)；No. 166 (hospitals)；and No. 629 (employment)．For moredetailed data, see the following annual publications: U.S. National Center for Health Statistics, *Health, United States;* U.S. Health Care Financing Administration, *Health Care Financing Review;* American Hospital Association, *Hospital Statistics.*

或者在患者家中就诊。企业家进入了这个行业，提供新服务。同时还发生了从小型地方性医院向大型地区性医院或者医疗中心的转变。医院的床位数量从 1970 年到 2003 年下降了 30%以上。为了生存，医院必须具备灵活性，以适应这些变化，要么自己提供更多的就诊服务，要么取消不再盈利的住院服务。

第三方付款人

在 2005 年 9 000 多亿美元的医疗总支出中，43%由政府融资，35%由保险公司融资，只有 22%由患者个人承担。最大的政府项目是"医疗计划"（Medicare），它是为 65 岁以上的老年人和有一定残疾的年轻人提供支持的联邦政府项目。"医疗救助"为低收入群体的医疗服务买单，它由各州根据联邦政府制定的指南融资。

在 1983 年之前，"医疗计划"一直根据实际发生的"合理"费用报销，因此不会激励医疗服务提供机构控制成本。目前，"医疗计划"根据诊断关联群（DRG）为医院报销。医疗和手术程序被划分为 500 多个诊断关联群，每个诊断关联群每年制定一次固定费率，无论患者实际住院时间多长，或者实际发生的费用为多少，医院都按这个费率报销。其他第三方付款人也开始实行类似的报销制度。

诊断关联群系统，以及每位患者的医疗费用的增加，激励医院建立了复杂的成本核算制度，通常是从外部计算机软件组织购买系统，然后再根据自身需求调整。有些医院根据合同为其他医院提供信息处理服务。这些系统提供每位患者的信息（类似于汽车维修店的工作—成本制度），他们报告每个诊断关联群的实际成本与标准成本的比较。成本按部门分类，甚至还按各部门的出诊医师分类。

这项信息是医院传统上收集的信息的补充。它既聚焦在产出（患者医护）上，又聚焦在投入（每次检查的费用）上。

保健组织（HMOs）开始越来越多地为医生、医院和其他医疗服务提供机构报销。他们与公司签订合同，按人均固定费用为员工提供医疗服务。然后，保健组织再与医院及其他医疗服务提供机构签订合同，有时规定每个诊断关联群的固定费率。因此，保健组织就承担起控制费用的艰巨任务，以便支付的费用不至于超过收取的费用，但是也必须保证提供完善的医疗服务。

专业人士

在 2005 年，在医疗行业从业的专业人士超出了 300 万（医生、牙医、注册护士和临床医师），超过了除教育之外的任何其他行业。专业人士对管理控制的意义与我们在前面所讨论的一样。他们主要忠诚于职业，而不是组织。部门管理者一般都是兼任管理职能的专业人士。外科主任仍然做手术。从历史上看，医生往往不太重视成本控制。特别是人们有一种印象，即：他们要求患者进行的检查远远超出了最优限度，之所以如此，是因为如果医生未发现患者的全部症状，就有面临治疗不当的指控的危险。

质量控制的意义

医疗行业面对的是人的生命，所以医疗服务的质量至关重要。在医疗行业，手术程序中要求组织检查，个体医生要进行同行评议，还有联邦政府规定的外部审查机构的审查。

管理控制过程

由于具备上述种种特征，医疗行业的管理控制系统与我们在第 8~12 章中所介绍的相同。由于产品组合的转变，同时也是由于新设备数量和成本的增加，医院的战略计划过程日益重要。年度预算编制过程依然是传统方式。医院可以迅速获得海量信息，用于控制经营活动。通过比较实际与预算收入和费用，可以分析财务业绩，明确重要差异，并针对具体情况采取适当措施。

非营利组织

根据法律定义，非营利组织是指不能向组织成员、管理人员或董事分配资产或收入，或者不能为了员工、管理人员或董事的利益分配资产或收入的组织。当然，组织可以为所提供的服务和所供应的商品向员工支付报酬，包括管理人员和组织成员。这种定义并不阻止组织获取利润；它只是阻止分配利润。一般而言，非营利组织需要获取适当的利润，目的是为了提供营运资本，也是为了未雨绸缪。

符合美国《联邦税法典》第 501（c）条标准的非营利组织免征所得税（"非关联经营所得"除外）。在美国，有 120 多万个组织满足这些标准。如果是《联邦税法典》第 501（c）（3）条定义的宗教团体、慈善组织或教育机构，则捐助者向此类组织捐献的款项可税前扣除。这类组织被称为"501（c）（3）组织"。许多此类组织都免征财产税和特定类别的销售税。

在许多行业集团中，既有非营利组织，又有营利组织（即企业）。医院有营利的，也有非营利的；学校有营利的，也有非营利的；甚至宗教团体也有营利的。国际斯坦福研究所就是一个与营利的研究机构理特管理顾问公司竞争的非营利研究机构。

特殊行业特征

缺失利润指标

大多数企业的首要目标都是获取满意的利润。净收益就是为了这个目标评价业绩。但在非营利组织中则不存在业绩评价指标。许多非营利组织都有多个目标，组织在实现目标上的效益几乎无法用量化指标来评价。缺失令人满意的总体量化业绩指标是非营利组织最严重的管理控制问题。

如同企业一样，损益表也是非营利组织最有用的财务报表。但是，在两种类型的组织中，净收益数字的解读方式不同。在企业中，一般原则是，收益越大，业绩越好；在非营利组织中，净收益应该平均维持在略有盈余的水平。净收益大则表明组织未能提供资源提供者所期望的服务。一连串的净损失则会导致破产，如同企业一样。尽管财务业绩不是非营利组织的首要目标，但它是一个必要目标，因为如果收入平均而言低于费用，组织就无法生存。

捐赠资本

企业和非营利组织的会计交易只存在一项重大区别。它涉及资产负债表的股东权益部分。营利性组织与股东有交易——发行股票和派发股利，而非营利组织则没有。非营利组织接受缴入捐赠资本，而企业则没有（在企业和非营利组织中，股东权益都会因产生收益而增加）。

捐赠资本主要划分为两类：厂房和捐赠基金。厂房包括捐赠的建筑物和设备，或者捐入购买这些资产的资金、艺术品以及其他古董。捐赠基金包括捐赠人希望本金永远（或至少在多年内）保持完整，只将本金产生的收入用于现有经营的捐款。

收到（或承诺）捐赠资本并不是收入，即：捐赠的厂房或捐赠基金都不能为收到捐赠时的经营活动融资。捐赠资产必须与经营资产严格区分开。这是对"真正"捐赠的法律要求，也是"董事会指定"基金——尽管没有法律要求，但托管人决定视作捐赠基金的永久政策。法律规定资本捐赠应该与经营捐赠分开报告，即应该与旨在为现有经营提供融资的拨款及其他赠款产生的收入分开报告。

因此，非营利组织编制两套财务报表。一套涉及经营活动，包括经营报表、资产负债表和现金流量表，与企业编制的报表一样；另一套涉及捐赠资本，包括捐赠资本本期流入和流出表，报告捐赠资本资产以及相关负债和权益的资产负债表。捐赠资本的流入是指本期收到的资本捐赠，以及捐赠证券的利得；流出是指报告为经营收入的捐赠收益、捐赠证券的损失，以及厂房的冲销。

基金核算制度

许多非营利组织都采用一种被称为"基金核算制度"的会计核算制度。各种基金都设立单独的账户，每个账户都自我平衡（即：借方余额的总和要等于贷方余额的总和）。大多数组织都有：（1）一般基金或经营基金，他们分别对应于我们上面所提到的经营账户；（2）厂房基金和捐赠基金，核算前面所提到的捐赠资本资产和股东权益；（3）各种特殊目的其他基金。其中有些如养老金，也存在于企业中，尽管在企业中，他们报告在财务报表的附注中，但不是在财务报表本身。其他的则可用于内部控制目的。出于管理控制的目的，主要焦点应该放在一般基金上。

治 理

非营利组织由理事会管理。托管人通常都不收取报酬，其中许多也不熟悉经营管理。因此，他们执行的控制一般都比企业的董事少。而且，因为较之企业，非营利组织的业绩更难于评价，理事会明辨实际问题或初露端倪的问题的能力也较差。

较之企业，非营利组织更需要一个强有力的治理委员会，因为治理委员会的警惕可能是发现非营利组织何时处于困境的惟一有效的方式。在营利性组织中，利润的下降就能自动反映这种危险。

管理控制系统

产品定价

许多非营利组织都未充分重视定价政策。按完全成本为服务定价是可行的。

"完全成本"价格是指直接成本、间接成本，或者还包括所有者权益增加的总和。这项原则适用于与组织目标直接关联的服务。非主营活动的定价应该以市场价格为基础。因此，非营利医院应该按完全成本为医疗服务定价，但是它的礼品店的价格则应该以市场价格为基础。

一般而言，服务单元越小、越具体，资源分配决策的基础就越好。例如：在几十年前非常普遍的一种做法，综合医疗日收费标准，就掩盖了实际提供的服务组合的收入。当然，超出了一定临界点以后，与服务单元定价相关的文书工作所发生的成本就超出了其获得的收益。

作为一般规则，在提供服务之前确定价格就能为管理控制提供方便。如果组织能够弥补所发生的成本，管理层就不会有动力去考虑成本控制。

战略计划和预算编制

非营利组织必须决定如何最好地把有限资源分配给有价值的活动，因此战略计划比一般企业的战略计划更重要、更耗费时间。战略计划过程与我们在第 8 章中所介绍的相同，只不过由于缺失利润指标，使项目决策更主观。

预算编制过程与我们在第 9 章中所介绍的相同。大学、福利性组织，以及其他非营利行业组织，在预算年度开始前，都知道收入的大体数额。他们无法选择通过增加营销活动来增加收入。他们编制预算，是为了使组织在估计的收入范围内至少实现盈亏平衡。他们要求责任中心的管理者把支出限定在预算金额内。因此，至少就财务活动而言，预算是最重要的管理控制工具。

经营与评估

在大多数非营利组织中，都无法知道最优经营成本是多少。因此，责任中心的管理者往往按预算支出，尽管预算金额可能高于必要的支出。相反，他们也不会支出那些能带来丰厚回报的费用，仅仅是因为费用未包含在预算内。

尽管非营利组织拥有经营效率低下的名声，但是出于种种原因，这种观念已经发生了变化。许多组织都越来越难以募集资金，尤其是从政府渠道募集资金。这致使他们节衣缩食，并且越来越关注管理控制。正如我们前面所提到的，最显著的变化是医院成本，原因在于引入了根据诊断关联群的标准价格报销的制度。

尽管存在这些区别，在服务型组织中，管理控制系统的本质与我们在本书前几章所介绍的是一样的。

小　结

服务型组织的管理控制不同于制造型组织，主要是因为生产和销售之间缺失存货缓冲机制，评价质量难度大，以及服务型组织是劳动密集型的特点。专业服务组织没有把资产收益率作为首要目标；专业人士的行为特征包括不关注成本；产出评价是主观的；营销活动与生产活动之间没有清晰的界限。业绩计量可以通过同行评议来实现。在任何情况下，它往往都是主观的。金融服务机构与工业公司存在两个根本区别。首先，他们的"原材料"是货币。在任何时候，一个单位的货币存货对于所有组织都具有同等价值，因此就消除了这方面的控制需求。但是，来自各种渠道的货币的成本截然不同。第二，许多交易的盈利能力直到发生数年后才能评价，从而就产生了持续定期审计的必要。特别是，只有从今天的贷款、投资和保费中获得的未来收入超过了与这些收入相关的资金成本（类似于制造型公司的销货成本），并足以弥补经营费用和损失时，金融服务机构才能获利。医疗机构尽量采用诊断关联群系统（DRG）使成本标准化。他们以及社会，必须面对现行控制和服务系统无法运转的事实。非营利组织缺乏利润指标所提供的控制优势。他们必须核算捐赠资本，而这在企业中则很少发生。在非营利组织中，支出决策是主观的。但是，为了应对资金来源的减少，他们已经成功地提高了效率。

推 荐 读 物

Anthony, Robert N., and David W. Young. *Management Control in Nonprofit Organizations*. 6th ed. Burr Ridge, IL.: Richard D. Irwin, 1999.

Botten, Neil, and John McManus. *Competitive Strategies for Service Organizations*. West Lafayette, IN: Purdue University Press, 1999.

Crawford, Richard D., and William W. Sihler. *Financial Service Organizations: Cases in Strategic Management*. New York: HarperCollins College Division, 1994.

Douglas, Patricia P. *Governmental and Nonprofit Accounting*. Orlando, FL: Harcourt Brace Jovanovich, 1991.

Hayes, Samuel L., ed. *Financial Services: Perspectives and Challenges*. Boston: Harvard Business School Press, 1993.

McLean, Daniel. *Managing Financial Resources in Sport and Leisure Service Organizations*. Champaign, IL: Sagamore, 1999.

第 15 章

跨 国 组 织

在本章中，我们将介绍跨国组织的管理控制问题和实践。大多数境外控股公司的实践都类似于境内控股公司。我们在第 8~12 章中所介绍的计划和控制过程——战略计划、预算编制、经营、差异分析和报告、业绩计量和管理层薪酬，一般也适用于跨国组织，但是需要依据跨国组织环境进行适当调整。例如，境外经营可以按费用中心、收入中心、利润中心或投资中心组织，在选择哪类责任中心时所需要考虑的因素基本上类似于境内经营的公司。但是，一项重要区别在于，即使出于控制的目的，境外经营被视作费用中心或收入中心，但在会计核算时经常被视作利润中心。许多境外经营都是在东道国注册成立的法人实体，因此，根据法律和税收要求，他们必须维持一套完整的会计记录。

全球性组织存在三个特殊问题：文化差异、转移定价和汇率。本章将专门探讨这三个话题。尽管我们的讨论针对的是美国公司及其境外子公司，但是，它们也是任何国家的母公司及其境外子公司普遍存在的一般问题。

文 化 差 异

影响跨国企业管理控制的重要环境变量之一就是不同国家之间的文化差异。根据定义，跨国组织在多个国家经营，因此在总部协调和控制子公司时必须克服文化差异。无论是在一个组织内，还是在一个国家，"文化"都是指共同的价值观、假设和行为准则。若一个组织是跨国的，则与国家和地域特点息息相关的深厚的文化差异就会很多，并且会对管理控制产生显著影响。霍夫施泰德提出了一种理解文化的方式。[1] 该研究对 IBM 遍布 64 个国家的约 8 万名员工进行问卷调查，系统分析了文化差异。根据霍夫施泰德的观点，文化在四个方面存在差异。

1. 权力距离指权力不平等地分配和集中的程度。具有高权力距离文化的国家包括菲律宾、委内瑞拉和墨西哥。具有低权力距离文化的国家包括以色列、丹麦和奥地利。

2. 个人主义/集体主义指人们把自己定义为个体还是集体的一部分的程度。具有高度个人主义文化的国家包括美国、澳大利亚和英国。具有高度集体主义文化的国家包括沙特阿拉伯、委内瑞拉和秘鲁。

3. 不确定性规避指人们对不确定情况的威胁的感受程度。不确定性规避程度最高的国家包括日本、葡萄牙和希腊。不确定性规避程度最低的国家或地区包括新加坡、中国香港和丹麦。

4. 男性气质/女性气质指主导价值观对积极主动和物质主义（"男性气质"），与关注人和生活质量（"女性气质"）的强调程度。具有高度"男性气质"文化的国家包括奥地利、瑞士和意大利。具有高度"女性气质"文化的国家包括瑞典、挪威、荷兰和丹麦。

霍尔提出了另一种分类。根据他的观点，各种文化彼此不同，他们都落在一个连续统上，在这个连续统的一端是"低语境文化"（德国、瑞士、斯堪的纳维亚半岛、北美、英国），在这种文化中，人们很直率，谈判效率很高；而另一端则是"高语境文化"（中国、

---

1. H. Hofstede, "Motivation, Leadership, and Organization: Do American Theories Apply Abroad?" *Organizational Dynamics*, Summer 1980, pp. 42–63.

韩国、日本、沙特阿拉伯)，在这种文化中，人们在切入正题之前努力建立个人关系，谈判既缓慢，又拘泥于繁文缛节。

我们可以据此推断出在不同文化中哪种类型的计划和控制系统更高效。在注重个人主义的文化中，员工可能更希望基于个人业绩颁发奖励；而在强调集体主义的文化中，员工可能更喜欢基于团队业绩颁发奖励。在权力距离低的文化中，更喜欢决策分权制和更多地参与预算编制；而在权力距离高的文化中，则恰恰相反。在不确定性规避程度低的文化中，而不是在不确定性规避程度高的文化中，主观业绩评价更有效。低语境文化更认可正式计划和控制系统；而在高语境文化中，建立人际关系和相互信任则至关重要，因此非正式控制可能更有效。

跨国组织的高层管理者必须了解并尊重文化差异，然后据此调整各国的管理控制。

转 移 定 价

商品、劳务和技术的转移定价反映了境内外经营的管理控制的一个主要区别。在境内经营中，转移价格系统的标准仅仅是第 6 章中所介绍的那些内容。但是，在境外经营中，在制定转移价格中，还有几个因素至关重要。其中包括税收、政府法规、关税、外汇管制、资金积累以及合资企业。

税　收

不同国家的实际所得税税率显著不同。若转移价格系统造成利润分配给低税率国家，则可以降低公司的全球所得税总额。

政府管制

若缺失政府管制，公司就会制定能够使高税率国家的应纳所得税最小化的转移价格。但是，各国政府的税收当局都知道这种可能性，所以通过了一些法律法规，影响转移价格的计算方式。

关　税

关税经常按产品进口价值的一定比例征收。价格越低，关税越低。就转移定价而言，关税的税负通常与所得税的税负相对。尽管如果转让价格低，运往一个国家的商品的关税就低，但是计入该国的利润——以致就利润征收的所得税——相应地就高。因此，在决定适当的转让价格时，必须计算这些因素的净影响。因为所得税一般都比关税多，所以国际转移定价通常受所得税因素的影响大于关税因素的影响。

外汇管制

有些国家限制使用外汇进口某些商品。在这种条件下，降低转移价格就可以使子公司进口更多数量的商品。

资金积累

公司可能希望在一个国家，而不是另一个国家积累资金。转移价格就是把资金转入或转出一个国家的方式。

合资企业

合资企业增加了转移定价的复杂性。假定一个美国公司在日本与当地一个日本公司建立了合资企业。如果美国母公司对转移到日本的零部件计收较高的价格，日本合资企业的合作方可能就会抵制这种价格，因为它降低了日本合资企业的利润，从而降低了日本合资企业的合作方的利润份额。1961年，部分原因是为了避免转移定价争议，福特汽车公司购买了英国在福特有限公司的少数股权。出于同样的原因，直到20世纪80年代末，通用汽车与丰田公司的合作，才开始利用合资企业。

转移定价方法的运用

图表15.1说明了一组由总部位于加拿大、日本、英国和美国的跨国公司在跨境商品转移中所采用的转移定价方法。

法律因素

几乎所有国家都限制公司在制定与境外子公司交易中制定转移

---

2. "Taxing Multinationals: The Donnybrook Ahead," *BusinessWeek*, September 9, 2002, pp. 86–89.

图表 15.1 跨国公司采用的转移定价方法

定价方法	加拿大[a]	日 本[b]	英 国[c]	美 国[d]
基于成本的方法:				
变动成本—实际或标准	5%	3%	5%	1%
完全成本—实际	—	—	—	4
完全成本—标准	26	38	28	7
变动成本加成	—	—	—	1
完全成本加成	2	—	5	28
基于成本的方法合计	**33%**	**41%**	**38%**	**41%**
基于市场的方法:				
市场价格	—	—	—	26
市场价格减销售费用	—	—	—	12
其 他	—	—	—	8
基于市场价格的方法合计	**37%**	**37%**	**31%**	**46%**
议定价格	**26%**	**22%**	**20%**	**13%**
其 他	4%	—	11%	—
	100%	**100%**	**100%**	**100%**

[a] R. Tang, "Canadian Transfer Pricing in the 1990s," *Management Accounting*, February 1992.

[b] R. Tang, C. Walter, and R. Raymond, "Transfer Pricing—Japanese vs. American Style," *Management Accounting*, January 1979, pp. 12–16.

[c] A. Mostafa, J. Sharp, and K. Howard, "Transfer Pricing—A Survey Using Discriminant Analysis," *Omega* 12, no. 5 (1984).

[d] Y. Roger, and W. Tang, "Transfer Pricing in the 1990s," *Management Accounting*, February 1992, pp. 22–26.

价格的灵活性。目的是为了防止跨国公司规避东道国的所得税。请思考下列例子:[2]

- 为了使税金最小化,美国跨国公司把资产转移到低税率国家。例如,开曼岛就设了 50 家银行。
- 美国跨国公司都把"名义"公司总部搬到了百慕大,因为那里不征收公司所得税。例如,英格索兰公司[3]、埃森哲咨询[4]、泰科国际都把百慕大作为总部,但他们所有的业务都是在别的地方开展的。

3. 译者注:英格索兰公司总部位于美国新泽西州,是全球 500 家最大工业企业之一。其产品曾参与巴拿马运河和三峡大坝等举世瞩目的工程。

4. 译者注:埃森哲咨询是全球领先的管理及信息技术咨询机构,在全球 48 个国家和地区设有 110 多家分支机构,拥有约 95 000 多名员工。

- 公司把知识产权（比如专利）转移到爱尔兰，因为它是一个低税率国家。美国总部为获得使用这些知识产权需付出高昂的价格，藉此把应税所得从高税率国家转移到低税率国家。

涉及跨国公司税收问题的法律可能会由于以上提到的规避行为而不断变化。目前，美国的法规基本上是《联邦税法典》第 482 节所制定的各项规定。从总体上看，第 482 节尽力保证受控纳税人的各经营单元（即能够控制境内和境外利润中心之间的交易的公司）之间的财务交易视同各经营单元是非受控纳税人（以公允方式进行交易的独立实体）。若发生争议，则第 482 节允许联邦税务局按它认为合理的转移价格计算，证明价格不合理的举证责任由公司承担。这与《联邦税法典》的大多数条款形成了鲜明的对比，因为他们都允许公司选择替代方法，而由联邦税务局承担证明公司的方法不可接受的举证责任。

第 482 节规定了如何制定受控公司之间的销售价格。可接受的公司间定价方法如下所示(优先顺序按降序排列)：

1. 可比非受控价格方法。公允价格根据跨国公司与非关联客户之间，或者两个非关联公司之间的商品或劳务的可比销售确定。

   可能影响价格的环境包括产品的质量、销售条件、市场水平以及商品销售的地理区域；但是，数量折扣、促销折让以及汇率和信用差异造成的特种损失除外。

   降低价格，甚至按低于完全成本的价格销售，在某些情况下是允许的。比如在开拓新市场期间，或者在维持某个地区的现有市场期间。

2. 再销售价格方法。如果可比销售不存在，下一种优先考虑的方法就是再销售价格方法。依照这种方法，纳税人根据从关联公司购入的资产在非受控销售中再销售的最终销售价格计算。然后从再销售价格中减去适当的加成，这是基于同一个关联公司或者在可比市场销售同类资产的其他再销售者所进行的非受控销售。

   税法要求在下列情况下采用这种方法：（1）如果不存在可比非受控销售；（2）再销售发生在公司间采购之前或之后的合理期间内；（3）再销售者除了包装、贴标签等外，并没有改变实物形态，藉以显著增加资产的价值；也没有运用无形资产显著增加其价值。

3. 成本加成法。这是三种方法中最后才选择的方法。依照这种方法，确定公允价格的起点是生产产品的成本，产品成本依照合理的会计方法计算。然后在此之上加上适当的毛利润，它是成本的一定比例，并基于同一个销售者或其他销售者进行的同类非受控销售，或者本行业的主导价格。

这三种方法的公式如下所示：

1. 可比受控价格方法：

$$转移价格 = 可比非受控销售的价格 \pm 调整数额$$

在受控销售中，交易在受控公司的两个成员之间进行。在非受控销售中，交易双方中一方不是受控公司的成员。

2. 再销售价格方法：

$$转移价格 = 适用的再销售价格 - 适当加成 \pm 调整数额$$

适用的再销售价格是指受控销售中买入的资产由买方在非受控销售中再销售的价格。

$$适当加成 = 适用的再销售价格 \times 适当加成百分比$$
$$适当加成百分比 = 买方（再销售者）或其他公司在类似于受控$$
$$再销售的非受控采购或再销售中赚取的毛$$
$$利润百分比（按销售百分比表示）$$

3. 成本加成方法：

$$转移价格 = 成本 + 适当加成 \pm 调整数额$$
$$适当加成 = 成本 \times 适当毛利润率$$
$$适当毛利润率 = 卖方或其他公司在类似于受控销售的非受控销$$
$$售中赚取的毛利润率（按成本百分比表示）$$

《联邦税法典》第 482 节的意义

从管理控制的角度来看，《联邦税法典》第 482 节具有两个重要意义，我们接下来逐一讨论。

1. 尽管法律限制公司在制定转移价格中的灵活性，但是这些约束性法律也有一个适用范围。

2. 在有些情况下，法律约束决定必须运用的转移价格类型。

转移价格的范围

在许多跨国公司中，管理层单纯用于控制目的的转移价格，与法律允许使所得税和关税影响最小化的转移价格之间有所不同。因为在对许多商品和劳务适用《联邦税法典》第 482 节时存在一定的主观性，所以一项产品或劳务所允许的转移价格就存在很大的变化范围。管理层可以通过把转移价格尽可能地维持在这个范围的极限实现所得税和关税的最小化。例如，如果美国母公司向子公司销售产品，而子公司所在国的所得税税率显著低于美国，那么通过把转移价格控制在法律允许的最低限度内，利润就能转移到境外子公司。但是，这种做法可能导致管理控制问题，因为较之独立实体之间发生的交易，外国子公司的利润将报告得更高，而美国的母公司的利润将报告得更低。

在处理这个问题时存在两个极端的政策。有些公司允许子公司按公允方式相互交易，所得税和关税的影响应该是多少就是多少。根据这项政策，人们并不质疑转移价格的合法性，因为子公司尽力遵照法规所要求的去做——按公允方式交易。依照这项政策，境外转移定价政策本质上与境内转移定价相同。因此，转移价格系统都支持管理控制系统。另一方面，这项政策还会造成更高的总成本。

在另一个极端，为了使公司成本最小化、现金流量最大化，或者为了获得最优的货币组合，境外转移价格几乎完全可以由公司总部控制。然而，这样一种政策会严格地限制控制系统的用途，因为在某些情况下，转移价格可能与买卖双方均独立的情况下的主导价格无关。如果遵守这项政策，那么就会产生如何处置控制系统的问题。

一种可能是在内部评价时调整利润，以反映具有竞争性的市场价格。例如，在分析利润预算报告时，实际收取的价格与未考虑税收因素时发生的价格之间的差额，就可以加在销售产品的子公司的收入和买入产品的子公司的成本中。但是，这种做法令人质疑，没有几个公司采用。如果联邦税务局提出要求，公司就必须披露这些调整，他们的存在会引起人们对纳税时采用的转移价格的有效性提出质疑。

许多在制定价格时力求所得税和关税最小化的公司，在编制利润预算和报告中所采用的转移价格与会计核算和纳税时相同。经批准的预算反映了从转移价格中产生的任何不公正现象。例如，如果子公司的销售价格低于正常价格，那么它就会发生预算损失。如果实际业绩的报告表明子公司的损失低于预算，并且其他条件都相同，那么就认为它的业绩是令人满意的。简而言之，转移价格在编制预算和分析经营结果时都要予以考虑。

如果利润预算和报告反映了不经济的转移价格，那么就必须十分谨慎，确保子公司的管理者制定符合公司最大利益的决策。例如，假设子公司 A 从子公司 B 采购一系列产品，而转移价格却把大部分利润都给了 B。在这种情况下，子公司 A 就可以不积极向 B 销售产品，或者把营销集中在能更多地增加报告利润的产品上，从而提高本公司的报告利润。这种做法会与公司的最大利益相悖。因此，如果在编制预算时采用了不经济的转移价格，就要格外警惕这种情况。采用除盈利能力之外的其他业绩评价指标可能是必要的，比如：销量或市场份额。

转移定价制度的法律约束

在有些情况下，法律约束可能要求采用某种转移定价制度，或者不应该采用某种转移定价制度。例如，在第 6 章中介绍的两步转移价格制度可能会受到税务局的质疑，仅仅是因为《联邦税法典》第 482 节未提到，并且国外也很少知道。

在其他情况下，《联邦税法典》第 482 节所隐含的"完全成本"方法可能会限制公司以低于完全成本的价格转让产品的能力。例如，营销部门可能希望以低于正常价格的价格向市场推出新产品，或许价格低得都不足以弥补完全成本。这可能是一个合理的营销策略，但是联邦税务局可能不承认它是计算转移价格的有效基础。

如果《联邦税法典》第 482 节要求采用不同于控制目的所采用的转移价格，那么公司所处的境况就无异于那些在税收中采用一套转移价格，而以控制为目的要采用另一套转移价格的公司，只不过这种公司可以安全地调整子公司的收入和成本，来计入《联邦税法典》第 482 节所要求的转移价格与公司所希望采用的转移价格之间的差额。因为一般假定公司不会反对在纳税时采用偏好的转移价格，所以记两套账实际上不会有什么损害。

少数股权

无论何时，只要涉及少数股权，最高管理层在子公司之间分配利润的灵活性就可能受到严格的限制，因为少数股权拥有分享公司利润的法定权利。在这种情况，子公司必须尽可能地以公允方式交易。

汇　率

美国境内公司的现金流量以美元计量，在某个时点，每一美元都与其他任何一美元具有相同的价值。相比之下，跨国企业（MNE）的现金流量则以多种货币计量，每种货币与美元的比价在不同时点都是不同的。这些差异使子公司及其管理者的业绩计量问题复杂化了。具体而言，跨国企业在汇率变化中存在外币折算、外币交易和经济风险敞口。我们首先简要讨论一下汇率，然后再定义三种类型的汇率风险及其对管理控制系统设计的意义。

汇　率

汇率是一种货币相对于另一种货币的价格。它既可以用购买一个单位的外国货币所需要的本国货币的数量表示（称为直接标价法），也可以购买一个单位的本国货币所需要的外国货币的数量表示（称为间接标价法）。例如，如果美元（$）是本币，法国法郎（FF）是外币，那么把汇率表示为$0.20/FF，就是直接标价；表示为FF5/$，就是间接标价。在外汇市场，两种标价法都采用，但是交易人通常采用一种或另一种标价法表示一种货币。图表 15.2 举例说明了 2000 年 1 月 19 日交易量最活跃的货币的主导汇率的两种标价

图表 15.2
2000 年 1 月 19 日
各种外币的汇率

国　家	货币单位	单位外币美元数量 （直接标价法）	单位美元外币数量 （间接标价法）
英　国	英镑	0.6128	1.6320
德　国	马克	0.5171	1.9337
日　本	日元	0.0095	104.85
瑞　士	瑞士法郎	0.6265	1.5963
欧　洲	欧元	0.9886	1.0115

法。

通常使用的汇率（如上面）称为名义汇率。即期汇率是某个时日的主导名义汇率。实际汇率是调整了两国之间的通货膨胀差异之后的即期汇率。此外，还有远期汇率是指今天约定的在未来某个时点交割时所采用的汇率。

在采用直接标价法时，如果购买一个单位的外币所需要的美元数量增加了，那么就说美元相对于外币贬值了；相反则是升值了。例如，假设一年前美元/英镑的即期汇率是$1/£，今天的即期汇率是$1.20/£。这些汇率就分别是一年前和今天的主导"名义"汇率。就名义汇率而言，我们会说美元相对于英镑贬值了20%，因为今天与一年前相比，要多花20%的美元才能买到同等数量的英镑。

但是，假设这一期间美国和英国的通货膨胀分别为10%和5%。那么根据购买力平价（PPP），这些通货膨胀率就预示着美元相对于英镑应该贬值了5%左右，或者说大约相当于两国通货膨胀之差，而不是20%。因此，根据购买力平价，我们预期今天的汇率就会是$1.05/£。按照$1.20/£的即期汇率，美元的名义价值比购买力平价所预示的多贬值了14.3%。币值多贬值的14.3%就是美元的实际贬值，即超出两国通货膨胀之差的部分。类似的观点同样适用于升值的情况。实际汇率是调整美国和英国的通货膨胀差异之后的汇率，在我们所举的例子中，就是$1.143/£。

自从20世纪70年代初发展了浮动汇率制度以来，实际汇率发生了巨大波动。从广义上讲，实际汇率的变化会造成本国制造商相对于外国竞争者的成本竞争力的变化：如果其他所有条件都相同，而美元对日元的实际汇率下降了10%，那么美国公司相对于日本竞争者的成本竞争力就可能提高10%。原因如下：美元实际贬值10%一定意味着以美元标价的商品比美日两国的通货膨胀通常造成的价格调整还便宜10%。

汇率风险的不同类型

汇率的外币折算风险敞口（translation exposure）是指名义汇率变化对跨国公司的损益表和资产负债表带来的风险。它是由于跨国公司必须以单一货币（通常是本币）合并报表而造成的，尽管现金流量是以多种货币计量的。要了解跨国公司的外币折算风险敞口，就要了解下列问题的答案：假设公司的现金流量以多种货币计量，并且在本年内币值发生了名义变化，那么收入、费用、资产和负债应如何合并为某个时点的一种货币呢？

交易风险（transaction exposure）是指公司在今天达成、但在未来某个时日付款的跨境交易中的汇率风险。在此期间，这种支付或收款承诺尚未履行，名义汇率可能发生变化，从而使交易的价值产生风险。这类交易包括以外币标价的应收账款和应付账款，以及未偿还的负债或利息等。

经济风险敞口（economic exposure）是指公司现金流因实际汇率的变化而产生的汇率风险。经济风险敞口还指汇率的运营风险敞口和竞争风险。

业绩计量的标准选择

在对跨国公司进行的一项调查中，周和捷豪维兹发现几乎所有被调查者在评估子公司业绩时都建立了实际与预算对比的业绩计量系统。[5] 在编制和跟踪预算时，对于业绩计量标准有三种基本选择：编制预算时的主导汇率（初始汇率）、编制预算时预测的汇率（预测汇率）或者在跟踪预算时的主导实际汇率（期末汇率）。因此，在编制和评价预算时，所采用的标准有九种可能的组合，如图表 15.3 所示。[6]

但是，并不是九个单元都可行。只有下划横线的五个才可行。显然可行的单元包括采用同一标准（初始—初始，单元 1；预测—预测，单元 5；期末—期末，单元 9）编制和跟踪预算的三个单元。[7] 同样，采用"初始"利率编制预算，而采用"期末"汇率跟踪预算（单元 3）也是可行的；采用"预测"汇率编制预算，但采用"期末"汇率跟踪预算（单元 6）也是可行的。然而，采用"期末"汇率编制预算，而采用"初始"汇率或"预测"汇率跟踪预算则不符合逻辑（因此排除了单元 7 和单元 8）。同样，采用"预测"汇率编制预算，

5. F. D. S. Choi and I. J. Czechowicz, "Assessing Foreign Subsidiary Performance: A Multinational Comparison," *Management International Review* 4 (1983), pp. 14–25.

6. These possibilities were originally discussed in D. Lessard and P. Lorange, "Currency Changes and Management Control: Resolving the Centralization/Decentralization Dilemma," *Accounting Review*, July 1977, pp. 628–37.

7. 按"最终"汇率编制预算意味着在计量业绩时，用期末的主导利率重述最初的预算。

图表 15.3

业绩计量标准的选择

编制预算 \ 跟踪预算	初始	预测	期末
初始	1	2	3
预测	4	5	6
期末	7	8	9

而采用“初始”主导汇率跟踪预算似乎也不合逻辑（因此就排除了单元 4）。

控制系统设计问题

从业绩计量的角度来看，这些是控制系统设计中的重要问题：

- 子公司的管理者应该为汇率波动对净收益的影响负责吗？
- 在业绩计量时，母公司应该采用本国货币呢，还是应该采用当地货币呢？而且，在编制和跟踪预算时，应该采用初始汇率、预测汇率，还是期末汇率呢？
- 在子公司管理者的业绩计量中，母公司应该区分不同类型的汇率风险的影响吗？如果应该区分，又怎样区分呢？
- 与负责子公司的经理的评价有所不同，不同类型的汇率风险应该如何影响子公司经济业绩的评价呢？

外币折算影响

现在我们举一个例子，一个美国公司在法国拥有一个子公司。图表 15.4 列示了子公司的预算和实际。假设初始汇率是 FF10/$，期末汇率是 FF11/$（即：无论就实际汇率，还是名义汇率而言，法国法郎都贬值了 10%，所以法国的通货膨胀率未变）。为子公司规定了销量目标，根据这个目标，采用初始汇率的预算利润是$1，或者 FF10。此外，再假设法国子公司发生的所有成本都以法郎计量，销售也完全以法郎计量；它不从事任何跨境交易。这样的子公司称为平衡经营单元（balanced unit）。假设子公司实现了所有销量目标，

图表 15.4

平衡子公司的预算和
实际业绩（初始汇率：
FF10/\$ ；期末汇率：
FF11/\$）

	预 算		实 际	
	法国法郎	美 元	法国法郎	美 元
收 入	100	10	100	9.09
利 润	10	1	10	0.91

但是汇率变成了 FF11/\$。根据新汇率，子公司创造的美元利润将只
有 0.91 美元——或者按美元计，不利预算差异为 10%——尽管它实
现了销量目标。

即使实际业绩恰恰等于预算业绩，法国子公司的经理应该为汇
率波动负责吗？法国子公司是自给自足的（即它不从事跨境交易）。
因此，子公司的经理不必关注应对汇率变化的战略和经营决策（如
定价和外包）。此外，汇率变化完全在子公司经理的控制范围之外。
因此，子公司经理不对外币折算影响负责似乎是公平的。实现这个
目标的最简单的方式就是采用同一个标准编制和跟踪预算（如图表
15.3 所示的单元 1、5 或 9）。

在图表 15.4 所举的例子，如果跟踪预算采用的标准与编制预算
相同（FF10/\$），那么子公司就创造了 1 美元的利润。换一种方法，
如果年末的预算按期末汇率 FF11/\$重设，那么我们就只能预期子公
司创造 0.91 美元的利润。因此，如果编制和跟踪预算时采用同一个
标准，那么标准的选择就是不相关的（无论是本币，还是外币；无
论是初始汇率、预测汇率，还是期末汇率），所得到的业绩就反映了
经理不受外币折算影响的经营业绩。

但是，母公司在年末蒙受了"外币折算"损失。母公司对汇率
的变换无能为力。如果他们在评价子公司经理的业绩时采用外币折
算利得或损失，就会导致几个问题：（1）它会强迫子公司负责自身
无法控制的因素；（2）它并没有消除外币折算利得或损失；（3）
它未考虑子公司所面临的其他类型的汇率风险（参见下一小节）；
（4）它会混淆子公司经理的业绩和子公司的业绩（参见下一小节）。

在公司向股东报告时，就要合并外国子公司和母公司的会计数
字。在境外子公司的损益表和资产负债表折算为母公司的货币单位
时，发生的外币折算利得和损失不应该影响子公司经理的业绩计量。
在编制财务报告时，计算折算利得和损失所要求的方法参见本章末
的附录。

经济风险敞口

在我们前面所举的平衡经营单元中，汇率只产生了外币折算影响。但是，若子公司也有跨境交易，那么它们也受经济风险敞口的影响。有效应对经济风险敞口的控制系统与我们前面所讲的应对外币折算风险敞口的控制系统存在根本性的区别。在经济风险敞口中，控制系统应该根据子公司积极应对实际汇率变化的决策评价子公司经理。我们将用两类基本的跨国企业子公司说明如何做到这一点："净进口商"和"净出口商"。

净进口商是指在本国销售大部分商品，但从境外（从姐妹公司或外部公司）进口大部分投入的子公司；净出口商是指在境外销售（销给姐妹公司或外部公司）大部分产品，但从本国采购大部分投入的子公司。正如下面的例子所示，假定发生了汇率变化，这种子公司就不仅受外币折算的影响，而且受实际汇率变化造成的"依存"影响。

为了简化例子，我们将考虑本国和东道国之间存在交易（与姐妹公司交易或与东道国外的其他公司交易）的公司。从这个例子中得出的结论可以一般化为任何拥有跨境交易的子公司。此外，我们将在分析中涵盖平衡经营单元，以便比较。假设美国跨国企业在法国拥有三个子公司——A、B、C。子公司 A 是一个平衡经营单元，即上一小节中所举的例子。B 是一个净进口商，它从美国的母公司采购投入，在法国销售全部产出；C 是一个净出口商，它完全从法国采购，在美国销售全部产出。初始汇率是$1 = FF10，编制的预算如图表 15.5 所示。

现在，同前面一样，我们假设就实际汇率而言，美元相对于法国法郎升值了 10%，跟踪预算时的新汇率是$1 = FF11。假设母公司采用初始汇率（FF10/$）编制预算，采用期末汇率（FF11/$）跟踪预算。我们假设从母公司的角度来看，年末三个子公司的业绩如图表 15.6 所示。

净出口商超出了预算（无论是按美元，还是按法国法郎；无论是利润目标，还是利润边际），平衡经营单元大体符合预算水平（按法国法郎实现了利润目标，但是按美元略低于预算。无论按哪种货币，都实现了边际目标），净进口商未实现预算（无论是按美元，还是按法国法郎；无论是利润额，还是利润边际）。

图表 15.5　A、B、C 的预算（初始汇率：FF10/$）

	A：平衡		B：净进口商		C：净出口商	
	法国法郎	美　元	法国法郎	美　元	法国法郎	美　元
销售收入	100	10	100	10	100	10
成　本	90	9	90	9	90	9
利润（额）	10	1	10	1	10	1
利润（边际）	10%	10%	10%	10%	10%	10%

图表 15.6　A、B、C 的业绩（现行汇率：FF11/$）

	A：平衡		B：净进口商		C：净出口商	
	法国法郎	美　元	法国法郎	美　元	法国法郎	美　元
销售收入	100	9.09	103	9.36	109	9.91
成　本	90	8.18	95	8.63	95	8.63
利润（额）	10	0.91	8	0.73	14	1.28
利润（边际）	10%	10%	7.9%	7.9%	12.9%	12.9%

现在，让我们仔细考察一下汇率的影响。请注意，根据新的实际汇率的假设，无须付出更多的努力，净出口商就能实现 FF110 的销售收入。事实上，给定需求和成本结构的性质，它本来能够实现甚至高于 FF110 的销售收入水平。因此，给定实际汇率的变化，FF109 的销售收入表明未达到预期的水平。而且，在成本上未实现预算（因为它发生的本地成本是 FF95，尽管预算是 FF90），还会进一步恶化销售收入未实现预算的状况。

现在，让我们看一看净进口商。根据新汇率假设，相对于投入没有类似的汇率风险的竞争者而言，子公司 B 在成本上的竞争力就变弱了。B 的成本是 8.63 美元，而完全在本地采购的竞争者（例如：平衡子公司）发生的成本只有 8.18 美元。他们在价格上就削弱了子公司 B，从而赢得了利润和市场份额。但是，净进口商不仅超出了法国法郎销售收入目标，而且从本地采购的投入的成本比原始预算还要低。

这个例子不仅强调了采用不同的标准编制和跟踪预算可能不公平，而且还突出了管理者业绩和子公司业绩的评价问题。此外，这种情况混淆了外币折算影响和依存影响。如果只考虑外币折算影响，那么就会批评经理 B，而奖励经理 C。如果把依存影响与外币折算影响分离开来，那么就会奖励经理 B，而批评经理 C。为了说明这一点，就会告诉经理 C，由于美元的实际增值，他或她的 FF109 的销售业绩表明业绩不够好；如果他或她期望超额完成预算，并获得奖励，那么子公司就应该做得更好。

像 B 和 C 之类的子公司（都有跨境交易），实际汇率变化需要重大战略和经营决策。例如，如果美元相对于外国货币贬值了，意味着以美元计价的商品比以外币计价的商品变得便宜了。对于从美国进口的子公司而言，这就提供了重大战略机会。例如，它现在就可以通过降低以当地货币表示的价格，无成本地追求市场份额战略，从而增加需求，扩大市场份额。而且，就美元盈利能力而言，它也不会蒙受损失。或者，子公司还可以追求"撇油"战略，即把以当地货币表示的价格维持在贬值之前的水平，然后在不丢失市场份额的情况下捞取额外的美元利润。

一方面我们说明了因汇率本身的变化而奖励或惩罚子公司经理是不公平的；另一方面，若实际汇率变化创造了上面所讲的战略机会，则根据决策质量评价管理者的业绩就至关重要了。正如外币折算影响一样，采用同样的标准编制和跟踪预算就可以避免不公平的奖罚。

交易影响

处理交易风险的基本方法是借助适当的外汇套期保值战略。套期保值是指降低未来现金流的相关风险的任何交易。在这个过程中，买入套期保值的公司就把风险转嫁给了卖出套期保值的实体——如果是外汇市场，一般就是商业银行。这种套期保值服务很自然地是有成本的。

大多数公司一般都进行套期保值，例如，无论什么时候，只要公司买保险，它实际上就是在进行套期保值交易。套期保值对于从事国际贸易的公司特别普遍，它被用作抵消交易风险影响的手段。对交易风险进行套期保值的方式多种多样。举个最简单的例子：如果美国公司向法国公司销售产品，以法国法郎标价，它就可以同时买入在应收账款到期日以同样价格购买法国法郎的权利。如果它在销售中发生了交易损失，它就会在套期保值中获得同等数额的利得。其他套期保值技术还有利用期权市场，以相同的货币将资产/负债和收入/费用配比。普遍使用的套期保值技术是利用远期和期货市场，以及外汇期权市场。从业绩计量的角度来看，关键的问题是是否应该让子公司经理为套期保值交易风险负责。

套期保值交易可能最好由母公司进行，而不是让各子公司从事，理由有多个。首先，在大多数跨国企业中，公司的不同部门都有应收账款和应付账款，如果关于这些交易的信息集中收集和处理，自然就可以相互进行套期保值。这就可以降低与套期保值相关的交易成本。其次，母公司可能比子公司更易于获得更广泛的（或许更复杂的）具有各种到期日的套期保值工具。第三，我们没有理由假设子公司的经理能比公司司库更好地预测汇率。事实上，母公司未必希望子公司经理进行套期保值，因为这样有可能使子公司的经理成为汇率投机者。

因此，从业绩计量的角度来看，没必要让子公司经理为交易影响负责。

子公司的业绩

至此，我们已经说明了区分子公司的经济业绩与子公司经理的业绩之重要性，这里所讨论的指导意见主要是分离汇率对子公司经理的业绩的影响。重要的是意识到：子公司本身的经济业绩应该反映外汇折算风险敞口、交易风险和经济风险敞口的积极或消极后果。

如果子公司的长期经济业绩（在纳入了汇率影响后）一直很差，尽管经理的业绩很优秀，那么母公司就应该解决一个更基本的问题：跨国公司继续在这个国家经营还有经济意义吗？或者说它是否应该把企业搬到别处？ 对这个问题的回答就是经营场所决策，而不是业绩计量决策。这些应该是独立的决策。

管理因素

在设计跨国公司子公司的业绩计量系统时，公司可以利用下列指南：

- 子公司经理不应该为外币折算影响负责。实现这个目标的最简单的方式就是采用同一个标准比较预算和实际结果，并利用差异分析把通货膨胀的相关影响分离出来。经理担心标准的适当与否毫无意义。跨国公司应该选择任何适宜的标准。

- 交易影响可以通过跨国公司的总体套期保值需求的集中协调得到最好的处理。这样操作可能成本更低，更简单，并防止了子公司经理变成汇率的预测者和投机者。
- 子公司经理应该为经济风险敞口造成的汇率依存影响负责。
- 在以一个国家的选址决策或搬迁决策为基础的子公司业绩计量，应该反映外币折算风险敞口、交易风险和经济风险敞口的后果。

在 1982 年的一项调查中，萨迈泽拉等发现，在计量子公司经理的业绩时，79% 的被调查者都采用不同的标准编制预算和报告业绩；66% 采用汇率的某种预测编制预算，采用期末实际汇率报告子公司的业绩；13% 采用初始汇率编制预算，采用期末实际汇率报告业绩。[8] 这些发现与我们前面所制定的指南不一致。

产生这种不一致的原因可能有两个。首先，其中大多数控制系统都是 20 世纪五六十年代建立的，当时汇率是固定的。由于浮动汇率新近才推行，跨国公司未必已经根据新的现实调整了业绩计量系统。其次，许多公司未必区分经理的财务业绩和子公司的财务业绩。

无论原因是什么，重要的是意识到若跨国公司在编制预算和报告实际业绩时采用不同的标准，则会遇到我们所讨论的各种类型的风险。

小　结

从管理控制的角度来看，有三个话题是跨国企业所特有的：文化差异、转移定价、汇率。除了目标一致之外，在制定跨国企业的转移价格时还应考虑的其他重要因素是：税收、政府管制、关税、外汇管制、资金积累和合资企业。

子公司的经济业绩评价应该纳入外币折算风险敞口、交易风险和经济风险敞口的消极或积极意义。但是，在评价负责子公司的经理的业绩时，应剔除外币折算风险敞口和交易风险的影响。即使这样，子公司经理也应该为经济风险敞口所造成的汇率的依存风险负责。

8. Jean–Pierre Sapy–Mazella, R. Woo, and J. Czechowicz, "New Directions in Managing Currency Risk: Changing Corporate Strategies and Systems under FAS No. 52," *Business International Corporation*, New York, 1982.

财务会计准则第 52 号：外币折算

财务会计准则第 52 号要求采用"完全现行汇率法"（all-current method）折算资产负债表。依照这种方法，资产负债表的所有项目都要按资产负债表日的实际汇率折算。[9] 外币转换成折算利得和损失直接贷记或借记股东权益。他们不影响本年的净收益。这种核算方法类似于英国实行的方法。损益表项目按收入或费用确认时的实际汇率折算，但如果采用实际汇率太复杂，公司也可以采用加权平均汇率。

外币折算范例如下：

假设美国公司拥有一个瑞士子公司，其财务报表如下（按瑞士法郎计）：

期初资产负债表 1989 年 12 月 31 日	
资　产	Sfr 100 000
负　债	Sfr 60 000
股　本	20 000
留存收益	20 000
	Sfr 100 000

在 1990 年期间，子公司发生了下列两项交易：

（1）从本地银行借入 10 000 瑞士法郎：

1990 年交易

资　产	Sfr 10 000
负　债	Sfr 10 000

（2）经营收益 5 000 瑞士法郎：

---

9. 采用"完全现行汇率法"的名称是相对于"现行/非现行汇率法"而言的，财务会计准则委员会曾考虑过后一种方法，但否决了。依照"现行/非现行方法"，只有流动资产和流动负债按现行汇率折算。

收　入	Sfr 15 000
费　用	10 000
利　润	Sfr 5 000

例（2）的影响是使资产增加了 5 000 瑞士法郎，留存收益增加了 5 000 瑞士法郎。

期末资产负债表 1990 年 12 月 31 日	
资　产	Sfr 115 000
负　债	Sfr 70 000
股　本	20 000
留存收益	25 000
	Sfr 115 000

假设 1989 年 12 月 31 日瑞士法郎价值为 0.60 美元，1990 年 12 月 31 日价值为 0.50 美元。1990 年的平均价值为 0.55 美元。

依照财务会计准则第 52 号，子公司的经营结果将按下列方式与母公司财务报表合并：

期初资产负债表 1989年12月31日	
资产 (Sfr100 000 × 0.6)	$60 000
负债 (Sfr60 000 × 0.6)	$36 000
股本 (Sfr20 000 × 0.6)	12 000
留存收益 (Sfr20 000 × 0.6)	12 000
	$60 000

损益表	
收入 (Sfr15 000 × 0.55)	$8 250
费用 (Sfr10 000 × 0.55)	5 500
利　润	$2 750

期末资产负债表	
1990 年 12 月 31 日	
资产 (Sfr115 000×0.5)	<u>$57 500</u>
负债 (Sfr70 000×0.5)	$35 000
股本 (Sfr20 000×0.5)	10 000
留存收益 (Sfr20 000×0.5)	<u>12 500</u>
	<u>$57 500</u>
美元留存收益调整：期初余额	$12 000
利 润	<u>2 750</u>
计算出的期末余额	14 750
实际期末余额	<u>12 500</u>
外币折算损失	<u>$ 2 250</u>

美国公司将在合并损益表中计入 2 750 美元的利润，在留存收益中抵减 2 250 美元，并单列出来。这反映了瑞士法郎贬值所造成的财务影响，或者也可以说，美元升值所造成的财务影响。

推 荐 读 物

Bartlett, Christopher A., and Sumantra Ghoshal. *Managing across Borders*. 2nd ed. Boston: Harvard Business School Press, 1999.

Eden, Lorraine. *Taxing Multinationals: Transfer Pricing and Corporate Income Taxation in North America*. Toronto: University of Toronto Press, 1998.

Govindarajan, Vijay, and Anil Gupta. *The Quest for Global Dominance*. San Francisco: Jossey–Bass, 2001.

Gupta, Anil, and Vijay Govindarajan. "Knowledge Flows within Multinational Corporations." *Strategic Management Journal,* March 2000.

———. "Knowledge Flows and the Structure of Controls within Multinational Organizations." *Academy of Management Review,* October 1991, pp. 768 – 92.

Harzing, Anne–Wil Kathe. *Managing the Multinational: An International Study of Control*. Cheltenham, UK: Edward Elgar, 1999.

International Transfer Pricing. New York: Business International Corporation and Ernst & Young, Economist Intelligence Unit, 1993.

OECD. *Transfer Pricing Guidelines for Multinational Enterprises and Tax Administration*. Organization for Economic Cooperation & Development, 1998.

第 *16* 章

项目管理控制

在前几章中，我们聚焦在一直从事同类活动的组织的管理控制上。第16章将介绍一种用于项目管理控制的略有不同的过程。我们将首先讨论项目性质，以及项目管理过程与持续经营的控制有何不同，然后用主要篇幅讨论：（1）项目控制发生的环境；（2）项目控制过程的各项步骤，即项目计划、项目执行和项目评估。

项 目 性 质

项目是指旨在达到足以引起管理层重视的特定结果的一系列活动。项目包括建设项目、生产大型独特产品（比如：涡轮机）、工厂重组、开发和营销新产品、咨询项目、审计、收购和剥离、诉讼、财务重组、研发工作、开发和安装信息系统等等。

一旦管理层批准了所要从事的活动的一般性质，批准了完成工作所需的大体的资源数量（或者，在有些情况下，批准了工作第一阶段所需的资源数量），项目就开始了；一旦实现了目标，或者取消了项目，项目就结束了。建筑物的建造和修缮可以称为项目，但建筑物的日常维护则不是；制作电视"特别报道"可以成为项目，但制作电视晚间新闻则是持续经营。

项目完成后可能导致持续经营，如成功的开发项目。从项目组织转换为经营组织的过程涉及复杂的管理控制问题，但是我们不在这里讨论这些。[1]

项目各不相同。在一个极端，项目可能只涉及一个或几个人，需要几天或几个星期，从事以前多次重复的工作，例如：会计师事务所从事的年度财务审计；在另一个极端，项目可能涉及成千上万个人，需要几年，从事的工作不同于以前，如人类首次登月工程。我们这里的讨论不会涉及这两个极端情况。相反，我们集中在具有正式控制系统，并且消耗足够的资源，从而有必要建立正式管理控制系统的项目。极其复杂的首创项目比我们这里所介绍的具有更复杂的控制问题，但这些问题和管理控制系统的一般性质是相同的。

对比持续经营

本小节介绍使项目管理控制有别于持续经营活动的管理控制的项目特征。

单一目标

项目通常具有单一目标，而持续经营则具有多重目标。在持续经营的组织中，除了监管日常工作之外，责任中心的经理还必须监管日常工作，制定影响未来经营的决策，订购影响未来经营的设备，计划营销活动，制定和实施新规程，为新岗位培训员工。尽管项目经理也制定影响未来的决策，但是所跨期间是截至项目结束。项目业绩可以根据预期的最终产品评判，而经营业绩则应该根据经理实现的所有经营结果评判，其中有些直到一年后才能知道。

组织结构

在许多情况下，项目组织是叠加在持续经营的组织之上的，它的管理控制系统也叠加在持续经营组织的管理控制系统之上。在持续经营组织中，不存在这些问题。必须在项目组织和持续经营组织

---

1. For a discussion of this problem, see Paul R. Lawrence and Jay W. Lorsch, *Organization and Environment* (Homewood, IL: Richard D. Irwin, 1969) .

之间建立令人满意的关系。同样，项目的管理控制系统必须在某个点上与持续经营组织的控制系统相啮合。

集中在项目上

项目控制集中在项目上，它的目标是在一定期间内，以最优的成本获得令人满意的结果。相比之下，持续经营组织的控制则集中在一定期间，如一个月，以及这一期间实现的所有结果上。经营活动的管理控制的主要焦点是成本，质量和生产进度则视作例外，即：正式系统强调成本绩效，但是如果认为质量和生产进度令人不太满意，就需要编制特别报告。

需要权衡

项目通常涉及范围、进度和成本之间的权衡。成本可以通过缩小项目的范围来降低。进度可以通过加班成本来缩短。同样的权衡也发生在持续经营组织中，但是他们不是这类组织的一般日常活动。

不太可靠的标准

项目的业绩标准往往不如持续经营组织的可靠。尽管一个项目的规格，以及制定规格的方法可能类似于其他项目，但是从理论上讲项目设计只用一次。

但是，评价重复性项目活动的标准可以根据过去的经验，或者根据最优时间和成本的工程分析制定。只要一个项目的各项活动类似于其他项目，那么从这些项目中获得的经验就可以被用作估计时间和成本的基础。如果项目是建造房屋，那么就存在关于建造类似房屋的单位成本的优质历史信息（但是，材料、建房技术，或建筑规范的变化可能使这项信息不宜于作为建造下一座房子的成本指南，而不同工地的具体问题也可能影响一座房屋的实际成本）。许多项目都明显有别于先前的项目，因而历史信息无济于事，必须考虑他们的特性。建造房屋的成本估计通常包含或有因素，但是在计算工厂生产产品的标准成本时，这项或有因素并非惯例。

计划的不断变化

项目计划往往不断发生显著变化。一个建设项目的无法预见的环境条件，或者在咨询项目中发现的意外事实，都可能会导致计划的变动。研发项目一个阶段的调查可能会完全改变后面各阶段的最初计划。

不同的节奏

项目的节奏不同于持续经营。大多数项目开始小，逐渐达到巅峰活动量，然后在接近结束时又逐渐缩小，只剩下收尾工作。持续经营活动则往往在相当长时间内维持在同一活动水平，然后从这个水平变化成了另一个水平，或沿同一水平变化。

更大的环境影响

项目往往比持续经营的工厂受外部环境的影响更大。工厂的四壁和屋顶可以保护生产活动不受环境影响。建设项目则发生在户外，受气候及其他地理条件的影响。如果项目涉及采掘，那么地下条件也可能导致意外的问题，即使对于建造房屋这样一个简单项目也是如此。咨询项目发生在客户的经营场所，目的是为了"寻求解决方案"，无论是地域上的，还是组织上的。

许多项目的资源都要运到项目工地。建设项目的工人要到项目工地去。建设项目还有其他物流问题，一般不会发生在生产经营中。生产线的工人一般都在室内工作。

例 外

这些区别并不是泾渭分明的。一个加工车间一般都生产不同的最终产品，比如：印刷公司。但是，这类组织的管理控制集中在一个月或一定期间内活动的整体性，而不是单项工作。在有些项目中，团队成员是聘来工作的，他们与持续经营组织的职能部门无关。研究实验室的项目是在经营场所进行的，而不是在外部设施上进行的。

控 制 环 境

项目组织体系

项目组织是临时性组织。从事项目时组建一个团队，项目完成后就解散团队。团队成员可能是发起组织的员工，也可能是专门雇佣的，有些人或者全体成员也可能与外部组织签订了雇佣合同。

如果项目完全或部分由外部承包商承担，那么项目发起人就应该迅速与承包商的工作人员建立密切的工作关系。正如我们将在后面讨论的，这些关系受合同期限的影响。如果项目由发起人组织，那么有些工作就可能指派给组织内的辅助单元，并与他们建立类似的工作关系。例如：建筑公司的中央草图设计单元可能为所有项目设计草图，这种安排的管理控制问题类似于外包草图设计的情况。

矩阵式组织

如果项目团队的成员是发起组织的员工，那么他们就有两个"老板"：项目经理和永久性委派的职能部门经理。这种安排称为矩阵式组织。在船舶修理中，技术工人（例如电工、金属片制造工、水管工）都是从造船厂的各种职能部门抽调的，需要他们的技能时，就参与项目工作。但是，他们最基本的忠诚是对于职能部门的忠诚。他们是否在规定时间出现在工作现场在部分程度上取决于职能部门经理制定的决策，职能部门经理决定需要他或她控制的资源的所有项目的优先顺序。因此，项目经理拥有的人事权不如生产部门经理大，生产部门的员工对本部门有难以分割的忠诚。

项目经理希望全神贯注于本项目，而职能性责任中心的经理则必须考虑本责任中心的员工参与的所有项目。这种利益冲突是不可避免的，而且会制造紧张气氛。

组织结构的发展

不同类型的管理人员和管理方法可能适宜于项目的不同阶段。在建设项目的计划阶段，建筑师、工程师、调度员和成本分析师占主要地位。在项目执行时，管理者应该是生产经理。在最后阶段，工作逐渐减少，主要任务可能就是由项目发起人验收，同时，营销技能成为基本要求（尤其是咨询项目）。

合同关系

如果项目由外部承包商承担，就要另外建立一级项目控制。除了承担项目的承包商执行的管理控制之外，发起组织也有自己的控制职责。承包商可能把自己的控制系统应用在项目上，但这种系统可能需要适当调整，以提供发起人需要的信息（这并不意味着系统重复了，发起组织的系统应该利用项目系统产生的数据）。

合同安排形式对管理控制具有重要影响。合同分两类：固定价格合同和成本补偿合同。每类合同都有许多变形。

固定价格合同

在固定价格合同中，承包商同意在规定日期按规定价格完成规定工作。通常，如果工作未按项目标准完成，或者不符合进度安排，就要罚款。因此，承包商似乎承担了所有风险，因而也就承担管理控制的所有责任。但是，事实决非如此。如果发起组织决定改变项目的范围，或者承包商遇到了合同未约定的情况，就下达"更改指令"。双方必须就每项更改指令的范围、进度和成本意义达成一致。只要更改指令涉及成本的增加，这些成本就由发起组织承担。建造一座传统的房屋可能会下达十几个更改指令。在一些复杂的项目中，甚至会下达几千个。在这些情况下，工作的最终价格实际上不是事先固定的。

在固定价格合同中，发起组织负责审计工作的质量和数量，以确保符合规定要求。这是一项全面的工作，同在成本补偿合同中审计工作成本一样。

成本补偿合同

在成本补偿合同中，发起组织同意支付合理的成本和一定利润（经常设定一个"不能超出"的上限）。在这类合同中，发起组织对成本控制具有重大责任，因此需要与固定合同承包商所采用的系统和人员可比的管理控制系统和相关人员。成本补偿合同适宜于事先无法可靠估计范围、进度和成本的项目。

合同类型对比

固定价格合同的价格是由承包商报出或建议的。在计算价格时，承包商考虑了或有因素，为或有因素留出的余量因不确定性的程度而变化。因此，对于不确定性大，为或有因素留出的余量也相应较大的项目，在固定合同中，发起组织最终支付的价格可能比成本补偿合同高，因为成本补偿合同不考虑或有因素。额外支付的钱是承包商承担额外风险的一种回报。

固定价格合同适宜于项目范围可以事先准确界定，且不确定性低的项目。在这些情况下，承包商无法通过议定"更改指令"而显著提高价格，因此可以激励他控制成本。如果承包商签订的合同不包含关于因项目范围或不可控的不确定性导致的调整的充分条款，那么他就会抵制发起组织进行合理更改的要求，在极端情况下，他可能不愿意完成项目。如果承包商甩手走了，就会两败俱伤：发起组织得不到项目结果，承包商也得不到报酬，而且双方都会发生诉讼费。

在成本补偿合同中，利润要素或者称佣金通常应该是一个固定货币金额。如果是成本的一定比例，那么就会激励承包商提高成本，藉此提高利润。但是，如果项目范围或进度发生了显著变动，通常就要调整固定佣金。

合同变形

这两类合同有许多变形。在激励合同中，竣工期或成本目标，或二者兼而有之，都是事先规定的，如果提前竣工，或者发生的成本低于目标成本，就奖励承包商。奖励形式是竣工奖金或成本奖金，或者二者兼而有之。竣工奖金按节约的时间计算；成本奖金按节约的成本的一定比例计算。这类合同似乎克服了成本补偿合同的内在缺陷，因为它没有这种奖励。但是，如果目标不现实，激励也就无效。因此，激励合同是一种中间立场，它适宜于能够在一定程度上可靠地估计竣工时间和成本的项目。

不同的合同类型可能适用于项目的不同活动。例如：由于高度的不确定性，直接成本可以依照成本补偿合同补偿，而承包商的管理费用则可以按固定价格合同弥补，可以是项目总金额的一定比例，或者是每个月的一定比例。如果管理费用采用固定价格合同，就可以激励承包商控制成本；避免检查个人工资标准、福利、奖金及其他津贴合理性的必要性；减少承包商为不称职的人员支付大笔工资费用的倾向；鼓励承包商尽快完成项目，从而可以把监管人员解放出来，去从事其他项目。但是，这类合同也可能激励承包商吝惜监管人员、吝惜完善的控制系统，或者吝惜促使项目以最有效的方式完成的其他资源。

如果单位成本可以合理地估计，而工作量不确定，那么合同可以规定以固定单位价格适用于实际工作量，例如：在承办酒席的活动中，经常按每餐的规定金额支付费用（可能再加上月度固定管理费用）。

信息体系

工作包

在项目控制系统中，信息按项目要素归集。最小的要素称为工作包，归集这些工作包的方法称为工作分解体系。

工作包通常指相当短的期间（一个月左右）内可计量的工作增量。它应该有一个清晰的、可确定的竣工点，称之为里程碑。每个工作包都应该由一个经理负责。

如果项目具有相同的工作包（例如：办公楼的每层的电力工作都是一个独立的工作包），每个工作包都应该以相同的方式定义，以便比较同类工作包的成本和工作进度信息。同样，如果一个行业为某类工作包的业绩建立了成本或时间标准（正如建筑行业的许多细分市场一样），或者，如果项目组织根据以前的工作建立了此类标准，那么就应该遵循这些标准的定义。

间接成本账户

除了直接项目工作的工作包之外，还为管理和辅助活动建立成本账户。与工作包不同，这些活动没有定义的产出。他们的估计成本通常按单位时间计量，比如：一个月，正如持续经营的责任中心的管理费用的计量方式一样。

账户表、项目成本的核算规则，以及审批权力和具体签字权力也都事先规定。哪些成本项目将直接计入工作包呢？货币成本归集的最低级别是什么呢？除了发生的实际成本之外，成本承诺应该入账吗？（对于许多类型的项目，这都是极其可行的。）究竟如何把管理费用和设备耗费分配给各工作包呢？

如果在项目期间，事实证明工作分解体系或者核算系统不实用，就必须修订。这可能要求重述许多信息，既包括已经收集的信息，又包括未来计划中涵盖的信息。在中途修订信息体系很难，这是一项耗时费力的工作。为了避免这项工作，项目计划者应该在项目开始之前对设计和安装合理的管理控制系统予以充分考虑。

项 目 规 划

在计划阶段，项目计划团队以曾作为项目决策基础的粗略的估计作为起点。它把这些估计修订为产品、工作进度和成本预算的具体要求。它还建立一个管理控制系统，以及基本的工作控制系统（或者根据以前采用的系统调整）和组织结构图。把负责工作的人员的名字逐个填进组织结构图的方框中。

即使在一个不太复杂的项目中，也要编制一份项目计划计划，即说明每项计划工作由谁来负责；什么时候完成，以及各项计划工作之间的相互关系。计划过程本身是总体项目的一个子项目。为确保计划活动正确地实施，也需要建立一个控制系统。

项目计划的性质

最终的计划由三个相关部分组成：范围、工作进度和成本。

在范围部分，说明每个工作包的具体要求，以及负责人员和机构的名称。正如许多咨询项目和研发项目一样，如果项目的具体要求模糊不清，那么这部分就必须是泛泛的、简明扼要的。

在工作进度部分，说明完成每个工作包所要求的估计时间，以及各工作包之间的相互关系，即：哪个工作包必须在另一个开始之前完成。我们把这组关系称之为"工作关系网"。工作关系网将在下一小节中介绍。

成本在项目预算中表述，通常称之为控制预算。除非工作包十分大，否则货币成本只反映几个工作包的合计数。单个工作包使用的资源以非货币形式表述，比如：人—天数或者立方码混凝土。

工作关系网分析

在编制项目的时间进度时，可以利用几个工具。他们的首字母缩写词分别是 PERT（项目评估与审查技术）和 CPM（关键路径法）。每项技术都分三个基本步骤：（1）估计每个工作包所需要的时间；（2）明确各工作包之间的相互依存性（哪个工作包必须在另一个工作包开始之前完成）；（3）计算关键路径。综合起来，我们称之为工作关系网分析技术。工作关系网图包括：（1）数个节点（即里程碑），每个节点都是项目竣工之前所必须完成的子目标；（2）连接一个节点和另一个节点的线，这些线表示"活动"。完成各项"活动"的估计时间标在工作关系网图中。比如说 A 和 B 的连接两个事件的一项活动表示在事件 A 发生之后，才能开始事件 B。这些活动就是工作包。因此，工作关系网图就反映了在项目竣工前所必须完成的各事件的时间顺序。

关键路径和浮动时间

计算机程序可用于分析项目工作关系网。他们可以明确关键路径，即：完成项目工期最短的事件的时间顺序。关键路径如图表 16.1 所示。为了完成事件 B，必须首先完成事件 A。这需要 2 个星期。A–B 还需要 5 个星期。B–C 还需要 3 个星期，项目才能竣工。这就是关键路径，共需要 10 个星期的时间。请注意，为了完成事件 B，还必须从事活动 X–B，估计需要 4 个星期。但是，活动在完成了 A–B 和 X–B 之后，活动 B–C 才能开始。X–A 和 A–B 共需要 7 个星期，而仅需要 4 个星期就完成的 X–B 则可以在这 7 个星期内的任何时间完成。因此，我们称活动 X–B 有 3 个星期的"浮动时间"（slack）。

关键路径法和浮动时间的概念具有几个管理控制意义。首先，在控制过程中，需要特别注意具有关键路径的活动，少注意具有浮动时间的活动（但是不能让时间悄悄地溜走，耗费掉浮动时间。然后活动自动出现在关键路径中）。其次，在计划过程中，应该注意减少关键路径活动所需时间的可能性。如果存在这种可能性，就能够减少项目的总工期。第三，通过增加成本来减少关键路径时间是可

图表 16.1
关键路径（X–A、A–B、B–C 表示关键路径）

时间（星期）

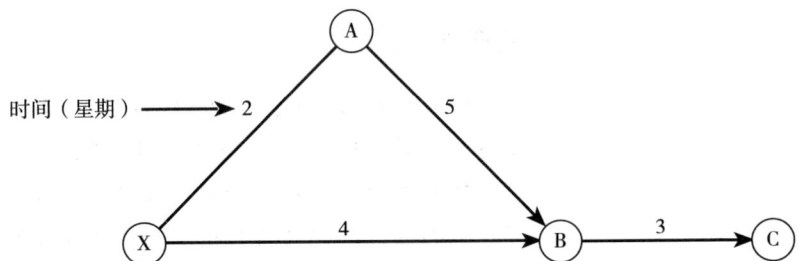

行的，比如：通过加班，但是不应该花钱减少具有浮动时间的活动的完成时间。

概率 PERT

正如项目评估和审查技术（PERT）的最初设想一样，工作关系网中每项活动所需的估计时间都基于概率计算。每项活动进行三种估计：最可能的时间，乐观的时间和悲观的时间。乐观和悲观的时间分别代表正态概率分布中的 0.01 和 0.99。人们很快发现这种方法在实践中极难应用。负责进行三种估计的工程师及其他人员发现这项工作最难。事实证明，在大多数情况下，所有估计量根本不可能以相同的方式解读所要表达的"乐观"和"悲观"。尽管在文献中，以及对 PERT 技术的正式描述中，仍然使用"概率 PERT"，但是，在实践中，概率部分并未普遍应用。

估计成本

由于实践原因，成本经常在包含几个工作包的归集级别估计。单个工作包使用的资源按实物数量控制，而不是按成本控制，核算每个工作包的成本没有实际意义。

大多数项目的成本估计都不如制造商品的成本估计精确，因为项目不太标准化，因此，同类工作累积的成本信息不是比较的有效基础。但是，如果承包商过去从事过同类工作，那么这些工作包所发生的成本就是估计新项目成本的起点。对于某些工作，已经建立了有助于估计成本的行业准则或经验法则。

显然，没有人知道未来会发生什么。因此没有人准确地知道未来的成本实际会是多少。在估计可能发生的成本时，必须考虑两类未知事项。第一类是已知的未知事项。有时要估计知道将来会发生的活动的成本，比如：为房屋打地基。工作的性质已知，但是成本未知，经常可以根据过去的经验在合理的限度内估计。但是，如果遇到了意外事件或其他情况，这些估计可能就会远远偏离实际。

其他未知事项称为未知的未知事项。对于这些活动，估计者不知道他们会发生，因此，显然无法估计其成本。例如：工作中断；风暴和洪灾造成的破坏；材料延期交付；意外事件；政府检验员未及时验收等。固定价格合同通常规定因此类事件导致的成本应加在固定价格中。

在评估阶段采用成本估计时，必须意识到不可能估计的未知事项的成本。他们的实际成本可能在零和任何金额之间变化，没有可定义的上限。如果合同未规定把所有这些成本加在固定价格中，那么估计者就应该为其留出一定的或有准备。

编制控制预算

控制预算在工作快开始时编制，并在做出成本承诺之前留出足够的时间让决策者审批。对于长期项目，最初的控制预算只详细编制项目第一阶段的预算，以后阶段就粗略地估计成本。以后阶段的详细预算在这些阶段开始之前编制。之所以把控制预算编制推迟到工作开始之前，是为了确保控制预算涵盖关于范围和工作进度的最新信息、成本分析结果和关于工资标准、材料价格及其他变量的最新数据。因此，它可以避免根据过时的信息进行预算估计，否则就是浪费精力。

控制预算是业绩计划和控制之间的重要联系。它既反映项目发起组织对项目成本的预期，又反映项目经理对按这个成本完成项目的承诺。随着项目的进展，如果可能超出预算，那么项目在经济上就不再合理。在这些情况下，发起组织可能重新审查工作范围和工作进度，也可能修订他们。

其他计划活动

在计划阶段，还从事其他活动：订购材料；获得批准；进行初步面试；选择人员等等。所有这些活动都必须予以控制，并融入总体工作中。

一组活动涉及人员选择和组织。在人员到位后，要彼此认识，并了解自己适合项目的哪个岗位，要了解项目的其他部门能提供些什么，不能提供什么，而且还要了解人们期望他们做些什么。在这个阶段了解的信息和建立的预期都是"控制气候"的一部分，同时他们也会对成功完成项目产生深刻的影响。

项 目 执 行

在计划过程结束时，大多数项目都会建立工作包的具体要求、工作进度和预算。此外，还要明确负责每个工作包的经理。工作进度反映每项活动的估计时间，而预算则反映项目每个主要部分的估计成本。这项信息经常以财务模型的形式表述。如果各具体工作包所使用的资源以非货币形式表述，比如：所需要的人—天数，那么控制预算只反映大规模归集的单个工作包的货币成本。在控制过程中，关于实际成本、实际时间和实际成果的数据要与估计数据比较。比较可以在达到项目的指定进展时进行，也可以定期进行，比如每周或每月。

基本上，项目发起组织和项目经理都关注这些问题：（1）项目会按工作进度安排的完成时间完成吗？（2）已完成的工作会达到规定要求吗？（3）工作会在估计成本范围内完成吗？如果在项目期内的任何时间对任何一个问题的回答是"不"，那么项目发起组织和项目经理就必须了解为什么，还要了解应采取的矫正行动。

这三个问题不能单独考虑，因为有时利用财务模型及其他可获得的信息，在时间、具体要求和成本之间进行权衡是可行的。例如：为了保证按时竣工，可以批准加班，即使这会增加成本；也可以放松一些具体要求，以降低成本。

报告的性质

管理者需要三类略有不同的报告：问题报告、进展报告和财务报告。

问题报告既报告已经发生的问题（如因任何可能的原因而造成的延误），也报告预计未来会发生的问题。关键问题要打上标记。迅速把这些报告送达有关经理至关重要，以便启动矫正行动。他们经常通过面谈、电话或传真传送。为了保证速度，可以牺牲精确性。经常使用粗略估计——人—小时数，而不是人工成本；或者使用砖块数量，而不是材料成本。如果所报告的事情重大，那么在口头报告后，还要提交书面文件，备作记录。

进展报告比较实际工作进度和成本与计划工作进度和成本，他们还对不与工作直接相关的管理活动进行类似比较。采用类似于持续经营分析时所采用的差异分析技术，可以对价格差异、工作进度拖延，以及类似因素都采用量化形式确认和计量。

财务报告是关于项目成本的精确报告，如果是成本补偿合同，就必须编制，作为按进度付款的基础。他们通常也是固定价格合同财务核算分录的必要基础。但是，对于管理控制目的而言，这些报告不如进度报告中所涵盖的成本信息重要。因为财务报告必须准确，所以他们要经过认真核查，而这个过程又耗费时间。所以能迅速获得的大致信息对于项目管理更重要。

管理报告中的许多信息都来源于在任务控制系统中收集的详细记录。其中包括诸如工作进度、出勤记录、存货记录、采购订单、领用申请，以及设备记录之类的文件。在设计这些任务控制系统时，应考虑他们作为管理控制信息来源的用途。

报告数量

为了确保满足所有信息需求，有时管理会计人员编制的报告会超过最优数量。不必要的报告，或者报告中的无关信息会在编制和传送信息时产生额外成本。更重要的是，使用者可能花费不必要的时间阅读报告，也可能忽略掩埋在大量详细数据中的重要信息。因此，在项目实施期间，经常需要审查这套报告，这样就可以取消一些不必要的报告，简化其他报告。

这个文书问题（文献中经常称之为信息过载）未必严重。有能力的管理者知道哪些报告，或者报告的哪些部分可能对自己有用，他们首先会把注意力集中这些报告上。如果，但只是如果，在检查中发现了潜在的问题，他们也会参考更详细的信息。

完工比例

有些工作包在报告日只能部分完成，因此必须顾及每个工作包的完工比例，作为比较实际时间和工作进度安排的时间、实际成本与预算成本的基础。如果以实物形式计量工作成果，如浇注的混凝土的立方码，就可以很容易的计量一个工作包的完工比例。如果找不到数量指标，如在许多研发项目和咨询项目中，那么完工比例就是主观的。有些组织比较实际人工小时数与预算人工小时数，作为估计完工比例的基础。但是它假设实际人工完成了所有计划工作，但事实上未必总如此。关于进展的描述性报告可能有用，但是他们却难以解读。如果完工比例无法根据量化数据确定，那么经理就依赖于个人观察、会议及其他非正式来源，作为判断项目进展的基础。

总结进展

除了确定单个工作包的完工比例之外，整个项目的进展总结也有用。在达到规定的进展时，经常按进展支付工程款。因此，系统通常包含单个工作包的归集方法，它是对工作成果的总体计量。一个简单的方法就是采用已完成的工作包的实际人工小时数与项目的总人工小时数之比率。但是，只有项目是劳动密集型的时候，这种方法才可靠。如果系统包括每个工作包的估计成本，那么基于每个工作包的计划成本加权也可能有用。

重大事项一览表

在建筑项目快结束时，发起组织要编制一份有待完成的事项的清单，包括需要弥补的缺陷。这份"重大事项一览表"要与项目经理商定。直到完成了合同规定的工作，才支付尾款。在项目实施期间按进度分期支付的款项会略小于累计成本加利润，因此提供了一个缓冲。

报告的用途

问题报告

经理花费了大量时间处理问题报告。一般的项目都有许多此类报告，经理的任务之一就是决定哪些问题报告应该最优先考虑。在一天有限的几个小时内，大型项目的经理不可能处理所有导致或可能导致项目进展不太顺利的情况。因此，经理必须决定自己应注意哪些问题；哪些问题应交由其他人处理；哪些问题应该忽略不计。

进展报告

经理不仅尽力限制个人所关注的问题点的数量，而且还尽力避免花费太多时间解决眼下的问题，以至于没有时间用来认真分析进展报告。这种分析可能揭示出未反映在问题报告中的潜在的问题，经理必须明确这些问题，并计划如何解决他们。但是，人们往往花费太多的时间处理眼下的问题，而没有足够的时间明辨尚未出现的问题。有些经理特地抽出大块时间思考未来。

分析进展报告的方法是我们所熟悉的"例外管理"。如果一个领域的进展令人满意，就不需要注意这个领域（除了祝贺负责人之外）。注意力应该集中在进展令人不满意，或者可能不满意的领域。

比较实际时间与工作进度安排，实际成本与预算的分析报告相对直接。在解读时间报告时，通常的假设是：如果一个工作包在估计时间之前完成，那么就要祝贺负责人；如果花费的时间超过了估计时间，就要提出质疑。而成本报告的解读略有些难，因为如果实际成本低于预算，那么质量就可能受到影响。由于这个原因，除非有独立的方法估计成本应该是多少，否则优秀的成本表现就会被解释为符合预算，既不高，也不低。

比较已完成工作的实际成本与预算成本至关重要，它未必与这一期间的预算成本相同。误解的危险如图表16.2所示，它反映了项目的实际成本和预算成本。在9月末，累计实际成本是345 000美元，而预算成本仅为30万美元，表示成本超支45 000美元。但是，截至9月实际完成的工作的累计预算成本仅为26万美元，所以真正的超支为85 000美元。

关于间接成本的报告单独编制。这些报告计量成本的方法不同于关于项目直接成本的报告所采用的方法。若是直接成本，则用实际完成的工作的实际成本与预算成本对比。若是间接成本，则用一定期间（如一个月）的实际成本与同期的预算成本对比。

完工成本

在进展报告中，有些组织比较已完成的工作的累计实际成本与预算成本。其他的则报告目前对整个项目的估计总成本与整个项目的预算成本之对比。目前的估计成本可以用累计成本加上估计的完工成本，即完成项目还需要花费多少成本。后一类报告是反映项目的预期结果怎样的一种有用方式，它假设估计完工成本计算正确。

在大多数情况下，目前对总成本的估计应该至少等于累计发生的实际成本，加上对剩余工作的最初估计。如果允许项目经理采用较低的数额，那么他们就会过于乐观地估计，从而掩盖预算超支。

图表 16.2
解读成本/
工作进度报告

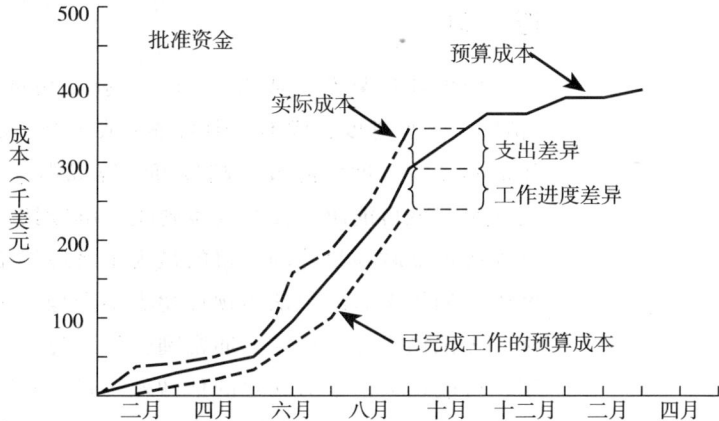

事实上，如果累计超支数额是由可能在将来持续存在的因素导致的，如意外的通货膨胀，那么目前对未来成本的估计应该高于最初的估计数额。

信息的非正式来源

因为书面报告是有形的，所以对管理控制系统的描述往往聚焦其上。在实践中，这些报告通常不如项目经理从与工作负责人、下属的交谈中，从定期或临时召开的会议上，从非正式备忘录中，从对工作状况的亲自检查中收集的信息重要。根据这些信息来源，项目经理可以了解潜在问题，以及导致实际进展偏离计划的情况。这项信息还有助于项目经理理解正式报告的重要性，因为这些报告可能没有说明影响实际业绩的重要事件。

在许多情况下，在编制正式报告之前都会发现问题，并采取矫正行动，正式报告只不过是证实项目经理已经通过非正式渠道了解到事实。这就是对"正式报告不应该包含任何出乎意料的事项"这一原则的解释。但是，正式报告仍是必要的。他们是对项目经理通过非正式方式了解到的信息的备案。如果后来对项目产生了质疑，尤其是如果对项目结果产生争议时，这种备案就至关重要。此外，阅读了正式报告的下属管理人员可能发现他们没有准确反映实际情况，从而会采取措施纠正误解。

修　订

　　如果项目复杂，或者工期长，就很可能背离计划的三个要素（范围、工作进度、成本）中的一个或多个。最普遍的事就是发现可能成本超支，即实际成本超过了预算成本。如果发生了这种情况，发起组织就可能决定接受成本超支，继续按最初计划实施项目；也可能决定缩减项目范围，目的是为了将最终结果控制在最初成本限度内；如果发起组织认为预算超支不合理，也可能决定撤换项目经理。无论做出什么决定，通常都会修订计划。在有些情况下，发起组织可能认为目前对获益的估计低于目前对完工成本的估计，因此决定终止项目（已经发生的成本都是沉没成本，因此在决策时应该忽视）。

　　如果修订了了计划，就会产生下列问题：未来的项目进展是应该根据修订计划跟踪呢，还是根据最初计划跟踪呢？一般认为修订的计划能更好地反映目前对业绩的预期，但是，也存在一定的危险，即能言善辩的项目经理可能不合理地增加了预算成本，或者通过修订计划来涵盖，从而掩盖了累计的效率低下。无论哪种情况，修订的计划都可能只是一个"弹性底线"，即它不但没有为业绩计量提供明确的标杆，而且会掩盖效率低下。

　　通过对建议的修订采取强硬态度，就可以使这种可能性最小化。但是，也有可能忽视这样一个事实，即根据定义，修订的计划未反映项目启动时所预期的情况。另一方面，如果继续根据与最初计划的对比监控业绩，人们就不会重视这种对比，因为众所周知最初计划早已过时了。

　　解决这个问题的方法就是既比较实际成本与最初计划，也比较实际成本与修订计划。这类总结报告的第一部分反映最初预算、经批准的所有修订，以及修订的原因。另一个部分则反映目前的成本估计，以及导致修订预算与目前的成本估计之间的差异的因素。图表 16.3 就是这类报告的一个范例。

项目审计

　　在许多项目中，在竣工时都要进行质量审计。如果延期了，就可能掩盖单个工作包的工作缺陷。他们会被后来的工作所覆盖。例如：建筑项目中管道工程的质量就无法在墙和屋顶都建好后检查。

图表 16.3

项目成本总结

（单位：千美元）

最初预算	$1 000
批准的修订：	
因为通货膨胀	50
因为项目要求变化	200
因为时间延误	60
因为成本节约	(30)
修订后的预算	1 280
目前的完工成本估计	1 400
差　异	$　120
差异解释	$　20
材料成本增加	60
加　班	40
支出差异	$　120

在有些项目中，在工作进展中还会进行成本审计；而在其他项目中，直到项目竣工后，才进行成本审计。一般而言，人们更倾向于在工作进展中审计。这样就会发现潜在失误，并在发展成严重问题之前予以矫正。但是，项目审计师不应该过度占用负责工作的人员的时间。

近些年来，内部审计师把自身的职能拓展为所谓的"经营审计"。除了审查所发生的成本之外，他们还要求对他们认为未达标的工作采取管理行动。如果实施得当，经营审计就十分有用。但是，也存在极大危险，即：审计师毕竟不是项目经理，他们会事后猜测项目经理根据决策时自身所了解的全部情况制定的决策。

项 目 评 估

项目评估分两个不同方面：（1）对项目执行的业绩评价；（2）对项目结果的评估。前者在项目结束后不久进行，而后者则在几年后才可行。

业绩评价

项目执行的业绩评价具有两个方面：（1）对项目管理的评价；（2）对项目管理过程的评价。前者的目的在于协助项目经理决策，包括奖励、晋升、建设性批评，或者重新分配任务；后者的目的在于发现从事未来项目的更好方法。在许多情况下，这些评价都是非正式的。如果项目的结果不令人满意，而且项目很重要，那么就值得进行正式评价。此外，对成功项目的正式评价还可以发现未来项目提高业绩的技术。

因为项目的工作往往不如工厂的工作标准化且不易于计量，所以项目评价比生产活动的评价更主观。它类似于营销活动的评价，因为外部因素对业绩的影响必须予以考虑。对于对实际环境下的实际业绩是否令人满意的判断是一个高度主观的问题。

成本超支

若实际成本超过了预算成本，就称之为成本超支。对于有些人来说，这意味着实际成本太高了。但是，如果说预算成本太低了，也是一个同样合理的结论。如果超出的成本是因项目范围的变化，或其他不可控因素造成的，那么只能解释为低估了成本，而不是实际成本过高了。由于既需要分析预算成本，又需要分析实际成本，成本报告的解释就被复杂化了。

在分析成本时，一个普遍的错误就是假设预算反映了成本应该维持的水平。事实上并没有反映。预算充其量是根据编制预算时可获得的信息估计了应该维持的水平。这项信息很少准确反映项目中所遇到的情况。只要它不准确，预算就未必反映成本应该维持的水平。而且，预算数字只是人为的估计，在部分程度上是基于判断和假设。尽管理性的人所做出的判断和假设各不相同，但是预算中只涵盖一组结论。

事后评断

在回顾项目管理得如何时，人们会自然而然地依赖于当时无法获得的信息。通过事后评断，人们通常可以发现哪些决策制定得不"正确"。但是，当时制定的决策可能完全合理。项目经理可能当时无法获得全部信息；项目经理也可能因为其他问题更需要优先考虑而没有解决某个问题；项目经理也可能是根据个人考虑、权衡或书面报告中未记录的其他因素制定了决策。

但是，也可能从正面反映管理差。例如：项目经理把资金或其他资产挪作私人使用。如果项目要求发生了重大变化，或者成本超支，就应该批准这些变化，而且应该重新计算现金流量，以确定项目的投资报酬率是否可接受。再举一个管理差的例子：由于项目经理未加强控制系统，而导致其他人盗窃物资。但是这更难判断，因为过于严格的控制可能阻碍项目进展。如果有证据证明项目经理认为成本控制远不如按工作进度实现优秀结果那样重要，那么也表明管理差，但是它不是决定性的。如果结果出色，而且财务上很成功，那么项目发起组织就可以忽略预算超支，正如动画项目和投资银行交易经常发生的那样。

对管理过程的评价可能表明在项目执行期间所进行的审查不够，也可能表明根据这些审查未及时采取行动。例如：根据当时可获得的信息，审查可能表明项目应该重新定位，甚至终止，但是却没有这样做。这可能表明应该更频繁、更全面的分析项目进展。因此，未来项目对此类审查的要求应该予以修订。

项目结果的评估

只有在经过一定时间，足以计量实际收益和成本时，才能评估项目成功与否。这可能需要几年的时间。除非可以具体计量影响，否则这种评估未必值得。举个极端的例子：引进新产品线的收益通常是可以计量的，因为与产品线相关的收入和费用是可知的；而如果成本掩盖在各种产品成本之中，并未单独追溯给新设备，那么安装一台节省人工的设备的收益就无法确定。而且，除非可以根据这项分析采取某种行动，否则评估项目就毫无意义。

对于许多项目而言，由于无法以客观、可计量的形式表述预期收益，而且实际收益也无法计量，所以项目结果的评估就复杂化了。在这些情况下，量化的收益/成本分析是不可行的，必须依赖经验丰富的人对项目结果进行主观判断。政府和非营利组织从事的大多数项目，辅助经营单元从事的许多研发项目，以及目的在于提高安全保障或者消除环境缺陷的项目，都属于这种情况。

评估的一部分应该是比较实际结果与项目批准时的预期结果。预期结果是基于某种假设（例如对新产品而言的市场规模、市场份额、竞争者反应、通货膨胀），这些假设应该在项目审批过程中备案。除非认识到这种备案的必要性，否则记录会不完整或者模糊不清。评估者应该预见到这种备案的未来需要，并确保收集保存了必要信息。由于这些局限，对结果进行正式评估（经常称之为"完工后审计"）[2]的项目没有几个。前一段中所强调的要点表明了选择要评估的项目的标准：

1. 项目应该很重要，值得正式评估中付出巨大精力。

2. 项目结果通常应该可以量化。具体而言，如果项目旨在创造一定数额的新增利润，那么可归属给项目的实际利润应该可以计量。

3. 难以预期变量的影响应该是已知的，至少可以大致地估计。他们不应该大于项目批准时的假设变化的影响。如果由于产品市场消失，新产品引进的结果不令人满意，那么就无法从评估中了解到很多有价值的信息。

4. 评估的结果应该有机会导致行动。特别是，分析可能导致未来项目建议和决策方法的改进。

有时，应该选择未达到标准的项目进行分析。如果评估仅局限于重大项目，那么不太重要的项目控制系统的缺陷就可以忽略。

小　结

持续经营的管理控制与项目的管理控制之间最重要的区别在于持续经营无限期地持续，而项目则会结束。图表 16.4 说明了这一点。持续经营的管理控制系统的各要素循环发生：按照规定方式，一个导致另一个。尽管有些经营活动这个月与下个月有所不同，但是其中许多都保持相对不变，月复一月，甚至年复一年。相比之下，一个项目则有开始，从一个里程碑走向下一个里程碑，然后停止。在项目寿命期内，要制定计划，执行计划，评估结果。评估定期进行，并会导致计划的修订。

---

2. 在对 282 个大型工业公司进行的一项调查中，只有 25% 的报告采用了调查者所描述的"充分事后审计程序"，并且只用于选定项目，通常这些项目是具有长期意义和重大资源承诺的项目（Lawrence A. Gordon, Mary D. Mayer, "Postauditing Capital Projects," *Management Accounting*, January 1991, pp. 39–42.）

图表16.4

管理控制各阶段

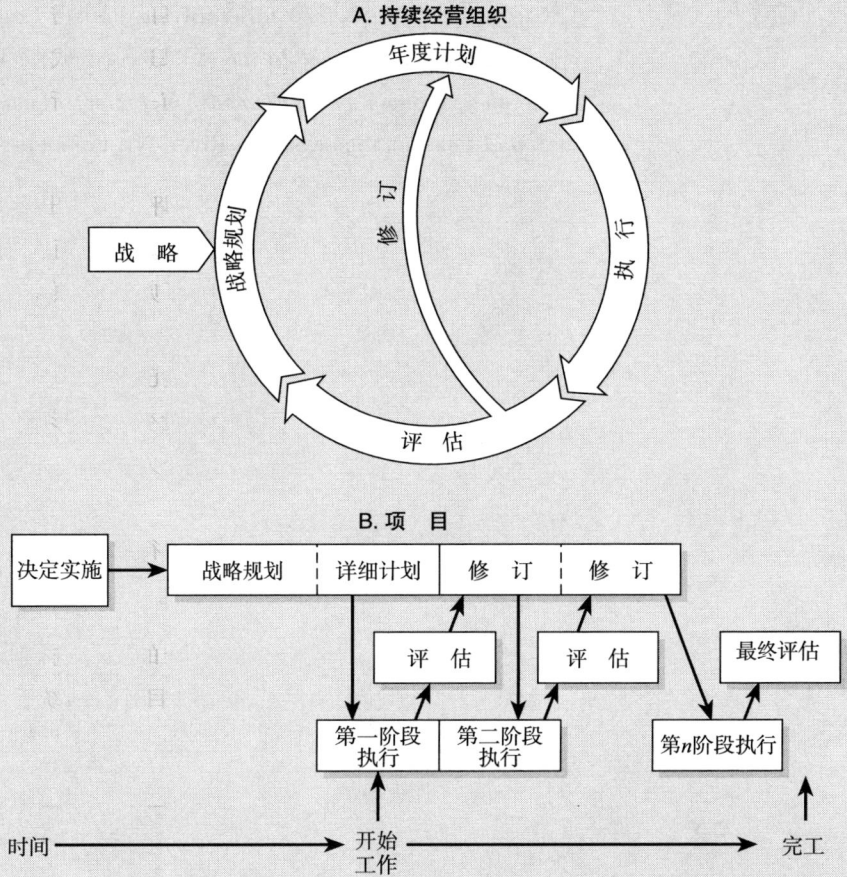

A. 持续经营组织

B. 项目

推荐读物

Devaux, S. A. *Total Project Control*. New York: John Wiley & Sons, 1999.

Goldratt, E. M. *Critical Chain*. Great Barrington, MA: North River Press, 1997.

Lester, A. *Project Planning and Control*. Oxford: Butterworth–Heinemann, 1999.

Lewis, J. P. *Mastering Project Management: Applying Advanced Concepts of Systems Thinking, Control and Evaluation*. New York: McGraw–Hill, 1998.

Pillai, A. S., and K. Srinivasa Rao. "Performance Monitoring in R&D Projects." *R&D Management* 26, no. 1 (January 1996), pp. 57–60.

Sigurdsen, A. "Method for Verifying Project Cost Performance." *Project Management Journal* 24, no. 4 (December 1994), pp. 26–31.

Spinner, Manuel Pete. *Elements of Project Management: Plan, Schedule, and Control.* Upper Saddle River, NJ: Prentice–Hall, 1998.

主 题 索 引